AF561677

EL MARKETING EN REDES SOCIALES: UN ENFOQUE PRÁCTICO

PHILIP KOTLER
SVEND HOLLENSEN
MARC OLIVER OPRESNIK

EL MARKETING EN REDES SOCIALES: UN ENFOQUE PRÁCTICO

LA GUÍA DEFINITIVA PARA UNA ESTRATEGIA DE ÉXITO QUE HAGA CRECER TU NEGOCIO

SEXTA EDICIÓN

Traducción de Jesús Arteaga Ortiz

Título original: *Social Media Marketing: A Practitioner Approach. The ultimate strategy guide for social media success to grow your business*
Sixth Edition
Copyright © 2024 Svend Hollensen, Philip Kotler and Marc Oliver Opresnik
All rights reserved

Para la edición española
Copyright © Ulrico Hoepli Editore S.p.A. 2024
correo electrónico: info@hoepliediciones.es
www.hoepliediciones.es

Todos los derechos están reservados
por la ley y los convenios internacionales

Cualquier forma de reproducción, distribución, comunicación pública o transformación de esta obra solo puede ser realizada con la autorización de sus titulares, salvo excepción prevista por la ley.
Diríjase a CEDRO (Centro Español de Derechos Reprográficos) si necesita fotocopiar o escanear algún fragmento de esta obra (www.cedro.org; 91 702 19 70 / 93 272 04 45).

ISBN 979-12-5499-038-4

Sexta edición: septiembre de 2024

Proyecto editorial: Maurizio Vedovati – Servizi editoriali
Revisión de la traducción: Aurora Moreno Aguilera
Revisión de la edición española: Carlos Gumpert
Traducción de los textos añadidos en la sexta edición: María Ramos Salgado
Imagen de portada: AdobeStock/Goce Ilievski/Stocksy

Impresión: Rotomail Italia S.p.A. - Vignate (MI)
Impreso en Italia - Printed in Italy

Índice

Para Jonna, Nanna y Julie

Svend Hollensen

Para mi mujer, Nancy, mi musa y compañera de vida

Philip Kotler

Para Charlie, Christine y Simon

Marc Oliver Opresnik

Sobre los autores

Philip Kotler es Profesor Distinguido de Marketing Internacional en la Kellogg School of Management, Northwestern University. Recibió su título de master en la Universidad de Chicago y su doctorado en el M.I.T., ambos en Economía. El Dr. Kotler es el autor del libro «Marketing Management» (Pearson), del cual se ha publicado su decimoquinta edición y es el manual de marketing más usado en las universidades de todo el mundo. Ha escrito docenas de otros libros también exitosos y ha publicado más de 100 artículos en revistas punteras a nivel mundial. Es la única persona que ha ganado tres veces el premio Alpha Kappa Psi al mejor artículo del año en la «Journal of Marketing». El profesor Kotler fue el primer ganador de cuatro grandes premios como: el «Distinguished Marketing Educator of the Year Award» y el «William L. Wilkie Marketing for a Better World Award», ambos otorgados por la Asociación Americana del Marketing; el «Philip Kotler Award for Excellence in Health Care Marketing», otorgado por la Academia de Marketing de los Servicios Sanitarios; y el «Sheth Foundation Medal for Exceptional Contribution to Marketing Scholarship and Practice». Entre sus otras numerosas distinciones se incluyen el «Sales and Marketing Executives International Marketing Educator of the Year Award», el «The European Association of Marketing Consultants and Trainers Marketing Excellence Award», el «Charles Coolidge Parlin Marketing Research Award» and the «Paul D. Converse Award», otorgado por la Asociación Americana de Marketing para premiar las contribuciones más relevantes al conocimiento del marketing. Una encuesta reciente en

Forbes sitúa al Profesor Kotler en el Top 10 de los pensadores más influyentes en el ámbito de los negocios y empresas (Business Thinkers), a nivel mundial. Adicionalmente, en una encuesta reciente del «Financial Times», realizada entre 1000 altos ejecutivos a lo largo del mundo, el profesor Kotler se posicionó como el cuarto escritor/gurú empresarial más influyente en el siglo XXI. El Doctor Kotler ha sido presidente del Colegio de Marketing del Instituto de Ciencias de la Gestión, director de la Asociación Americana de Marketing y administrador del Instituto de la Ciencia del Marketing. Ha trabajado como consultor de varias grandes empresas de EE.UU. e internacionales en las áreas de estrategia y planificación de marketing, organización de marketing y marketing internacional. Ha viajado a Europa, Asia y toda América, para impartir numerosas charlas y clases, así como para asesorar a empresas y gobiernos sobre cuestiones prácticas y oportunidades del marketing internacional.

Svend Hollensen (svend@sam.sdu.dk) es profesor asociado de Marketing Internacional en la Universidad del Sur de Dinamarca (Sønderborg) y profesor visitante en la Universidad Metropolitana de Londres y la Universidad de Nápoles Federico II. Además, es profesor externo en la EURO-FH European Fernhochschule de burgo, a cuyo Senado académico pertenece.

Es autor de diversos manuales publicados en todo el mundo, incluyendo el best seller «Global Marketing», 8ª Edición (Pearson), publicado en 2020. Número 1 en ventas fuera de Estados Unidos y número 2 a nivel mundial en el segmento de «Marketing internacional». Se ha publicado en español como «Estrategias de Marketing Internacional» en coautoría con el profesor Jesús Arteaga Ortiz y también cuenta con una versión en indio, ambas desarrolladas en cooperación con coautores. El libro también ha sido traducido al chino, al ruso y al holandés. En 2019, publicó «Marketing Management A Relationship Approach», 4ª edición (Pearson). Ha publicado artículos en revistas reconocidas

como *California Management Review, Journal of Business Strategy, Journal of Family Business Strategy* y Marketing *Intelligence and Planning.*
A través de su empresa, Hollensen ApS (CVR 25548299), Svend ha trabajado como consultor empresarial para varias empresas multinacionales y organizaciones internacionales como el Banco Mundial.

Marc Oliver Opresnik (Marc@kotlerimpact.org; http://bit.ly/Opresnik-Management-Consulting) es profesor de Marketing y *Management* y miembro de la junta directiva en el Instituto de Gestión SGMI St. Gallen, una destacada escuela de negocios internacionales. Además, es profesor de Administración de Empresas en la Technische Hochschule Lübeck, así como profesor visitante en universidades internacionales como la Regent's University London y la East China University of Science and Technology en Shanghai. Cuenta con más de 10 años de experiencia en puestos de marketing y gestión, a nivel directivo, en Shell International Petroleum Co. Ltd.
El Dr. Opresnik es el autor de numerosos artículos y libros. Junto con Kevin Keller y Phil Kotler, es coautor de la edición alemana de «Marketing Management», la «Biblia del Marketing». El Dr. Opresnik también fue elegido como coautor, junto con Phil Kotler y Gary Armstrong de la edición mundial de «Marketing: An Introduction», que es uno de los manuales de marketing más usados en el mundo. Además, es coeditor y miembro del consejo editorial de varias revistas internacionales, tales como *Transnational* Marketing, *Journal of World* Marketing *Summit Group* y *International Journal of New Technologies in Science and Engineering.*
En marzo de 2014, fue nombrado director de investigación de «Kotler Impact Inc.», la empresa internacional de Phil Kotler. Además, fue nombrado director ejecutivo del «Kotler Business Programme», una iniciativa para mejorar la formación en marketing en el mundo, a través del aprendizaje tanto en línea como presencial, con Pearson como socio educativo global.

Como presidente de su empresa de consultoría, «Opresnik Management Consulting» (https://www.facebook.com/MarcOliverOpresnik; www.opresnik-management-consulting.de), trabaja para numerosas instituciones, gobiernos y corporaciones internacionales, como Google, Coca-Cola, McDonald's, SAP, Shell International Petroleum Co Ltd., Procter & Gamble, Unilever, L'Oréal, Bayer, BASF y Adidas. Más de 100 millones de personas han conocido al Dr. Opresnik como ponente TEDx y presentador en congresos y conferencias, así como formador en seminarios sobre marketing, ventas y gestión de la negociación tanto a nivel nacional como internacional y se han beneficiado de sus impulsos tanto a nivel profesional como personal.

Gracias a sus muchos años de experiencia internacional como coach, ponente y consultor, Marc Opresnik es uno de los más prestigiosos expertos en marketing, gestión y negociación, a nivel mundial.

Sobre el editor de la edición española

Jesús Arteaga Ortiz (jesus.arteaga@ulpgc.es), Doctor en el área de Empresas, es experto en internacionalización, con experiencia práctica tanto en la empresa privada como en la pública, así como en el ámbito académico.

Tras trabajar en el mundo empresarial (llegando a ser director de una empresa *import/export*, con una facturación anual aproximada de 21 millones de euros) y en ICEX España Exportación e Inversiones (Ministerio de Industria, Comercio y Turismo de España), actualmente es Profesor Titular en la Universidad de Las Palmas de Gran Canaria y profesor invitado en otros centros como la Universidad Carlos III de Madrid, o la Universidad Internacional Menéndez Pelayo (en su posgrado en colaboración con ICEX-CECO). Ha sido profesor invitado en la *Thunderbird School of Global Management* de Arizona y la Universidad de Harvard, de Massachusetts y también colabora con la universidad alemana *Europäische Fernhochschule Hamburg.*

El Dr. Arteaga es autor y/o coautor de más de una decena de libros, en español e inglés. Entre ellos, el de «Estrategias de Marketing Internacional» en colaboración con Svend Hollensen y el «Manual de Internacionalización» de ICEX, del que es coordinador, siendo ambos, libros de referencia sobre internacionalización en lengua española.

Ha publicado diversos artículos en prestigiosas revistas científicas internacionales como *Journal of Small Business Management, International Journal of Hospitality Management, European Journal of*

International Management, *PLoS One*, o *International Journal of Business and Globalisation*.

Es uno de los más reputados autores en negocios internacionales en el mundo de habla hispana.

Desde el año 2003 ejerce como experto académico para la Comisión Europea.

Prefacio a la Sexta Edición

«La tierra es plana» es el título de libro escrito por Thomas L. Friedman, ganador del premio Pulitzer en 2005. Según el autor, el comienzo del siglo XXI no será recordado por sus conflictos militares o eventos políticos, sino por ser una nueva era de la globalización – un «aplanamiento» del mundo.

Friedman estaba en lo correcto: La rápida explosión de avanzadas tecnologías implica que, de improviso, las fuentes de conocimiento y recursos se han conectado a nivel global, nivelando el terreno de juego de una forma nunca antes vista. Cada empresa y emprendedor es un potencial consumidor de otras empresas y emprendedores, a la vez que es su competidor directo. Las reglas del juego han sufrido un cambio permanente, que afecta a todos los sectores y funciones empresariales. Empresas, organizaciones y emprendedores deberán correr más rápido para mantenerse en el mismo lugar.

En este contexto, la comunicación de marketing está inmersa en un rápido desarrollo ya que la forma de comunicar ha cambiado para siempre. La creciente popularidad de los blogs, podcasts y las redes sociales permiten que los clientes modernos a nivel mundial difundan su punto de vista respecto a un producto o servicio a una audiencia potencial de miles de millones de personas. Además, la proliferación del acceso a internet, aún en las comunidades más pobres, aporta a quien lo desee nuevas herramientas para abordar cuestiones relativas a productos y empresas. En consecuencia, la publicidad ya no funciona, al menos no en la forma que lo hacía en el pasado. Anteriormente, los comerciantes solían poder comprar tiempo publicitario en televisión o un espacio publicitario en un periódico, pero, a día de hoy, cada vez más clientes recurren al vídeo a la carta, o bajo demanda para ver las noticias en línea. Las conversaciones que se daban en los medios de difusión industriales acerca de los productos de las empresas, afectaban a grupos pequeños y su influencia e impacto desaparecían una vez terminado el mensaje. Hoy en día, las conversaciones tienen lugar en tiempo real y delante de miles de millones de personas, potencialmente y son archivadas durante décadas.

Por supuesto, también hay amplias oportunidades: las pequeñas empresas ya no necesitan gastar más que las grandes. Ahora cuentan con la posibilidad de ser más ingeniosas que ellas a través de sofisticadas estrategias de marketing en redes sociales. No necesitan destinar grandes sumas a grupos de debate o proyectos de investigación de mercado, ya que, potencialmente, pueden ver y entender el mercado, al tenerlo al alcance de la mano, a través de búsquedas en internet.

Esta sexta edición, revisada y actualizada, de «El Marketing en las Redes Sociales» le guiará a través del laberinto de comunidades, plataformas y herramientas de redes sociales, de forma que pueda decidir cuáles usar y cómo usarlas de forma efectiva. Mediante un enfoque objetivo y un lenguaje claro y directo, se muestra cómo planificar e implementar campañas de forma inteligente y luego medir los resultados, así como evaluar el retorno de la inversión. Tanto para principiantes abrumados por la cantidad de opciones, como para profesionales experimentados con deseos de mejorar, este manual está repleto de tácticas que se han demostrado exitosas en el mundo del marketing real. Este libro le conducirá a tener un dominio de las redes sociales, más allá de la jerga, guiándole a través de la estrategia de marketing en las mismas. Se explicarán todos los conceptos, pero también aprenderá a llegar a ellos usted mismo. De esta forma en este libro leerá, por ejemplo, no solo que debe comunicar aspectos relativos a su marca de manera consistente para potenciar su exposición, sino que también aprenderá a establecer una estrategia de comunicación que actúe como base para aumentar y mantener su valor añadido y su propuesta de marca y todo esto escrito de forma concisa y fácil de entender.

Consecuentemente, este manual es una verdadera guía. ¡Deberá centrarse en los conceptos y consejos prácticos que contiene y entrenar sus habilidades! Cuando a George Bernard Shaw, dramaturgo irlandés galardonado con un Nobel, se le preguntó cómo aprendió a ser un orador tan convincente y motivador, respondió: «Lo aprendí de igual manera que aprendí a patinar, hice el ridículo con perseverancia hasta que lo conseguí». Mediante una lectura profunda de este libro y aplicando las herramientas que contiene para alcanzar una comunicación exitosa en redes sociales en el día a día, ¡usted se convertirá en un profesional del marketing en las redes sociales!

En el desarrollo de este texto han participado varios revisores, a quienes queremos agradecer su importante y valiosa contribución. En especial, queremos dar las gracias al Profesor Marko Sarstedt, Catedrático de Marketing en la Otto-von-Guericke-Universität Magdeburg, Alemania, University of Southern Denmark y la Technische Hochschule Lübeck.

Los autores quieren agradecer al profesor Jesús Arteaga Ortiz su gran esfuerzo y contribución como editor de la versión en español de este libro.

Durante la redacción de esta obra solo ha habido una constante en nuestras vidas: nuestras familias. Sin ellas, nada hubiera sido posible. Por ello, los profesores Svend Hollensen, Philip Kotler y Marc Oliver Opresnik dedican este manual a sus familias.

Svend Hollensen, Philip Kotler y Marc Oliver Opresnik,
Abril, 2024

«Opresnik and Friends» colabora con la iniciativa «SharetheMeal»

En consonancia con el enfoque integrador del libro y con los pilares del triple resultado (personas, planeta, beneficio económico), con la compra de cada ejemplar se dona una comida a una persona necesitada mediante la iniciativa «SharetheMeal», del Programa Mundial de Alimentos de las Naciones Unidas.

La iniciativa «Opresnik and Friends», fundada por Marc Opresnik bajo el lema «Construir un mundo mejor mediante la educación», y el grupo «Opresnik Hollensen Group» están comprometidos a apoyar la

Agenda 2030 de las Naciones Unidas y sus 17 Objetivos de Desarrollo Sostenible (ODS). Nos centramos en los objetivos número 2, «Hambre cero», y el número 4, «Educación de calidad».

Estamos totalmente convencidos de que juntos podemos marcar la diferencia.

Querido lector, mediante la compra de este libro ha apoyado nuestra iniciativa; se lo agradecemos de corazón.

Si escanea el código QR que ve a continuación, podrá informarse del estado actual de este reto. Podrá seguir apoyándonos para hacer del mundo un lugar mejor y lograr el objetivo de #disrupthunger para el año 2030.

Imagen I: «SharetheMeal» Código QR «Opresnik and Friends»

CAPÍTULO 1

Plan de marketing en redes sociales

El mundo del marketing evoluciona constantemente, y esos cambios son los que van dando forma a las estrategias de las empresas. Al actuar en un entorno marcado por los avances tecnológicos y los cambios de comportamiento de los consumidores, la integración de las redes sociales en los planes de marketing se ha convertido en un factor clave para el éxito.

En respuesta a las cambiantes dinámicas de compromiso de los consumidores, cada vez más empresas reconocen la necesidad de adoptar un enfoque más detallado. La preferencia por soluciones personalizadas es cada vez mayor, y esta situación está poniendo en jaque al modelo tradicional de marketing de masas. Las redes sociales se están convirtiendo en herramientas muy valiosas que permiten a las empresas establecer un contacto individualizado con distintos segmentos de clientes.

La transición hacia un marketing más personalizado no es una simple moda; es un imperativo estratégico. Las empresas están poniendo en marcha planes de marketing multifacéticos con objetivos online y offline diseñados para las preferencias específicas de distintos grupos de clientes. Estos objetivos abarcan desde la mejora de los ingresos y el mayor conocimiento de la marca hasta el fomento de la comunicación directa con los clientes y la creación de comunidades online activas.

La base de esta transformación es el potencial de personalización que ofrece el marketing de redes sociales. Esta posibilidad permite a las empresas ir más allá de las rígidas medidas de talla única, y ofrece soluciones específicas que se adaptan a las necesidades y ambiciones concretas de sus consumidores. Gracias a ello, las empresas mejoran la fidelización de los consumidores, además de reforzar su identidad de marca en un mercado cada vez más competitivo.

El marketing en línea adquiere aún más valor después del COVID-19 ya que la gente tiende a comprar y gastar en línea más que nunca. Las empresas ahora integran en mayor medida las redes sociales en su plan de marketing, establecen diferentes objetivos *online* y *offline* para distintos tipos de clientela, como, por ejemplo, aumentar los ingresos, incrementar el conocimiento de la marca, comunicar con los clientes o crear comunidades. La estrategia de personalización, que permite el marketing en las redes sociales, responde a la creciente necesidad de proporcionar soluciones individuales a diferentes clientes en lugar de un producto de masa y esto puede contribuir en última instancia a una mayor retención y a una eficiente imagen de marca.

Introducción a la Planificación de marketing

El marketing, también llamado mercadeo o mercadotecnia, es la función de la organización que se encarga de definir los objetivos de los clientes, así como encontrar la mejor manera de satisfacer sus necesidades y deseos de forma competitiva y rentable. Por otro lado y debido a que tanto los consumidores como las empresas tienen que hacer frente a numerosos proveedores que buscan satisfacer cada una de sus necesidades, las empresas y las entidades sin ánimo de lucro no pueden sobrevivir hoy en día haciendo simplemente un buen trabajo: deben hacer un trabajo excelente si desean permanecer en un mercado global cada vez más competitivo. Muchos estudios han demostrado que la clave para conseguir una elevada rentabilidad consiste en conocer y satisfacer a los clientes objetivo con ofertas superiores competitivamente. Actualmente, este proceso se encuentra en un entorno cada vez más global, técnico y competitivo.

Existen algunas razones fundamentales que explican por qué la planificación de marketing ha adquirido un papel tan importante.

En este sentido, en los últimos años, se ha registrado un aumento en la competencia en muchos mercados. Muchos factores han colaborado en esto, entre los cuales podemos destacar:

- Un crecimiento de la competencia global ya que las barreras al comercio se han reducido y las comunicaciones internacionales han mejorado de manera significativa.
- El papel de la red de empresas multinacionales ha aumentado, ignorando los límites geográficos, entre otros y buscando oportunidades de beneficio a escala global.
- En algunas economías, la legislación y las ideologías políticas se han orientado a fomentar los valores emprendedores y de libre mercado.
- La constante innovación tecnológica, que ha dado lugar a nuevas formas de competencia para productos, servicios y mercados establecidos.

No se puede enfatizar suficientemente la importancia de la competencia y el análisis de los competidores en el marketing estratégico contemporáneo. De hecho, debido a esto, trataremos este aspecto con mayor profundidad en capítulos posteriores. En la actualidad, esta importancia está ampliamente aceptada por parte de los académicos y profesionales de marketing. Un marketing de suceso en una economía competitiva se basa en el éxito competitivo y, además de enfocar al cliente, una verdadera orientación al marketing también contribuye a conseguir una posición ventajosa. El concepto de marketing sostiene que la clave para lograr los objetivos de la organización radica en la determinación de las necesidades y los deseos de los mercados objetivo y en brindar la «satisfacción» deseada de manera más efectiva y hábil que los competidores (Hollensen, 2006).

La planificación de marketing es un enfoque adoptado por numerosas empresas exitosas y orientadas al mercado. Aunque no es, bajo ningún concepto, una herramienta nueva, el grado de objetividad y minuciosidad con el que este se aplica varía considerablemente. La planificación de marketing puede ser definida como el proceso estructurado que investiga y analiza las situaciones de marketing; que desarrolla y documenta los objetivos, las estrategias y los programas de marketing; y que implementa, evalúa y controla las actividades para conseguir los objetivos. Este proceso sistemático de planificación de marketing implica analizar el entorno y las capacidades de la empresa, así como decidir líneas de acción y métodos para implantar dichas decisiones. Dado que el entorno de marketing es tan cambiante que se pueden abrir caminos hacia nuevas oportunidades en un instante, incluso mientras otros caminos quedan obsoletos o bloqueados, la planificación de marketing deberá tratarse como un proceso adaptable y continuo, más que un acontecimiento anual y estático.

El resultado de este proceso estructurado es el plan de marketing, un documento que resume lo que el profesional del marketing ha aprendido sobre el mercado y describe cómo la empresa planea alcanzar sus objetivos de marketing. Asimismo, el plan de marketing no solo documenta las estrategias de marketing de la organización y muestra las actividades que los empleados implementarán para alcanzar los objetivos de marketing, sino que también comprende los mecanismos que evaluarán el progreso hacia los objetivos y permitirá modificaciones si los resultados desvían a la empresa de su rumbo.

Normalmente, los planes de marketing cubren un periodo de un año, aunque algunos pueden proyectar actividades y resultados financieros a más largo plazo. Los profesionales del marketing deben iniciar el proceso de planificación de marketing como mínimo varios meses antes de la fecha fijada para que este plan entre en acción; esto permitirá suficiente tiempo para realizar investigaciones y análisis exhaustivos, la evaluación y revisión de la gestión y la coordinación de recursos entre las áreas funcionales y unidades de negocio.

Sin embargo, e inevitablemente, la planificación de marketing implica un cambio. Es un proceso que implica decidir, en el momento actual, qué hacer en el futuro considerando plenamente los recursos disponibles; la necesidad de establecer objetivos claros, fáciles de transmitir y medibles; el desarrollo de planes de acción alternativos; y, por último, un medio para evaluar el mejor camino hacia el logro de los objetivos marcados. La planificación de marketing está diseñada para ayudar en el proceso de toma de decisiones de marketing bajo condiciones de riesgo e incertidumbre prevalecientes (Hollensen y Opresnik, 2015).

Principalmente, el proceso de un plan de marketing tiene diferentes beneficios (Hollensen, 2006):

- **Consistencia**: los planes de acción de marketing individuales deben ser consistentes con el plan general de la empresa y con los demás planes departamentales o funcionales.
- **Responsabilidad**: aquellos con la responsabilidad de implantar las partes individuales del plan de marketing, sabrán cuáles son sus responsabilidades y, además, su rendimiento será evaluado conforme a estos planes. Esta planificación requiere que la gestión juzgue de forma clara las suposiciones y permite diseñar y establecer un sistema de control en el que se pueda evaluar el rendimiento en función de criterios preestablecidos.
- **Comunicación**: aquellos que ejecuten los planes también sabrán cuáles son los objetivos principales y cómo estos pueden contribuir personalmente a este respecto.
- **Compromiso**: si aquellos implicados en la ejecución de los planes y quienes proporcionan los recursos se ponen de acuerdo en los planes a seguir, estos podrán potenciar el compromiso entre ambas partes en su implementación y, en última instancia, llevarán a una mejor implementación de las diferentes estrategias.

Los planes deben ser específicos para la empresa y su situación actual. No solo existe un sistema de planificación, sino muchos y los planes se deben realizar a medida para cada empresa ante unas condiciones específicas. La planificación de marketing, como actividad funcional, debe establecerse en un marco de planificación empresarial. Existe la obligación implícita, para cualquier empresa que adopte un sistema de planificación de marketing, de fijar una misión empresarial claramente definida, como base sobre la cual desarrollar la dirección organizativa. Sin una planificación de marketing, resulta más difícil orientar la investigación y el desarrollo (I+D) y el desarrollo de nuevos productos (New Product Development - NPD); establecer estándares específicos para los proveedores; apoyar al personal de ventas a la hora de enfatizar aspectos del producto, establecer metas realistas y alcanzables y evitar acciones de la competencia o cambios en el mercado. Ante todo, aquellas empresas que no sean capaces de incorporar la planificación de marketing entre sus actividades de marketing podrán, por consiguiente, no ser capaces de desarrollar una ventaja competitiva duradera en sus mercados (Hollensen, 2006).

Las fases principales en el desarrollo de un plan de marketing digital

Antes de profundizar en estos apartados, conviene precisar la distinción entre medios sociales y redes sociales. En puridad, los medios de comunicación sociales, o simplemente medios sociales (Social Media en inglés), son plataformas de comunicación en línea donde los propios usuarios crean contenido, mediante el uso de tecnologías de la Web 2.0, facilitando la edición, publicación y el intercambio de información.

Por su parte, las redes sociales son comunidades, formadas por individuos que generalmente cuentan con intereses o actividades comunes, en las que se comparte e intercambia información a través de algún medio de comunicación social.

No obstante, debido al uso mayoritario del término redes sociales en español, refiriéndose en esencia a los medios sociales, en este libro usaremos el término de redes sociales, en sentido amplio.

Un plan de marketing en las redes sociales es el resumen de todo aquello que la empresa planea hacer respecto al marketing en las redes sociales, así como lo que espera conseguir a través de ellas. Este plan debe incluir un análisis de la posición actual de los clientes, los objetivos relativos a su posicionamiento deseado y las herramientas de las redes sociales que la compañía desea utilizar para alcanzar estos objetivos.

En términos generales, cuanto más específico sea el plan de la empresa, más efectiva será su implementación. Para ello, es necesario ser conciso. El plan guiará las acciones de la empresa, pero también será una medida destinada a determinar el éxito o fracaso. La Figura 1.1 muestra las diferentes etapas que se deben atravesar para llegar a un plan de marketing digital (Gilmore et al., 2001; Day, 2002).

Paso 1: Establecer objetivos de marketing en las redes sociales

El primer paso para llevar a cabo cualquier estrategia de marketing en redes sociales se basa en establecer los objetivos y metas que la compañía espera alcanzar. Estos objetivos permitirán reaccionar rápidamente cuando las campañas de marketing en redes sociales no cumplan con las expectativas de la empresa. Sin objetivos, la empresa no tendría medios para evaluar el éxito o calcular el retorno de la inversión (ROI) en redes sociales. Estas metas deberían estar coordinadas con la estrategia de marketing más amplia, de modo que los esfuerzos en las redes sociales conduzcan hacia los objetivos de la empresa. Si se demuestra que el plan de marketing en las redes apoya el objetivo general de la empresa, es más probable que la empresa obtenga el compromiso y la inversión de los ejecutivos y empleados. La empresa debería intentar ir más allá de las métricas populares, como los retweets y los «Me gusta»; el foco debería centrarse en métricas avanzadas como el número de *leads* generados (p.ej. rellenado un formulario con sus datos), referencias en webs y ratios de conversión. La empresa también debería usar el marco SMART a la hora de fijar sus objetivos:

- **Específicos** (**S**pecific). Definir un área específica para la mejora.
- **Medibles** (**M**easurable). Cuantificar o, al menos, sugerir un indicador de progreso.
- **Alcanzables** (**A**chievable). Alineados y de acuerdo con los objetivos corporativos.
- **Realistas** (**R**ealistic). Indicar qué resultados pueden lograrse de manera realista, dados los recursos disponibles.
- **Temporales** (**T**ime-related). Especificar cuándo se podrán conseguir dichos resultados.

Ejemplo: *En cuanto a las publicaciones sociales, compartiremos fotos que muestren la cultura de nuestra empresa. Haremos esto mediante la publicación de 10 fotos por semana, en cualquiera de las redes sociales con imágenes. El objetivo para cada semana es conseguir al menos 100 «Me gusta» y 30 comentarios.*

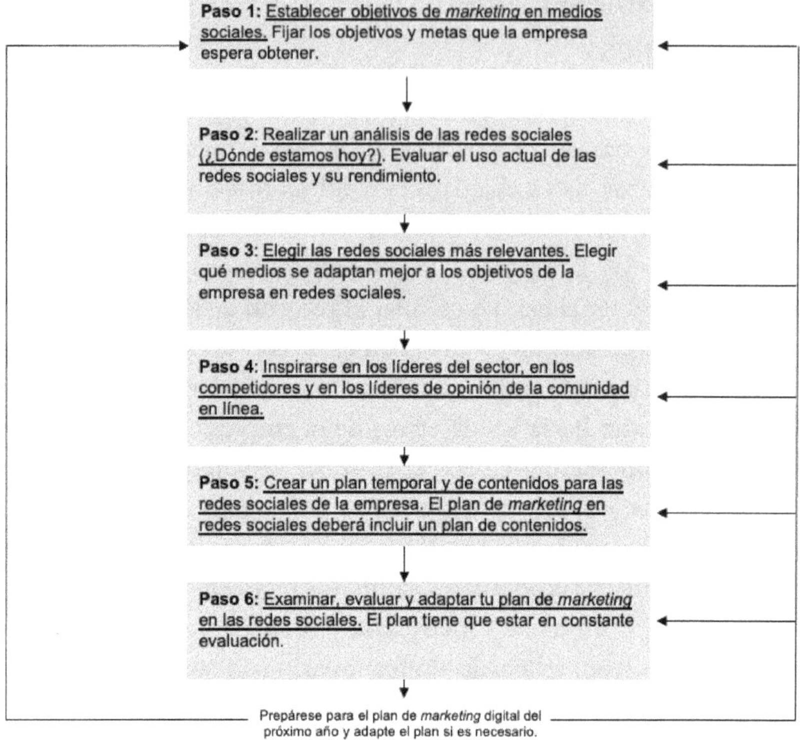

FIGURA 1.1 Fases en la creación de un plan de *marketing* digital.

Una manera sencilla de empezar el plan de marketing en las redes sociales consiste en escribir al menos tres objetivos de redes sociales.

Paso 2: Realizar un análisis de las redes sociales (¿Dónde estamos hoy?)

Antes de crear un plan de redes marketing en redes sociales, la empresa debe evaluar su uso actual de las redes sociales y cómo está funcionando. Esto conlleva averiguar quién conecta actualmente con la empresa y su marca a través de las redes sociales, qué plataformas sociales utiliza el mercado objetivo de la empresa y cómo se compara la presencia en redes sociales de los competidores. Para este propósito, se puede utilizar la siguiente plantilla de auditoría de las redes sociales:

Presencia en las redes sociales	URL	Responsabilidad interna para mantener las redes sociales	Objetivos en las redes sociales	Número de seguidores actual	Número de seguidores de los principales competidores
etc.					

TABLA 1.1 Plantilla de evaluación de las redes sociales (situación actual).

Una vez realizada la auditoría, la empresa debería tener una idea clara de cada red social, que represente al negocio, quién las dirige o controla y qué aportan. Esta auditoría debería ser realizada de manera regular, especialmente a medida que la empresa amplíe su negocio.

También debería ser evidente qué plataformas (cuentas) de redes sociales necesitan ser actualizadas y cuáles eliminadas por completo. Si la auditoría descubre, por ejemplo, un perfil de marca falso en Twitter, se debe reportar. La denuncia de cuentas falsas garantizará que los usuarios que buscan la compañía en internet solo contacten con las cuentas administradas por la propia empresa.

Por otro lado, como parte de la auditoría de las redes sociales, la empresa también podrá determinar la finalidad de su presencia en cada red. Estas declaraciones, de una sola frase, ayudarán a centrarse en unos objetivos muy específicos para Instagram, Facebook o cualquier otra red social. Guiarán a las acciones y ayudarán a volver a la senda si los esfuerzos sufren desviaciones.

Ejemplo de declaración de intenciones para la presencia en la plataforma Snapchat: *«Usaremos Snapchat para compartir la Responsabilidad Social Corporativa de nuestra empresa y conectar con clientes potenciales más jóvenes, entre 15 y 40 años»*.

La empresa debería ser capaz de determinar el cometido de cada red social, como es el caso de Snapchat. Si, por el contrario, no puede determinar la misión de una red social, probablemente tanto la plataforma como el perfil deberían ser eliminados.

Antes de que sea posible determinar qué redes sociales resultan adecuadas para el negocio, la empresa debe averiguar cuál es la audiencia de cada plataforma y qué buscan en ella. Asimismo, la empresa debería conocer qué herramientas utilizar para recopilar datos demográficos y de conducta y cómo dirigirse a los clientes que desea.

Paso 3: Elegir las redes sociales más relevantes

Una vez finalizada la auditoría de redes sociales, es hora de elegir la presencia en línea. Elige las redes que mejor cumplan con las intenciones y objetivos en redes sociales de la empresa. En el caso de que la empresa no esté presente en cada red/plataforma elegida, deberá crear un perfil de cero teniendo en cuenta la audiencia y la finalidad de la empresa. Cada red social tiene una audiencia exclusiva y deberá ser tratada de manera diferente. Si la empresa cuenta con algunas plataformas existentes, es el momento de actualizarlas y perfeccionarlas con el fin de obtener los mejores resultados posibles.

La optimización de perfiles para SEO (Optimización de motores de búsqueda, Search Engine Optimization) puede ayudar a generar más tráfico web hacia las redes sociales de la empresa. Además, la promoción cruzada entre plataformas puede ampliar el alcance de los contenidos. En términos generales, los perfiles de las redes sociales deberían rellenarse por completo y las imágenes y el texto deberán optimizarse para la red social en cuestión.

Paso 4: Inspirarse en los líderes del sector, en los competidores y en los líderes de opinión de la comunidad en línea

Si la empresa no está segura sobre qué tipo de contenido e información obtendrá una mayor participación, entonces podrá, en busca de inspiración, ver aquello que comparten otros dentro del sector. Asimismo, la empresa también puede hacer uso de la escucha social (*Social Media*

Listening), para saber cómo distinguirse de los competidores y atraer a un público objetivo que le falte.

Los líderes de opinión, actualmente más conocidos como *influencers*, también pueden ser una fuente de inspiración en las redes sociales, no solo a través del contenido que comparten, sino de la forma en la que escriben sus mensajes. La empresa puede fijarse en cómo su audiencia objetivo escribe tweets y utilizar un estilo similar. Además, puede aprender sus hábitos, cuándo comparten y por qué y usar esta información como base para su plan de marketing en redes sociales.

Los líderes del sector constituyen otra fuente de inspiración para las redes sociales ya que hay grandes compañías que hacen un trabajo excelente de marketing en redes sociales, desde Red Bull y Taco Bell hasta la aerolínea Turkish Airlines. Empresas de todos los sectores imaginables han logrado diferenciarse mediante estrategias avanzadas en redes sociales. Por tanto, la empresa puede seguir a los líderes y comprobar si han compartido algún consejo u opinión sobre redes sociales en la web.

Paso 5: Crear un plan temporal y de contenidos para las redes sociales de la empresa

El plan de marketing en las redes sociales debería incluir un plan de marketing del contenido formado por estrategias para la creación de contenido y por un calendario editorial (plan temporal) para establecer el momento en que se publique el contenido. Disponer de un extenso contenido que compartir y publicar en el momento adecuado será determinante para tener un gran éxito en el marketing de redes sociales.

El plan de marketing de contenidos deberá responder a las siguientes preguntas:

- ¿Qué tipo de contenidos pretende publicar y promover la empresa en las redes sociales?
- ¿Quién creará los contenidos?

- ¿Con qué frecuencia publicará la empresa los contenidos?
- ¿Cuál es el público objetivo para cada tipo de contenido?
- ¿Cómo promociona la empresa los contenidos?

El calendario editorial recoge las fechas y horas en las que la empresa pretende publicar blogs, entradas en Instagram o Facebook, tweets y otros contenidos previstos durante las campañas en las redes sociales.

La empresa puede crear el calendario y programar sus publicaciones por adelantado, en lugar de actualizarlo constantemente a lo largo del día. Esto conlleva una mejora en el lenguaje y en el formato de estos mensajes, en lugar de escribirlos sobre la marcha cuando los empleados tengan tiempo.

Además, la empresa debería cerciorarse de que el contenido refleje lo que se manifiesta en la finalidad que se asigna a cada perfil de red social. Si el propósito de la cuenta de LinkedIn es generar *leads*, la empresa debe asegurarse que está compartiendo suficiente contenido generador de *leads*.

Para esto, la empresa puede establecer una matriz de contenido que defina qué proporción de las publicaciones en cada plataforma se asigna a los diferentes tipos de contenido.

Por ejemplo:

- El 30% del contenido tratará de conseguir que nuevos visitantes potenciales entren en las redes sociales de la empresa.
- El 30% del contenido apoyará los objetivos económicos en general (generación de *leads*, ventas, venta cruzada, etc.).
- El 20% del contenido tratará de atraer usuarios al blog (contenido que apoya a los usuarios leales).
- El 20% del contenido estará relacionado con los recursos humanos, la responsabilidad social corporativa y la cultura de la empresa.

Si la empresa no está segura de cómo asignar sus recursos, la siguiente regla es una apuesta segura:

- Un tercio del contenido de la empresa promueve su negocio, busca convertir a los visitantes y genera beneficios.
- Un tercio del contenido debe compartir ideas e historias de los líderes del sector o de empresas similares.
- Un tercio del contenido debe basarse en la interacción personal con tu público objetivo (por ejemplo, los blogs).

Paso 6: Probar, evaluar y adaptar tu plan de marketing en las redes sociales

Para definir qué ajustes son necesarios en la estrategia de marketing en redes, es importante hacer continuas pruebas. Otorga capacidades de prueba a cada acción que realices. Por ejemplo, puedes rastrear el número de clics que obtienen tus enlaces en una plataforma en particular mediante un acortador de URL. Además, es posible medir las visitas a la página impulsadas por las redes sociales con Google Analytics.

Registra y analiza tus éxitos y fracasos y, consecuentemente, adapta tu plan de marketing en redes sociales.

Por otro lado, las encuestas también son una buena opción para medir el éxito ya sea por medios digitales o físicos. La empresa puede preguntar a sus seguidores en redes sociales, a su listado de correo y a los visitantes de su página web, cómo se desenvuelven en las redes sociales. Este enfoque directo es, a menudo, muy eficaz. Luego, pregunta a los clientes *offline* si las redes sociales ejercieron un papel determinante en sus compras. Esta información podría resultar muy valiosa cuando busques áreas para mejorar. En el apartado 5.1 es posible obtener más información sobre el uso de diferentes métricas de redes sociales, por ejemplo, cómo medir el retorno de la inversión en las redes sociales.

Lo más importante de entender sobre el plan de marketing en redes sociales es que debe estar en constante cambio. Con la aparición de nuevas redes, la empresa podrá querer agregarlas a su plan. Conforme la empresa alcance misiones y objetivos para cada plataforma, será necesario establecer nuevos objetivos. No obstante, se debe tener en cuenta que surgirán desafíos que será necesario abordar. Asimismo, conforme la empresa vaya ampliando su negocio, podrá necesitar agregar nuevos roles o aumentar la presencia social de diferentes productos o regiones.

En estos casos, la empresa deberá reescribir su plan de marketing en redes sociales para reflejar sus últimas tendencias y cerciorarse de que el equipo responsable de estas tareas esté al corriente de lo que ha sido actualizado.

CAPÍTULO 2

Investigación digital de mercados

Introducción a la investigación de mercados

El término investigación de mercados hace referencia a la recopilación, análisis y presentación de información relacionada con un problema claramente definido. Por lo tanto, una investigación de mercados es un problema o proyecto determinado, con un principio y un fin.

La investigación de mercados difiere del DSS (*Decision Support System*, o sistema de apoyo para la toma de decisiones), el cual recopila y analiza información de forma continua. En la práctica es difícil distinguir la investigación de mercados del DSS, por lo que se utilizarán indistintamente en este contexto.

Los expertos en marketing opinan que consumidores diferentes deben ser tratados de manera diferenciada, de forma que se maximice la relación con los mejores y se reduzca la implicación con los peores. Es aquí donde entra en juego la tecnología de la información. Sin embargo, esta realidad conlleva un coste, pues el marketing relacional presenta una nueva serie de desafíos tanto para los profesionales del marketing como para los gestores de sistemas informáticos.

A fin de conseguir que un proyecto llegue a buen término, un equipo multifuncional de especialistas en sistemas informáticos y en marketing deberán aunar esfuerzos, algo poco probable en el pasado ya que apenas se entendían entre sí. No obstante, como aspecto positivo hay que señalar que ya existe una nueva generación de ejecutivos multidisciplinares que dominan tanto el marketing como la tecnología.

En general, la implantación más eficaz necesitará de una estrecha colaboración (Crie Micheaux, 2006; Hollensen y Opresnik, 2015).

Con el fin de ser útiles a las empresas, las herramientas del conocimiento deben ser accesibles para los usuarios convencionales; deberán ser comprensibles y útiles para los directores de marketing, no solo para los expertos en estadística y los gestores de sistemas informáticos.

Con el objetivo de sobreponerse a posibles problemas en la aplicación, los profesionales del marketing tendrán que insistir en que se logren varios objetivos clave, entre los que se incluyen:

- **Exponer el problema en términos del profesional del *marketing***, que incluye la visualización de los datos bajo la perspectiva de un modelo de marketing. A menudo son los analistas especializados en estadística y análisis de datos los que realizan el trabajo de hallazgo de información y es probable que no tengan el mismo enfoque que los profesionales del marketing. Para ser útiles, los hallazgos deben estar en términos que el profesional de marketing entienda.
- **Presentar los resultados de una manera que sea útil para el problema empresarial en cuestión**. El beneficio principal que se obtiene a través del estudio realizado por el analista es ayudar a resolver problemáticas empresariales, así como aumentar o disminuir el valor del análisis.
- **Proporcionar apoyo para análisis clave de negocios específicos**. Los profesionales del marketing deben saber de segmentación, respuesta de mercado y la accesibilidad de un segmento. Las herramientas de generación de conocimiento deben servir de apoyo a dicho análisis desde un principio.

- **Brindar apoyo para un proceso de exploración extensivo y reiterado**. El descubrimiento de conocimientos realistas no es simple ni lineal ya que implica un proceso de aprendizaje interactivo y reiterado. Los resultados iniciales se vuelven a introducir en el proceso para aumentar la precisión. Este proceso conlleva tiempo, pero puede tener una vida útil prolongada.

Métodos de investigación en internet

Internet ya no se limita a la pantalla del ordenador, sino que se ha convertido en un medio para las masas. Muchos investigadores se sorprenden aún de la eficiencia con la que se pueden realizar, tabular y analizar las encuestas en la web. Además, la recopilación de datos en internet permite a los profesionales del marketing utilizar modelos de estudio complejos que antes se consideraban demasiado caros o engorrosos al realizarse por medios tradicionales. A pesar de las dificultades técnicas y obstáculos metodológicos que se produjeron durante las primeras incursiones, los recientes avances han demostrado que este medio posee un enorme potencial.

Las primeras herramientas digitales disponibles apenas brindaban la posibilidad de compartir cuestionarios en papel a los usuarios de internet. Hoy en día, sin embargo, existen herramientas y recursos en línea a disposición del cliente, con una larga lista de características y precios.

Para el investigador de mercados internacionales, las principales ventajas y desventajas de las encuestas digitales son las siguientes (Grossnickle y Raskin, 2001).

Ventajas de las encuestas digitales

- **Baja implicación de recursos financieros**: la magnitud de la encuesta digital no repercute en su coste, pues las encuestas grandes no requieren un mayor presupuesto que las pequeñas. En general, los gastos que se originan con las encuestas postales auto-gestionadas son de franqueo, fotocopias, etc., ninguno de los cuales se asocian a una encuesta digital.

- **Bajo tiempo de respuesta**: las encuestas digitales permiten la inmediatez del envío de los cuestionarios a los usuarios, independientemente de su ubicación geográfica. La ejecución rápida de la encuesta permite que la mayoría de las entrevistas se completen en el plazo de una semana, aproximadamente.
- **Ahorro de tiempo con la recogida y análisis de datos**: el cuestionario correspondiente puede programarse de forma que las respuestas se introduzcan automáticamente en el software de análisis de datos (SPSS, SAS, Excel, etc.), ahorrando así tiempo y recursos asociados al proceso de introducción de datos. Además, esto evita los errores de transcripción de datos asociados.
- **Estímulos visuales**: esto puede ser evaluado, a diferencia de la entrevista telefónica asistida por ordenador.

Desventajas de las encuestas digitales

- **Los encuestados no tienen dirección postal**: la principal ventaja de las encuestas por correo sobre los sondeos en línea es que los encuestados tienen direcciones postales, mientras que no todos cuentan con una dirección de correo electrónico, lo cual supone un problema a la hora de realizar una investigación de mercado internacional en áreas geográficas en donde la penetración de internet no es tan alta como en Europa y Norteamérica. En el caso de las encuestas entre países, el uso de un enfoque multimodal (es decir, una combinación de encuestas digitales y postales) compensa la falta de representación de la población general.
- **Protección del anonimato de los encuestados**: las encuestas postales convencionales tienen la ventaja de proteger el anonimato del encuestado. Cuestiones delicadas, en las que el encuestado pueda evitar ofrecer respuestas sinceras, deberían abordarse mediante correo postal.
- **Tiempo requerido para descargar las páginas**: pueden surgir problemas con navegadores antiguos que no muestren correctamente los cuestionarios HTML y con la apariencia de los cuestionarios en diferentes navegadores.

Los índices de respuesta de los cuestionarios por correo electrónico varían según el contexto del estudio. Se han descubierto varios factores que inhiben las respuestas mediante la recopilación de datos por correo electrónico o internet, que incluyen un diseño deficiente de los cuestionarios por correo electrónico, la falta de anonimato y de incentivos para completarlos. Abordar estos factores en el contexto de los objetivos específicos del estudio, puede proporcionar una manera de solucionar la baja respuesta a los cuestionarios por correo electrónico. Se debería recurrir a incentivos para mejorar el índice de respuesta, especialmente en el caso de cuestionarios extensos. De este modo, es probable incluso que los potenciales encuestados cedan su anonimato. El investigador fácilmente puede negociar los incentivos si el marco muestral se ha extraído de la base de datos de una empresa (Michaelidou y Dibb, 2006).

Investigación de mercados cuantitativa en línea (Encuestas Web y por correo electrónico)

Las encuestas digitales se pueden llevar a cabo por medio del correo electrónico o se pueden publicar en la web y compartir su URL (el uso de contraseña es opcional dependiendo de la naturaleza de la investigación) con los encuestados que ya han sido contactados. Cuando la encuesta va dirigida a un público amplio, se puede diseñar como un pop up, que emerge como un cuestionario virtual en una ventana del navegador mientras los usuarios navegan por los respectivos sitios web. Una encuesta realizada por internet es apropiada para un público amplio, donde todos los usuarios que accedan a ciertas webs tienen la misma probabilidad de entrar en la encuesta.

Sin embargo, el control del investigador sobre los encuestados por web es menor que en las encuestas realizadas por correo electrónico. Una de las ventajas de las encuestas virtuales es la mejor visualización del cuestionario, mientras que existen ciertas limitaciones en el software del correo electrónico con respecto a las herramientas de diseño y la elaboración de una presentación interactiva y clara. Sin embargo, se pueden combinar estos dos modelos de encuesta aprovechando las ventajas de cada uno (Ilieva et al., 2002).

Investigación de mercados cualitativa en línea

Existen muchas oportunidades interesantes para realizar investigaciones de mercado cualitativas internacionales con rapidez y a un coste relativamente bajo, sin necesidad de grandes desplazamientos (Hollensen y Opresnik, 2015)

- **Ahorro en gastos de viaje, etc.**: con frecuencia, muchos investigadores con metodologías cualitativas tienen que viajar a países donde se lleva a cabo la investigación, para dar instrucciones a los moderadores de cada país, reunirse con algunos grupos o realizar entrevistas para comprender las costumbres y actitudes de la gente del lugar. Esto conlleva significativos gastos de viaje y aumenta el tiempo necesario para realizar el trabajo de campo. Normalmente, se necesitan una o dos semanas para reclutar a los encuestados y otras dos semanas más antes de que el análisis pueda comenzar. En la investigación en línea se puede contratar y entrevistar a los encuestados desde cualquier ordenador, en cualquier parte del mundo, pues la mayoría de la gente que está conectada a internet saben cómo acceder a las salas de chat. De este modo, el trabajo de campo puede tener lugar dos días después del *briefing* y el análisis puede comenzar inmediatamente después de la última entrevista, basado en transcripciones completas y precisas, con cada comentario vinculado a su respectivo encuestado.
- **Investigación cualitativa entre países**: la investigación internacional en línea es especialmente interesante para empresas multinacionales que venden sus productos a escala global, pero que temen desarrollar una estrategia de marketing global sobre una investigación llevada a cabo en tan solo algunos países. Este método de investigación podría utilizarse para realizar un control adicional a nivel multinacional. Con esto no se pretende hacer una evaluación psicológica de los usuarios, sino más bien comprobar si las personas de otros países o culturas pueden aportar algo a la imagen general, realizada sobre la base de una investigación cualitativa personal.

Una de las limitaciones que se producen, por ejemplo, en los grupos de debate en línea es que no parece existir tanta interacción entre sus miembros en comparación a un grupo presencial. Es cierto que se producen debates entre los encuestados, pero sus respuestas son menos claras y coherentes.

Investigación de mercados basada en la Web 2.0

Actualmente, puede que el 80% de los datos de marketing internacional solicitados por los profesionales se obtenga mediante la realización de un proyecto de investigación de mercado.

En el futuro, las empresas multinacionales punteras, probablemente influidas por las empresas de artículos de marca y de base tecnológica, buscarán soluciones al 80% de sus problemas de marketing mediante la «captura» de datos que ya estén disponibles.

Algunas de las fuentes de datos y herramientas disponibles a través de la web 2.0 serán las siguientes (Hollensen y Opresnik, 2015):

- **Datos móviles**: Una de las grandes oportunidades para los profesionales del marketing es la posibilidad de recopilar información geográfica en tiempo real acerca de los consumidores y abordar a consumidores por su localización. Los teléfonos inteligentes con GPS incorporado que se han introducido en los mercados internacionales a un ritmo exponencial, unidos a un aumento creciente del ancho de banda en la telefonía móvil y la velocidad del procesamiento de datos, dan la posibilidad de captar al consumidor adecuado, no solo en el momento adecuado, sino también en el lugar adecuado. Las principales empresas de la información, como Google y otras *start-ups* innovadoras, están marcando el camino en la utilización de estas fuentes de datos fácilmente disponibles en tiempo real.
- **Contenido generado por el usuario y Text Mining (Minería de textos)**: La web 2.0 proporciona lugares de encuentro para los usuarios de

internet en sitios de redes sociales (por ejemplo, Facebook, Twitter), blogs, foros y salas de chat. Estos puntos de reunión dejan huellas en la forma de grandes cantidades de datos textuales. La dificultad para obtener información a partir del contenido generado por los usuarios digitales es que las publicaciones, a menudo, son poco estructuradas, demasiado extensas y no son fáciles de sindicar. Las herramientas comerciales (por ejemplo, Nielsen Online) y académicas de minería de texto ofrecen a los profesionales del marketing y a los investigadores la oportunidad de «escuchar» a los consumidores en el mercado. De este modo, las empresas pueden comprender mejor los temas tratados, las opiniones de los consumidores, la estructura de mercado y el entorno competitivo.

- **Navegación web**: El uso de datos de visitas (*clickstream data*), que contiene información derivada de la visualización de páginas web clic a clic, se remonta a la introducción de internet en el mercado de masas. Hasta este momento, la utilización de los datos de visita se había visto limitada por la incapacidad de recopilar, almacenar y analizar las grandes cantidades de datos que se generaban en tiempo real. Sin embargo, en la actualidad, las empresas utilizan competencias interinstitucionales para desarrollar y convertir estos datos en información sobre el mercado internacional.
- **Redes sociales y comunidades digitales**: Algunas de las fuentes de información de más rápido crecimiento son las redes sociales, con Facebook y Twitter entre las más visibles y populares. De alguna manera, los consumidores están dejando de buscar información en los sitios web de noticias y en los motores de búsqueda para volver a la manera tradicional: pedir consejo a sus amigos. Es evidente que el elemento de red significa que tienen un círculo mucho más amplio de «amigos», que también pueden ser abordados para hacerles encuestas más formales. A pesar de que las redes sociales se han vuelto omnipresentes, todavía no se ha sacado un pleno rendimiento de estos sitios para el marketing internacional. La integración de las redes sociales con otras fuentes de información, como los minoristas en línea y los medios de comunicación, ampliarán las oportunidades de obtener información procesable

con fines de marketing a partir del contenido boca a boca en línea. Además, al observar los hábitos y comportamientos de compra de los consumidores en las redes sociales, los investigadores pueden aprovechar esta información de las relaciones sociales para identificar y dirigirse a los líderes de opinión. Asimismo, con la aparición de la Web 2.0, muchas empresas de bienes de consumo como Nike, Harley-Davidson y Procter & Gamble han creado sus propias comunidades de marcas. Las comunidades de marcas ofrecen una oportunidad para que las empresas no solo mejoren las interacciones entre consumidores, sino que observen plenamente estas actuaciones. Además, estas comunidades abren un canal directo de comunicación entre la empresa y el cliente. A medida que los consumidores tienden a conseguir gran parte de la información de otros consumidores, es probable que las comunidades de marcas se conviertan en un factor importante en el flujo de información.

- **Recolección de datos sobre toma de decisiones por parte del cliente**: Cada vez hay más empresas que están interesadas en comprender, no solo el resultado del trabajo de marketing (o la exposición a él), sino también todo el proceso por el que pasan los clientes para llegar a una decisión. Este interés ha surgido gracias a los diversos avances tecnológicos en áreas como la identificación por radiofrecuencia (RFID), las herramientas de reconocimiento por vídeo y la técnica biométrica denominada *eye-tracking*. La tecnología RFID permite a los investigadores realizar un seguimiento de los consumidores en el entorno minorista, haciendo un seguimiento de los artículos con el objetivo de mejorar la eficiencia de los sistemas de la cadena de suministro. De este modo los profesionales del marketing son capaces de obtener una visión completa de lo que está sucediendo en la tienda, lo que permite hacer un seguimiento de los consumidores y del flujo de productos. La dificultad de convertir estos datos extremadamente valiosos en resultados para el marketing internacional radica en la magnitud de los datos y la complejidad del análisis.
- **Datos de uso del consumidor**: Hay un creciente número de productos que incorporan sensores y dispositivos inalámbricos que

permiten a los profesionales del marketing rastrear a los consumidores geográficamente y en el tiempo. Por ejemplo, los sensores integrados en los automóviles y artículos de marca pueden abrir nuevas ventanas en su uso y consumo, además de la compra de productos.

- ***Neuromarketing:*** El *neuro*marketing, referido al uso de la neurociencia en aplicaciones de marketing, ofrece la posibilidad de observar directamente lo que piensan los consumidores. El *neuro*marketing se utiliza a menudo para estudiar la actividad cerebral ante la exposición a marcas, diseños de productos o publicidad. Se trata de una herramienta prácticamente nueva para los profesionales del marketing, sobre todo por las barreras tecnológicas, la capacidad de transformar los resultados de la neurociencia en información empresarial procesable y los altos costes de recopilación de datos. Sin embargo, esperamos que en la próxima década se observen mejoras en estos frentes, de manera que el *neuro*marketing llegue a ser un elemento común dentro del conjunto de herramientas dirigidas a conocer al cliente.

El embudo de las redes sociales

El marketing en las redes sociales consiste en utilizar redes y herramientas sociales para guiar a clientes potenciales a través de una serie de pasos (un embudo), consiguiendo que realicen la acción deseada, por ejemplo, convertirse en un nuevo cliente y que adquiera sus productos y servicios, con el objetivo final de convertir a nuevos clientes en clientes fieles que generen valor durante toda su vida. Tal como se muestra en la Figura 2.1 (las cuatro categorías de las redes sociales) hay muchas herramientas. Con todas estas herramientas de marketing de redes sociales al alcance, ¿cómo debe decidir una empresa cuál de ellas encaja de forma eficiente dentro del embudo en las redes sociales y en qué orden se deberían utilizar? Para responder a esta pregunta, la empresa tiene que saber quiénes son sus clientes potenciales y la manera más eficaz de llegar a ellos. El profesional del marketing de las redes sociales también tiene que conocer los objetivos de la empresa,

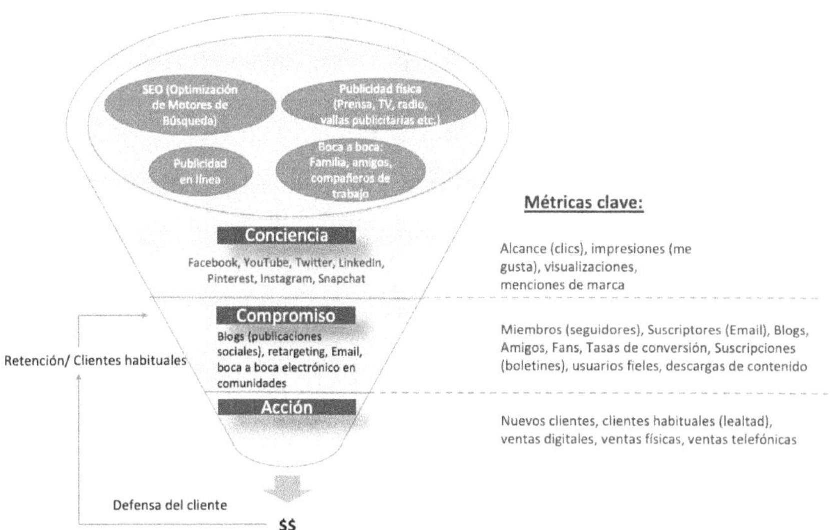

FIGURA 2.1 El embudo de las redes sociales. Fuente: Adaptado de Hollensen (2019).

cómo medir dichos objetivos (es decir, las métricas que deben analizarse) y qué cifras deben establecerse para esas métricas. La Figura 2.1 muestra, de forma genérica, el embudo de las redes sociales y las métricas clave conectadas a las tres etapas de un proceso típico de compra de un cliente: conciencia, compromiso y acción.

Tal como se muestra en la Figura 2.1, las siguientes herramientas pueden actuar como vehículos para mover y guiar a nuevos clientes potenciales hacia el embudo:

- SEO (Optimización en motores de búsqueda, *Search Engine Optimization*)
- Publicidad *offline*
- Publicidad en línea
- El boca a boca con familiares, amigos y compañeros de trabajo

Cualquier cuello de botella en el embudo de las redes sociales ralentizará el impulso a la hora de transformar a los clientes potenciales en clientes fidelizados, o detendrá el proceso por completo. Dependiendo de dónde se produzca el cuello de botella, la compañía podrá perder oportunidades para crear conciencia de marca o conversiones en ventas reales.

Con las métricas clave correctas, la empresa debe observar cada táctica en cada fase del embudo y tratar de establecer parámetros de referencia para el sector, que deberán utilizarse para comparar la empresa con sus competidores y el sector, en general.

Medios de comunicación pagados, propios y ganados

La figura 2.2 muestra cómo se pueden combinar los tres medios digitales diferentes (medios de pago, de propiedad y de ganancia) para desarrollar una estrategia de comercialización digital eficaz. En la figura se muestra con más detalle la interacción y la superposición entre los tres tipos de medios. Normalmente los medios de pago se utilizan en la parte superior del embudo de comercialización (véase la figura 2.1.) con el fin de crear conciencia, mientras que los medios propios y los

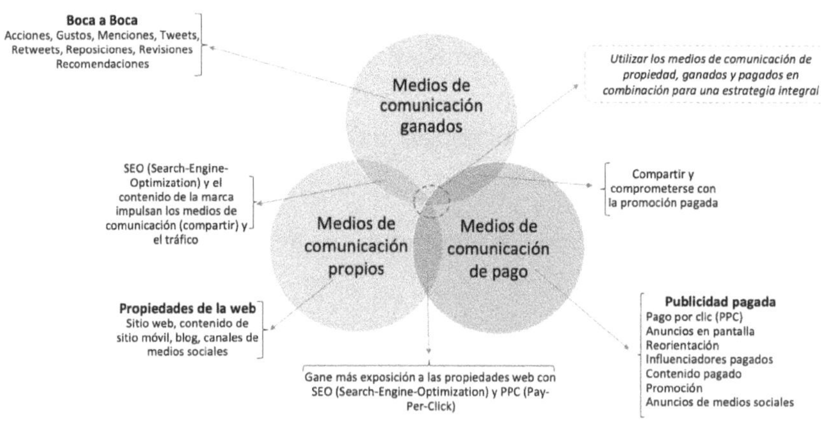

FIGURA 2.2 Medios de comunicación pagados, propios y ganados Fuente: Adaptado de Tuten (2020), Sciarrino y otros (2019) y Visser y otros (2018), modificado.

medios ganados se utilizan más abajo en el embudo de comercialización (Sciarrino et al., 2019).

Medios de pago

Aquí el vendedor paga por las actividades que se presentan ante el público.

Estos son los tipos de medios que los vendedores pueden comprar para crear conciencia de marca (considere la publicidad en línea, radio, televisión y prensa). Por lo tanto, estos medios son especialmente buenos para usar en la parte superior del embudo de comercialización (Montague, 2019).

Los medios de comunicación de pago son una gran manera de obtener un retorno inmediato de la inversión. Ayudan a la empresa a generar contactos rápidamente y dirigen a la audiencia de vuelta a los medios de comunicación de su propiedad, donde los clientes potenciales pueden ser nutridos y eventualmente el comercializador puede hacer una venta en ellos. También es relativamente fácil medir la eficacia de los medios de comunicación de pago mediante el uso de analíticos.

Las limitaciones de todo esto son que el presupuesto de los medios decide cuán rápido se puede establecer la «escala» y las tasas de conversión de los medios pagados son generalmente más bajas que las de los medios propios y los medios ganados.

Medios de comunicación propios

Se trata de tipos de medios de comunicación que están fácilmente disponibles para los propios comerciantes y en los que pueden decidir autónomamente el contenido (por ejemplo, sitios web, aplicaciones, correo electrónico, boletines de noticias, etc.).

Con los medios de comunicación propios, la empresa es dueña de todo: los sitios web, los blogs y las cuentas de medios sociales. El comercializador no paga por este contenido para que se muestre ante su público, pero tiene control sobre todo.

Los medios de comunicación propios son una inversión inteligente en cualquier estrategia de marketing porque tienen poder de permanencia. Es posible comenzar un sitio web y blogs en el primer día de un negocio y mantenerlo hasta el final.

Crear medios propios toma tiempo, tanto para desarrollar el contenido como para ponerlo frente a la audiencia. Es un proceso orgánico, pero podría crecer y ganar impulso con el tiempo.

Los medios propios son críticos para la mezcla de mercadeo porque ayudan al mercadólogo a construir relaciones a largo plazo y a ganar medios también.

Medios de comunicación ganados

Estos son todos los tipos de medios que una marca «gana» gracias a los clientes, periodistas o bloggers que escriben sobre su marca, en los medios sociales por ejemplo, o porque otras organizaciones hacen referencia a su marca en su sitio web. Puede ser cualquier cosa, desde un comunicado de prensa sobre su negocio hasta alguien que habla de sus productos en los medios sociales.

El gran beneficio de los medios de comunicación ganados como parte de la estrategia de marketing es que es como la publicidad gratuita. El negocio se presenta ante la audiencia sin costo alguno para el vendedor.

La desventaja de esto es que el comercializador no es dueño o controla lo que se pone ahí afuera - lo que también significa, que siempre hay una posibilidad de que sean relaciones públicas negativas.

¿Cómo funcionan juntos los medios de comunicación pagados, poseídos y ganados?

Ahora que se han comprendido las diferencias de cada medio digital, es importante ver cómo se pueden combinar.

La forma más fácil de hacerlo es con un buen ejemplo:

Digamos que tienes un acuerdo especial que quieres publicar en los medios sociales. En vez de empujarlo orgánicamente, pagas para que aparezca como un anuncio en esa plataforma (Paid Media). El anuncio atrae la atención de los *influencers* de los medios sociales y lo promocionan en sus cuentas, que aparece frente a más gente aún (Earned Media). Algunas de esas personas pueden entonces ir a la propia página de aterrizaje de la compañía (sitio web) para comprar el producto o servicio. Esta es una manera perfecta de combinar los medios pagados, poseídos y ganados para un gran impacto.

Mapeo del viaje del cliente

Para diseñar y producir productos y servicios en línea que resulten en una buena experiencia para el cliente, todo el «viaje del cliente» debe ser visto desde la perspectiva del cliente. Con la ayuda de la «cartografía del viaje del cliente", el viaje del cliente y la experiencia resultante del cliente pueden ser entendidos, evaluados y mejorados.

La cartografía del viaje del cliente es una técnica para optimizar los progresos del cliente y desarrollar conceptos de gestión innovadores. Identifica exactamente dónde es posible mejorar los procesos de contacto con el cliente para lograr una experiencia óptima del cliente en todos los canales. También aclara cómo y qué puede organizarse de manera más eficiente y con mayor sincronía para ofrecer una experiencia del cliente más unida (sin fisuras). El mapa del viaje del cliente es, cuando se utiliza adecuadamente, una herramienta fácil y eficaz para mejorar la experiencia del cliente en todos los canales, así como para garantizar una mayor eficiencia en los procesos del cliente.

El mapa de viaje del cliente es una herramienta indispensable en los procesos de diseño de sitios web y aplicaciones eficaces. El mapa de viaje del cliente es también un método para visualizar el proceso o servicio de compra desde la perspectiva de la decisión del cliente (véase la figura 2.3). Describe la experiencia del cliente durante el «viaje» que hace durante el proceso de orientación, compra y eventual uso de un producto o servicio - en todos los puntos de contacto y en cada «punto

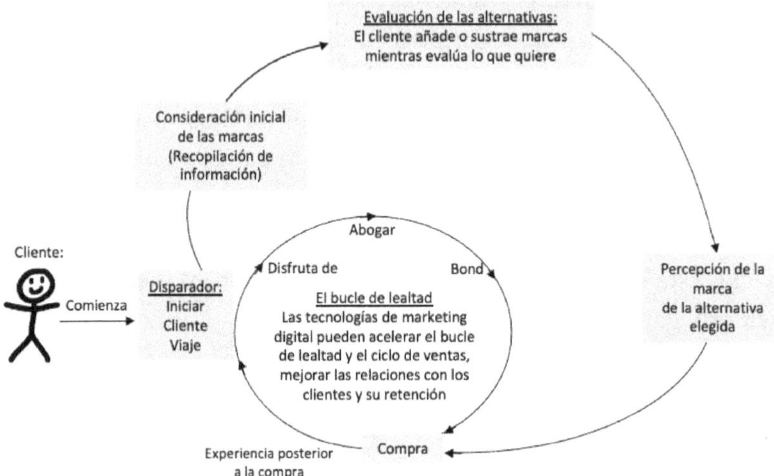

FIGURA 2.3 El modelo de mapeo del viaje del cliente. Fuente: Adaptado de Edelmam y Singer (2015) y Sciarrino et al. (2019), modificado.

de contacto". El proceso del cliente a través del «círculo externo» representa el proceso de compra por primera vez con respecto a la marca. Es importante que el modelo conceptual muestra un «bucle de lealtad» por el cual los clientes que muestran satisfacción después de la compra desarrollan lealtad a la marca. Esto llevaría a futuras compras de marca en el «círculo interior", lo que evitaría algunas de las etapas del «círculo exterior". Esto proporciona oportunidades de mejora a través de todos los canales y procesos.

Los avances en las tecnologías de comercialización, incluida la automatización de la comercialización, permitirían (en la figura 2.3) acelerar los viajes de compra posteriores, acelerando el ciclo de ventas, mejorando la retención de los clientes y fortaleciendo la relación con ellos (Edelman y Singer, 2015).

El mapeo efectivo del viaje del cliente comienza desde el mismo lugar en el que este comienza hasta el punto que el responsable de la toma de decisiones considera un resultado exitoso.

Es importante darse cuenta de que los diferentes segmentos de clientes probablemente tengan diferentes viajes de clientes. Por lo tanto, el viaje del vacacionista se verá muy diferente al viaje del cliente del viajero de negocios. Alguien que está comprando activamente (con una fecha límite) puede tener un viaje diferente al de alguien que «solo está navegando".

Gestión del punto de contacto del cliente

Los puntos de contacto son las interacciones individuales que las personas tienen con las marcas antes, durante y después de la compra. A los profesionales de la comercialización les preocupan los puntos de contacto porque representan oportunidades para que los clientes y los posibles clientes aprendan, tengan una experiencia positiva con la marca y formen actitudes y asociaciones sobre la marca que podrían conducir a futuras compras, a la lealtad a la marca y a una positiva comunicación de boca a boca.

Sobre la base de la visualización del mapa del viaje del cliente, se pueden registrar **los puntos de contacto fuera de línea y los puntos de contacto en línea**, los lugares donde el grupo objetivo y la organización se encuentran (véase la figura 2.4). Sobre la base de esta visión general, el encargado de la comercialización puede evaluar si ha sido la solución más eficaz en función de los costos y qué ajustes son necesarios para realizar o mejorar el producto o servicio.

Las etapas y los puntos de contacto en el viaje del cliente pueden realizarse o apoyarse a través de medios de comunicación en línea, como sitios web y aplicaciones. Una ventaja importante del contacto con el cliente en línea es que permite al vendedor vigilar el comportamiento del cliente y, con el uso de algoritmos avanzados, obtener la respuesta más deseable del cliente. Es posible ofrecer experiencias de cliente personalizadas y a medida basadas en los perfiles de los clientes. Esto permite a una organización diseñar y proporcionar productos que mejoren la satisfacción del cliente, vinculando al cliente a la organización y aumentando la lealtad del cliente y, por supuesto, **el valor de vida del cliente**.

La cartografía de los viajes de los clientes, incluidos los puntos de contacto, puede aplicarse en varias etapas diferentes y con diversos fines (Thomke, 2019):

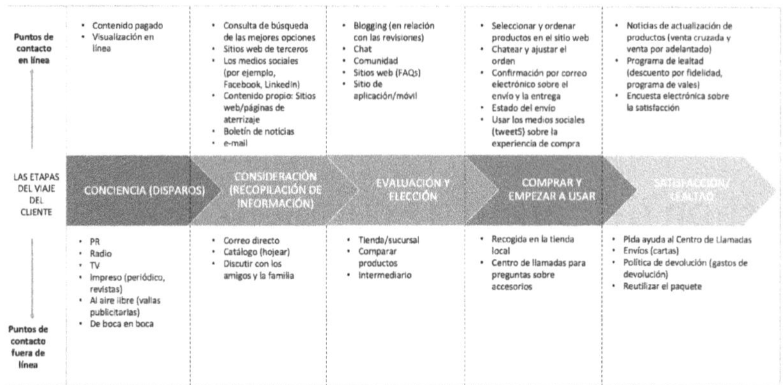

FIGURA 2.4 Puntos de contacto en línea y fuera de línea a lo largo del viaje del cliente. Fuente: Basado en Edelmam y Singer (2015) y Sciarrino et al. (2019), modificado.

- Identificación de oportunidades de mercado y crecimiento desde la perspectiva del cliente.
- Para que la organización y sus empleados puedan ver el marketing digital desde la perspectiva del cliente.
- Evaluación y mejora de los productos realizados.
- Proporcionar dirección y controlar el proceso de medición de las experiencias de los clientes.
- Desarrollo de ideas para productos y servicios que proporcionen la experiencia deseada del cliente.
- Ayudar a identificar que se necesitan cambios organizativos para facilitar la realización del producto.
- Desarrollo de conceptos operativos innovadores y nuevos servicios.
- Obtener una visión de la sinergia entre los canales.

Sin una visión del cliente y su estrecha participación en los diferentes puntos de contacto, no es posible un análisis fiable del viaje del cliente. Una parte importante de esto es la determinación del alcance.

Es prudente determinar de antemano qué segmento del cliente será investigado y qué productos, servicios, procesos y canales del cliente son relevantes.

CAPÍTULO 3
Principios básicos del marketing en redes sociales

La evolución del marketing digital y el marketing en redes sociales

No hay ninguna duda de que internet ha cambiado la manera en la que las personas se comunican. Para muchos, el correo electrónico ha reemplazado prácticamente a las cartas tradicionales e incluso a las llamadas telefónicas como preferencia de comunicación. Cada día se envían miles de millones de mensajes de correo electrónico. Esto también influencia la manera de hacer negocios. Frente a este contexto, la planificación de medios está sufriendo un cambio dramático de las herramientas de comunicación tradicionales ATL (*Above The Line*) como pueden ser los periódicos o las revistas a herramientas BTL (*Below The Line*) como marketing en móviles o internet.

La figura 3.1 muestra la media de las respectivas cuotas de mercado publicitario del año 2011 a 2023 (en comparación con el año anterior) utilizando el ejemplo de Alemania. No se trata de una evolución puramente alemana, sino que es similar en todo el mundo: desde sus inicios a mediados de la década de los noventa, la publicidad en internet (tanto en anuncios de PCs como en portátiles) ha crecido principalmente a expensas de los periódicos.

El desarrollo se debe a las ventajas del marketing digital. Por ejemplo, una gran ventaja del «Marketing directo a través de correo electrónico» es que clasifica a los llamados *leads* (gente que ha cedido sus datos a la empresa, generalmente para acceder a algún contenido de interés). Un software adecuado permite a las empresas rastrear quienes están respondiendo y analizar todos los tipos de respuestas.

Esto permite a la empresa segmentar a su público basándose en esta información, dirigiendo futuras comunicaciones según las prioridades establecidas previamente por los propios receptores.

Para llevar a cabo una campaña exitosa de marketing por correo electrónico se deben tener en cuenta los siguientes puntos (Linkon, 2004):

- **Una planificación estable**: Las compañías deben tener objetivos claros y cuantificables y deben planificar cuidadosamente su campaña.
- **Un contenido excelente**: Los estándares son mayores con los correos electrónicos, por lo que las empresas tienen que asegurarse de ofrecer un valor genuino a sus clientes.
- **Un remitente real y apropiado**: Esto es lo primero que los receptores miran cuando deciden si abrir o no un correo electrónico.

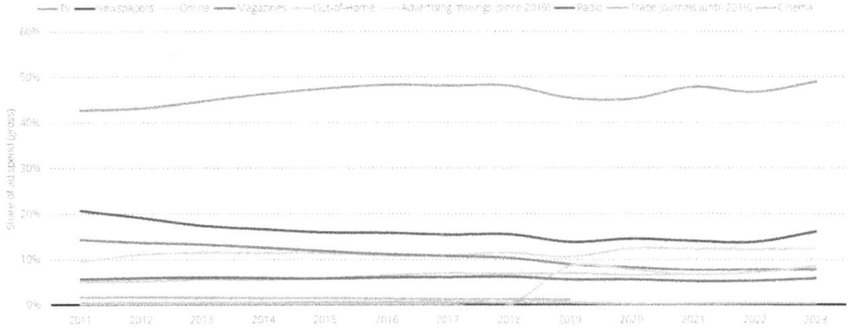

FIGURA 3.1 Evolución de la participación en el mercado de los medios de publicidad en términos de inversión bruta en™ publicidad en Alemania del 2011 al 2023. Fuente: www.statista.com; consulta del 14 de abril de 2024

- **Un asunto interesante**: El siguiente lugar en el que los receptores se fijan antes de decidir si abrir o no un correo electrónico es el asunto. Por lo tanto, es imprescindible que sea convincente.
- **Frecuencia y temporalización correctas**: Las entidades no deben saturar a su público. No deben enviar correos electrónicos los fines de semana ni fuera de las horas de trabajo habituales.
- **Un uso apropiado de los gráficos**: Las empresas no deberían dejarse llevar. Si los gráficos añaden un valor real y no son de gran tamaño, se podrían usar.
- **Destacar las fortalezas de la compañía**: Las compañías no deberían enterrar las mejores ofertas o el mejor contenido. Necesitan asegurarse de que está al comienzo o el equivalente en correo electrónico de *Above the Fold* (aquella parte de la pantalla que los usuarios ven sin desplazarse hacia abajo).
- **Cuanto más corto, mejor**: Nadie lee mucho en estos días y se lee aún menos en los correos electrónicos que en otros sitios.
- **Personalizar**: Las empresas deberían usar solo tres o cuatro elementos de personalización y las tasas de respuesta pueden mejorar potencialmente un 60%. Deberían ir más allá del nombre y aprender acerca de sus suscriptores.
- **Un hipervínculo a la web de la compañía**: Aquí es donde puede encontrarse realmente la riqueza de contenido y la interacción. Los profesionales del marketing deberían tentar a los lectores con el correo electrónico para que acudan a su página web. La publicidad puede ser incorporada cumpliendo el mismo papel que el correo electrónico original: crear un deseo en el público de conocer más información. La página a la que se redirige en la página web es crucial para esta táctica y es donde, a menudo, las personas flaquean al integrar la publicidad tradicional con promociones digitales.
- **Calcula y mejora**: la habilidad para calcular métricas básicas como las tasas de apertura y clics es una de las ventajas principales del marketing por correo electrónico.

Las páginas Web 2.0 le permiten hacer más que simplemente recuperar información, dado que este era el caso con Web 1.0. La Web 2.0 transforma monólogos de medios de información (uno-a-varios = Web 1.0) en diálogos de redes sociales (varios-a-varios). El término Web 2.0 se usó por primera vez en 2004 para describir una nueva forma en la que desarrolladores de software y usuarios finales empezaron a usar internet para crear contenido y aplicaciones, ya no se creaban y publicaban de forma unidireccional, sino que los contenidos se modifican continuamente de forma participativa y colaborativa. La popularidad del término Web 2.0, junto con el creciente uso de blogs, wikis y tecnología de medios sociales, ha llevado a muchos agentes del mundo académico y de los negocios a trabajar con este «nuevo» fenómeno. Existe un número creciente de profesionales del marketing que están usando herramientas de la Web 2.0 para colaborar con los consumidores en el desarrollo de productos, mejora de servicios y promociones. Las compañías pueden usar herramientas de la Web 2.0 para mejorar la colaboración con sus socios de negocios y con sus consumidores a la vez. Entre otras cosas, los empleados de las compañías han creado wikis, que son páginas web que permiten a los usuarios añadir, borrar y editar contenido y hacer listas de respuestas a las preguntas frecuentes sobre cada producto y los consumidores han añadido aportes significativos. Otra característica de marketing de la Web 2.0 es asegurarse de que los consumidores puedan usar la comunidad digital para interconectarse entre ellos sobre el contenido que ellos mismos elijan. Además de generar contenido, el usuario de la Web 2.0 tiende a incorporar de forma proactiva una nueva perspectiva sobre los procesos y enfoques establecidos, de forma que los usuarios creen ideas innovadoras para el desarrollo futuro de las empresas (Hollensen y Opresnik, 2015).

Con la creación de la World Wide Web y los buscadores web en los años 90, internet pasó de ser una simple plataforma de comunicación a una tecnología revolucionaria. Para los consumidores, las tecnologías digitales no solo proveían los medios para buscar y comprar productos ahorrando tiempo y dinero, sino para socializar y entretenerse. La aparición de redes sociales como MySpace, TikTok o Facebook ha permitido a los consumidores pasar el tiempo socializando y el desarrollo de las reproducciones de vídeo y las descargas de música implica que también pueden entretenerse. Un reto importante para los profesionales del marketing es conectarse con el gran público usando la red.

Internet es un canal de comunicación global, pero los mensajes publicitarios son a menudo percibidos en un contexto local por los potenciales clientes. Aquí yace el dilema que causa que, frecuentemente, los resultados de la promoción en internet sean menores de lo previsto.

Los medios de comunicación tradicionales tienen dos funcionalidades: construir marca y el marketing directo. En general, la mayoría de los métodos promocionales son útiles para una o para la otra. Internet, sin embargo, tiene las características de medios de difusión masivos y publicidad de respuesta directa.

En el modelo tradicional de comunicación en el mercado (*marketplace*), hay distinciones claras entre el emisor, el mensaje y el receptor y el control del mensaje lo tiene el emisor. En el *market space* o «espacio de mercado», el control del mensaje se comparte entre el emisor y el receptor debido a la interacción del medio, a su habilidad para enviar un mensaje en respuesta al recibido y al impacto de la tecnología de la información en el tiempo, el espacio y la comunicación. Los impactos mencionados anteriormente en el ciclo de *feedback*, o retroalimentación, son parte de internet y de los aspectos de la interferencia. En general, la interferencia es más probable que venga del desorden de internet que de fuentes externas.

La web representa un cambio fundamental en la promoción internacional, pasando de una **estrategia *push***, o estrategia de «empuje», donde el productor se centra en utilizar un intermediario para representar sus productos o servicios y un distribuidor para almacenar los bienes, hacia una **estrategia *pull***, o estrategia de «atracción», en la cual el productor se comunica directamente con el cliente. En este proceso de transición, los costes promocionales y otros costes de transacción se reducen. La característica diferencial de internet con respecto a otros medios promocionales es la interactividad. Esto deriva en la característica especial de que internet se combina con los atributos de la venta y la publicidad. La interactividad facilita un enfoque completamente innovador para llegar a clientes potenciales. A diferencia de la televisión, por ejemplo, donde el consumidor observa de forma pasiva, en la web hay una intención de acceder a internet y, como resultado, se obtiene una mayor atención al contenido. En internet, el consumidor potencial tiene una mayor participación frente a la publicidad tradicional. Se demanda un flujo continuo de decisiones del usuario. Cada clic representa una decisión y por lo tanto la web es un medio con una participación alta. Además, al contrario que los medios de comunicación tradicionales, la web es un medio por el cual el usuario puede clicar y obtener más información o comprar el producto. Los anuncios de la web pueden estar y a menudo están, dirigidos a un perfil de usuario, lo cual a su vez afecta a la manera en que el mensaje es recibido. Cada vez más, los anuncios mostrados en la web son específicos para los intereses de los usuarios y aparecen cuando estos intereses son revelados mientras el usuario navega por la web. Para aportar valor al cliente potencial internacional y mantener el interés, la página web deber ser atractiva e intuitiva. Esto implica un diseño atractivo, disponible en el idioma del comprador (o uno con el que el comprador esté familiarizado) y artístico en términos de color y fondo (teniendo en cuenta los estándares culturales del comprador). Debería ser fácil de navegar, contener la información que el comprador probablemente necesite y ser fácil acceder a ella (Hollensen y Opresnik, 2015).

La forma más común de publicidad en la web (en lugar de anunciar la existencia de una página web) es el uso de *banners* en la parte superior de los sitios comerciales (Fletcher et al., 2004).

Una estrategia de publicidad en línea efectiva

Los comerciantes pueden usar publicidad en línea para construir su marca o para atraer visitantes a su página web. La publicidad *online* se puede describir como publicidad que aparece mientras el usuario está navegando por internet, incluyendo anuncios y *banners* rectangulares, intersticiales, rascacielos y con otras formas. Una estrategia efectiva para la publicidad en línea intenta dirigir el mensaje publicitario adecuado a la persona correcta en el momento apropiado (Kumar y Shah, 2004).

¿A quién anunciarse?

¿La publicidad en línea es para todo el mundo? Algunos profesionales del marketing dirán que el diseño de la publicidad depende del tipo de producto o servicio vendido y del segmento deseado. En este aspecto, es determinante dividir el segmento objetivo de acuerdo a los que visitan por primera vez la página web, usuarios registrados y buscadores de información en general. Es inevitable que haya algún solapamiento entre estos segmentos. Sin embargo, este método de segmentación puede dar una imagen útil mientras se diseña la publicidad en línea. Según el segmento de usuario, la página web puede ser programada para responder adecuadamente. Por ejemplo, se puede hacer que todos los primeros visitantes de la página vean la misma publicidad. Los visitantes identificados como buscadores de información podrán recibir contenido en vez de productos y servicios y los usuarios registrados posiblemente vean un mensaje publicitario personalizado basado en sus perfiles. Tecnológicamente es posible identificar a un tipo de usuario estudiando su comportamiento de navegación a través de su secuencia de clics y usando *cookies*.

¿Cómo anunciarse?

Después de identificar al usuario o al visitante de la página web, el siguiente paso es determinar cómo anunciarse o qué formato usar para la publicidad. Existen varios formatos diferentes de anuncios en internet: ***banners* publicitarios** (que se mueven a lo largo de la pantalla), **rascacielos** (anuncios altos y delgados en un lateral de una página web), e **intersticiales** (anuncios que aparecen entre cambios de una página web).

El **patrocinio de contenido** es otra forma de promoción en internet. Muchas compañías consiguen una exposición de su nombre en internet al patrocinar contenido especial en distintas páginas web, como noticias o información financiera. Este patrocinio se debe colocar en sitios cuidadosamente elegidos donde pueden ofrecer información o servicios relevantes al público. El tipo de publicidad elegida debería dirigirse no solo a transmitir el mensaje (*push*) sino también a atraer al cliente (*pull*) para que navegue a lo largo de la página web, diseñando anuncios que contribuyan a la experiencia general de la página web. Por ejemplo, una página web con demasiados anuncios emergentes corre el riesgo de espantar al usuario.

¿Qué anunciar?

Las personas usan internet para buscar información, así como para buscar productos y servicios. Los comerciantes pueden ser creativos y diseñar anuncios que puedan simplemente dar información útil al usuario. Por ejemplo, a un usuario que está buscando una cámara digital se le pueden ofrecer sugerencias o indicaciones sobre cómo obtener los mejores resultados de fotografía digital. La publicidad no comercial como esta puede que no tenga beneficios financieros a corto plazo, pero puede contribuir a una experiencia superior a la hora de navegar y conlleva una mayor confianza del consumidor y visitas repetidas del usuario. Si se conoce el perfil de usuario o su historial de compras, es posible predecir un futuro comportamiento de compras y así programar información de dichas compras en el código de la página web. La próxima vez que la web de una compañía detecte a un determinado usuario que regresa a la página web, propondrá una publicidad preparada con un contenido apropiado y adaptado. Si se implementa adecuadamente, este enfoque puede ayudar a las empresas a realizar ventas cruzadas de productos a través de combinaciones de mensajes de publicidad en línea.

¿Cuándo anunciarse?

Las primeras tres dimensiones de la estrategia de publicidad discutidas hasta ahora pueden volverse inefectivas si el momento no es el adecuado. En el caso de los medios de comunicación *offline*, uno puede llamar al cliente proactivamente o enviarle publicidad por correo en un momento específico con un mensaje publicitario personalizado. Sin embargo, estas reglas no se aplican en internet. En el caso de internet, los usuarios pueden elegir visitar una página web durante el trabajo, en mitad de la noche o cuando quieran. Por lo tanto, el tiempo, en el contexto de internet, comienza en el momento en que el usuario es detectado. La pregunta es cuándo activar la publicidad. ¿Tan pronto como el usuario está en línea, después de que haya navegado un rato o cuando haga la primera compra? Estudios realizados sobre la temporalización de los anuncios de internet indican que, por lo general, la respuesta (pinchar) a los anuncios emergentes es mayor cuando el usuario acaba de entrar al sitio. Sin embargo, los resultados podrían variar enormemente dependiendo del segmento de usuarios y el objetivo de la búsqueda de información del usuario.

Amazon emplea una forma sutil de publicidad en tiempo real. Básicamente, cuando el usuario está buscando un libro en particular, la búsqueda también produce en el lateral o en el inferior de la página libros relevantes que pueden complementar al que el usuario estaba buscando originalmente. Amazon fue el primero en usar tecnología de «filtrado colaborativo», la cual hace una criba de cada compra pasada del cliente y los patrones de compras de clientes con perfiles similares para producir contenido del sitio personalizado. Asimismo, el apartado «Recomendaciones para ti» prepara recomendaciones de productos personalizadas y su apartado «Mi Amazon.es» vincula a los clientes a su propia página de inicio personalizada. A la hora de perfeccionar el arte de vender digitalmente, Amazon se ha convertido en uno de los nombres más conocidos de la web.

¿Dónde anunciarse?

Es crucial hacer que los anuncios de internet sean visibles en posiciones estratégicas para maximizar su tasa de aciertos en su segmento objetivo. Al contrario que otros tipos de medios de comunicación, donde uno puede elegir un punto bien definido dentro de un grupo finito de posibilidades, el ciberespacio ofrece un número infinito de posibilidades a lo largo de miles de portales, motores de búsqueda y publicaciones digitales, así como varias posibilidades dentro de la página web del vendedor. Encontrar el lugar perfecto es como encontrar una aguja en un pajar.

Hay dos maneras de afrontar esto: la primera es la salida fácil. Siga su intuición y coloque los anuncios en lugares evidentes, como los portales frecuentemente visitados y los motores de búsqueda. Sin embargo, esta no es una solución efectiva con respecto a los costes. Un acercamiento más refinado implica analizar el patrón de navegación de un usuario de internet usando el archivo de registros de la página web. El análisis del archivo de registros puede ayudar a modelar el comportamiento de navegación de un visitante aleatorio de la página web. Basándose en esta información, se podrán colocar anuncios en localizaciones apropiadas. Los directores de marketing también pueden aprovechar este modelo para vender productos complementarios a potenciales usuarios. Por ejemplo, unos grandes almacenes como El Corte Inglés pueden anunciar cosméticos en una página donde un usuario está comprando perfumes en línea. De igual manera, una tienda de electrónica como Best Buy puede anunciar sus nuevos lanzamientos de CD en una página que muestre diferentes sistemas de audio.

Sin embargo, esta forma de análisis está limitada a anuncios dentro de la página web de la compañía. Un enfoque más avanzado implica modelar comportamientos de navegación en diversos sitios web usando datos de secuencia de clics. La información analizada de esta forma da una visión total de los hábitos virtuales de un cliente antes de comprar. Dicha información es inestimable para los comerciantes, quienes estarían interesados en saber dónde y cuándo es más probable encontrar clientes potenciales y, en base a esa información, cómo deberían colocar los anuncios de internet para atraer clientes relevantes a su sitio web.

Seguimiento del rendimiento en línea (Métricas)

Tras diseñar una estrategia de publicidad digital, el siguiente paso crítico es estudiar su rendimiento. Los medios de comunicación tradicionales *offline* (radio, televisión y anuncios impresos) tienen parámetros bien definidos y documentados que pueden medir con exactitud la efectividad de los anuncios. Llevan muchos años de investigación mostrando qué puede hacer un anuncio de televisión. A los anuncios de internet todavía les queda mucho por avanzar en este aspecto.

Algunas de las medidas más comúnmente usadas son:

- **Clics**: el número de veces que los usuarios clican en un anuncio.
- **Coste por clic**: la cantidad gastada por un anunciante para generar un clic.
- **Coste por acción/*lead*** (**CPA /L**): la cantidad gastada por un anunciante para generar un *lead*, una acción deseada o simplemente una información de un posible usuario. El anunciante paga una cantidad basada en el número de usuarios que cumplen las acciones deseadas.
- **Coste por venta** (**CPS**): la cantidad gastada por un anunciante para generar una venta. Aquí, el anunciante paga una cantidad basada en el volumen de compras.

Cada vez más, muchos profesionales de marketing afirman optimizar sus campañas digitales usando el coste por venta, pero claramente están buscando ventas (a través de anuncios en línea). El problema de este enfoque es que, mientras cada transacción individual pueda parecer rentable para empezar, esto no es necesariamente válido durante el ciclo de vida del cliente.

De manera similar, beneficios iniciales aparentemente poco rentables, podrán traducirse en transacciones muy rentables a lo largo de la vida del cliente. Por lo tanto, el **Valor del ciclo de vida del cliente** (**CLV, *Client Lifetime Value***), que se puede definir como los beneficios esperados derivados de las relaciones con clientes, desde la actualidad hasta un punto en el futuro, es quizá la más relevante de todas las métricas. Proporciona un vínculo, cliente a cliente, al fin último de cualquier empresa: el beneficio.

El gasto en marketing y los resultados de anuncios guiados por el valor vitalicio del cliente producirán el mejor sistema de apoyo a las decisiones para un profesional del marketing. Mientras las compañías se centran cada vez más en el cliente, un cambio hacia el uso de la métrica del valor vitalicio del cliente y la generación de lealtad del cliente es algo inevitable.

Generando la lealtad del comprador

Usar la web como un vehículo para fomentar la lealtad por parte de compradores internacionales implica varias etapas diferentes (Fletcher et al., 2004):

- **Atraer**: Atraer a clientes para que visiten la página web. Lo hacen de manera voluntaria y no vendrán simplemente porque se haya creado un sitio. Para crear conciencia del sitio, es necesario crear *banners* publicitarios y vínculos en otros sitios.
- **Comprometer**: Captar la atención del visitante. Esto es necesario para llevar al visitante a la web y alentar la interacción. Muchas webs fallan como medios de promoción porque son aburridas y tienen material presentado de manera pobre. En esta conexión, el contenido del sitio es lo más importante.
- **Retener**: Retener la atención del visitante en su sitio. Esto es importante para asegurar repetidas visitas al sitio y la creación de una relación uno a uno entre la firma y su potencial cliente. Una manera de conseguir esto es persuadir al cliente para proporcionar información de sus requisitos, de forma que la empresa pueda personalizar sus ofertas y por lo tanto incrementar sus costes de cambio.
- **Aprender**: Aprender del cliente y sus preferencias. Esto es posible al proporcionar en la web un medio para facilitar *feedback* y comentarios. El uso de *cookies* puede ayudar.
- **Relacionar**: Adoptar una política dirigida a construir relaciones con los visitantes. Esto se consigue al proporcionar contenido de valor añadido, adaptar el producto o servicio a las necesidades de cada cliente y prometer una entrega personalizada.

La web como una herramienta de adquisición de clientes

Atraer visitantes a la página web de una compañía es un gran paso, pero es solo el primero. Convertirlos en compradores es un desafío aún mayor, uno en el que muchos vendedores en línea fallan.

Las compañías pierden clientes potenciales en diferentes etapas del proceso de compra (Figura 3.2).

Las etapas en las que los clientes pueden perder el interés son las siguientes:

- Página de inicio.
- Búsqueda de un producto.
- Después de haber encontrado el producto.
- El carro de la compra.
- Error al repetir la compra.
- Tiempo de descarga inaceptable.

Una razón del abandono que se aplica a todas estas etapas son los inaceptables tiempos de descarga. Ahora echaremos un vistazo a cada una de estas etapas (Hollensen y Opresnik, 2015):

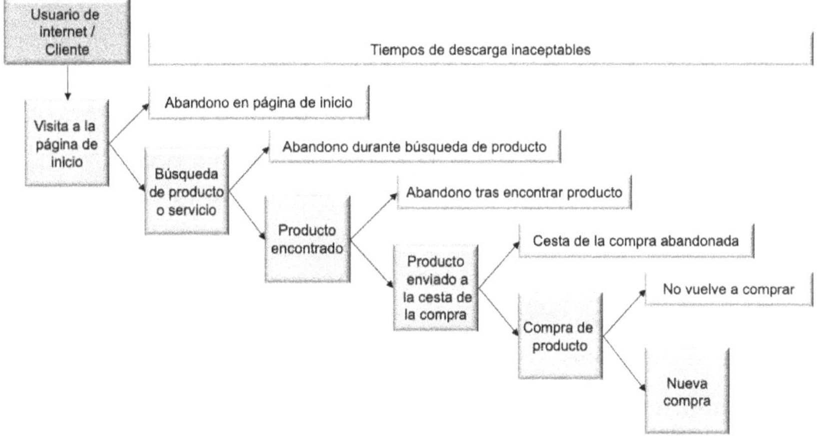

FIGURA 3.2 Comportamiento de compra en internet. Fuente: Adaptado de Hollensen y Opresnik (2015).

- **Abandono en la página principal**

  Hay muchas razones por las que un visitante pueda echar un vistazo a la página inicial de una empresa y decida irse. La publicidad inapropiada es un factor principal. Compañías establecidas de *clic and mortar* (plataformas de venta en línea vinculadas a una tienda física, que ofrecen una experiencia híbrida) tienen una ventaja sobre los comercios exclusivamente digitales al atraer visitantes ya que la gente sabe por experiencia qué es lo que vende la compañía. Pero incluso marcas bien establecidas pueden perder un porcentaje significativo de visitantes en su página inicial.

- **Abandono a mitad de la búsqueda del producto**

  Los clientes que dejan la página web mientras todavía están buscando productos lo hacen normalmente cuando no encuentran lo que están buscando. Quizá la selección es muy limitada o el comprador se ha quedado sin ideas para regalos. Las mejores prácticas superan dichos problemas al nutrir al cliente de sugerencias («Creemos que también te gustaría...»), dirigiéndoles hacia posibles productos deseados.

- **Abandono después de encontrar el producto**

  Los compradores pueden detenerse antes de realizar la compra incluso después de encontrar lo que estaban buscando. Hay numerosas razones: los compradores en línea que decidan no comprar regalos de navidad puede que quieran ver el producto físicamente antes de comprarlo. Fotos pequeñas e información incompleta del producto desaniman a muchos navegantes. Los productos fuera de stock y los altos precios también son disuasorios. Para restringir la oleada de abandonos de clientes en esta etapa del proceso de compra, algunos vendedores en línea como FNAC ofrecen una función de chat en vivo para que los compradores obtengan respuestas en el acto.

- **Abandono del carrito**

  La principal razón por la que los clientes abandonan la compra digital se debe a un proceso de pago engorroso. Además, se incluyen los gastos de envío elevados, cuestiones de seguridad en el pago con tarjeta de crédito o las políticas de devolución. Durante este momento final de valoración, las empresas multicanal con negocios *offline* que ya cuentan con una marca consolidada y una clientela fiel son menos propensas a perder ventas. Los minoristas deben contar con un proceso de compra eficiente que minimice los datos que los compradores deben introducir y efectuar el pago lo más rápido posible.

- **Fallo al repetir la compra**

  Por lo general, un cliente recurrente es más favorable que un cliente nuevo ya que tiende a gastar más. Los problemas de entrega son una de las razones principales que evitan que los clientes regresen. Ya que las expectativas del cliente son muy altas en este aspecto, los vendedores digitales deben establecer o comprar un sistema back-end que cumpla o supere las necesidades del cliente. También es importante saber gestionar las expectativas del cliente. En cuanto a los productos agotados o a los pedidos pendientes, es preferible informar a los compradores de los inconvenientes antes de que realicen un pedido en lugar de enviar un correo electrónico de seguimiento como hacen algunos minoristas. Aunque el resultado sea la pérdida de una venta, conservar la relación con el cliente es lo más rentable a largo plazo.

- **Tiempo de descarga inaceptable**

  Otro factor importante en el abandono del cliente a lo largo de todo el proceso de compra es la lentitud en los tiempos de respuesta del servidor y en la descarga. De esta manera, se considera que cinco segundos es el tiempo límite de descarga de una página antes de que los clientes se vayan a otra, aunque las expectativas de los clientes son cada vez mayores. Por lo tanto, las empresas que se niegan a invertir para mantener sus páginas web con una velocidad de carga rápida pueden experimentar un descenso en las ventas y en la permanencia. Las empresas deberían ser cautelosas a la hora de invertir en sus páginas web. Los gráficos sofisticados y las aplicaciones interactivas diseñadas para simplificar el proceso de compra pueden ralentizar los tiempos de transacción, sobre todo cuando muchos clientes potenciales no cuentan con un ancho de banda alto. Incluso si los servidores son los adecuados, una página web con bastantes datos (muchas imágenes, herramientas de flash, sonidos) puede hacer que su página sea demasiado lenta y no sea muy práctica para un gran porcentaje de clientes potenciales. La clave para los minoristas consiste en encontrar el equilibrio entre el impacto de marketing de la página web, su funcionalidad y la capacidad de la infraestructura de la empresa y del consumidor para manejar el contenido.

Definición del marketing en redes sociales

Las redes sociales son tecnologías basadas en internet que facilitan las conversaciones virtuales y abarcan un gran número de foros boca-a-boca, incluyendo, entre otros, redes sociales, blogs, foros de discusión y salones de chat patrocinados por empresas, correo electrónico entre clientes, foros y páginas web de clasificación de servicios o productos de consumo, grupos de discusión en internet y foros y páginas web que contienen audio digital, imágenes, películas o fotografías. Desde 2009 las páginas web oficiales de empresas y marcas comerciales han estado perdiendo audiencia; se cree que se debe al surgimiento del marketing en las redes sociales por parte de las propias marcas, una práctica cada vez más generalizada. Según ebizmba.com la red social más extendida en el mundo es Facebook, creada por Mark Zuckerberg en un principio para mantener el contacto con sus compañeros de clase de la Universidad de Harvard.

A continuación, se presentan las diez redes sociales más famosas. Las redes sociales chinas como QZone y Weibo Tieba se encuentran activas principalmente en su país de origen. En occidente, funciona una estrategia que consiste en una plataforma bidireccional que se compone de Facebook y Google.

Figura 3.3: La figura 3.3 muestra las diez redes sociales más populares en enero de 2024.

El líder del mercado, Facebook, fue la primera red social en superar los mil millones de usuarios registrados y actualmente cuenta con más de 3030 millones de usuarios activos mensuales. La empresa también posee actualmente cuatro de las mayores plataformas de redes sociales, todas ellas con más de mil millones de usuarios activos mensuales cada una: Facebook (plataforma principal), WhatsApp, Facebook Messenger e Instagram. En el tercer trimestre de 2021, Facebook registró más de 3580 millones de usuarios del producto principal.

Estados Unidos y China cuentan con las plataformas sociales con más usuarios. La mayoría de las redes sociales mejor clasificadas con más de 100 millones de usuarios tienen su origen en Estados Unidos.

Sin embargo, servicios como las redes sociales chinas WeChat, QQ o la aplicación para compartir vídeos Douyin también han generado un gran atractivo en sus respectivas regiones debido al contexto y los contenidos locales. Así, en China no solo hay plataformas de medios sociales que no existen en otras partes del mundo, sino que también hay múltiples plataformas y ecosistemas superpuestos que están en constante movimiento. Por ejemplo, WeChat es la plataforma de referencia, no solo para chatear y realizar transacciones de comercio electrónico, sino también para realizar pagos P2P e incluso invertir en fondos. La versión internacional de Douyin (aplicación para compartir vídeos), TikTok, es muy popular en todo el mundo entre los jóvenes como medio para expresarse cantando, bailando, haciendo comedia y sincronizando los labios y permite a los usuarios crear vídeos y compartirlos a través de una comunidad.

Las principales redes sociales suelen estar disponibles en varios idiomas y permiten a los usuarios conectarse con amigos o personas más allá de las fronteras geográficas, políticas o económicas. En 2024, se estima que las redes sociales han alcanzado los 5170 millones de usuarios y se espera que estas cifras sigan creciendo a medida que el uso de los dispositivos móviles y las redes sociales móviles vayan ganando terreno en mercados anteriormente desatendidos.

Red Social	País	Comentarios	Usuarios activos /mes
1. Facebook	EEUU	En 2018, Facebook sufrió un ataque por permitir que terceros accedieran a los datos personales de millones de usuarios.	1600 millones
2. WhatsApp	EEUU	Comprada por Facebook en 2014. Permite a los usuarios comunicarse y compartir información de manera instantánea entre particulares y grupos.	1000 millones
3. QQ	China	Propiedad de Tencent. Mensajería instantánea (basada en el chat). Se convirtió en internacional después de su lanzamiento en China.	860 millones
4. WeChat	China	Propiedad de Tencent. Aplicación de comunicación multifunción, y juegos. Crece rápidamente.	700 millones
5. QZone	China	Propiedad de Tencent. Permite compartir fotos, ver videos, escuchar canciones, escribir blogs, conservar diarios, etc.	650 millones
6. Tumblr	EEUU	Propiedad de Yahoo desde 2013. Una plataforma de microblogging donde los usuarios pueden publicar cualquier cosa, incluida multimedia.	550 millones
7. TikTok	China	Propiedad de Byte Dance. Inicialmente lanzada como Douyin en septiembre de 2016. La aplicación permite al usuario crear videos musicales cortos, especialmente populares entre los adolescentes.	500 millones
8. Instagram	EEUU	Propiedad de Facebook. Basado en compartir fotos y videos.	450 millones
9. Twitter	EEUU	Permite publicar de mensajes de texto cortos (llamados tuits) que contienen un número limitado de caracteres (hasta 280).	330 millones
10. Baidu Tieba	China	Propiedad de Baidu, un motor de búqueda. Permite a los usuarios crear un grupo de red social para un tema específico.	300 millones

FIGURA 3.3 Medios de comunicación sociales, Top 10 mundial en enero de 2024. Fuente: Basado en Statista.com, consultado el 7 de enero de 2024.

De los bolos al *Pinball*

Por lo general, la Comunicación Integral de Marketing (*Integrated* Marketing *Communications*, IMC, por sus siglas en inglés) se ha considerado en gran medida unidireccional por su naturaleza (véase 'el juego de los bolos', Figura 3.4). En el viejo paradigma, la organización y sus representantes crean el mensaje y lo transmiten a los clientes potenciales que pueden o no estar dispuestos a participar en el proceso de comunicación. Además, la organización de marketing de la empresa tiene el control sobre la difusión de la información. Los elementos tradicionales del mix promocional (publicidad, ventas personales, publicidad y relaciones públicas, marketing directo y promoción de ventas) son las herramientas mediante las que el control estaba asegurado.

El siglo XXI es testigo de una explosión de mensajes en internet que se transmiten mediante estos medios. Estos mensajes se han convertido en un factor importante que influye en diferentes aspectos del comportamiento de los clientes entre los que se incluyen el conocimiento, la adquisición de información, las opiniones, las actitudes, el comportamiento de compra y la comunicación y evaluación después de la compra. Sin embargo, lamentablemente, la prensa empresarial y la literatura académica proporcionan a los directores de marketing muy poca orientación para incorporar las redes sociales a sus estrategias de IMC (Hollensen y Opresnik, 2015).

Las redes sociales como herramientas de comunicación tienen dos funciones promocionales interrelacionadas:

- **El uso de redes sociales debe ser consecuente con las herramientas tradicionales de IMC**. Esto quiere decir que las empresas deberían emplear las redes sociales para hablar con sus clientes mediante plataformas como los blogs, así como los grupos de Facebook y Twitter. Estos medios pueden estar patrocinados tanto por empresas como por particulares u organizaciones.
- **Las redes sociales permiten que los clientes hablen entre ellos**. Es una continuación de la comunicación tradicional boca a boca. Si bien las empresas no pueden controlar directamente los mensajes

entre clientes (C2C, por sus siglas en inglés), sí que pueden influir en sus conversaciones. Sin embargo, la habilidad de los clientes para comunicarse entre ellos pone límites al control que las empresas tienen sobre el contenido y la difusión de la información. Los consumidores tienen el control; tienen un mayor acceso a la información y un mayor dominio sobre el consumo de los medios de comunicación, algo que nunca antes se había dado.

Los directores de marketing están buscando la manera de integrar las redes sociales en sus estrategias de IMC. El paradigma tradicional de la comunicación, basado en el mix promocional clásico para diseñar estrategias IMC, debe ceder paso a un nuevo paradigma que incluya todos los tipos de redes sociales como herramientas potenciales para diseñarlas e implementarlas.

Es evidente que los expertos en marketing actuales no pueden pasar por alto el fenómeno de las redes sociales donde la información sobre el mercado disponible se basa en la experiencia de los clientes y se transmite mediante el mix promocional tradicional. Sin embargo, varias plataformas de medios sociales, de las cuales muchas son totalmente independientes de las organizaciones que en ellas se ven representadas, fomentan la capacidad de los clientes para comunicarse entre ellos.

Aunque de forma muy simple, se puede comparar el marketing previo a las redes sociales con los bolos.

El juego de bolos muestra cómo usted puede haberse comunicado tradicionalmente con sus clientes, con la empresa y la marca (el jugador de bolos) tirando la bola (el mensaje de comunicación que la marca quiere transmitir) hacia los bolos (nuestros clientes objetivo). Está claro que se trata de un enfoque de comunicación unidireccional muy directo y representa el modelo tradicional de empuje (*push*). Los expertos en marketing se centran en algunos grupos de clientes y les envían sus anuncios publicitarios exactamente como cuando tiramos la bola hacia los bolos; de este modo emplean los medios tradicionales para tirar tantos bolos como sea posible. Una característica fundamental del marketing del juego de los bolos era el gran control que la empresa ejercía sobre la comunicación de marketing porque los clientes tenían muy poca libertad para actuar. De esta manera, para muchas grandes empresas un gran presupuesto televisivo era la bola que los expertos en marketing lanzaban a la línea de juego para intentar derribar tantos bolos como fuera posible; por tanto, los expertos en marketing tenían el control y contabilizaban felizmente el número de «bolos» que habían derribado y con qué frecuencia; de esta forma, tanto el éxito como las métricas estaban claros. (Hennig-Thurau et. al., 2013).

En el mundo del marketing en redes sociales, la metáfora del juego de los bolos ya no encaja. En este ámbito, el marketing se puede describir mejor mediante el juego del *Pinball*: las empresas presentan una «bola de marketing» (las marcas y sus mensajes de generación de marca) en un entorno de mercado caótico y dinámico. Luego, la «bola de marketing» se desvía y a menudo se acelera por el «*bumper*» de las redes sociales que

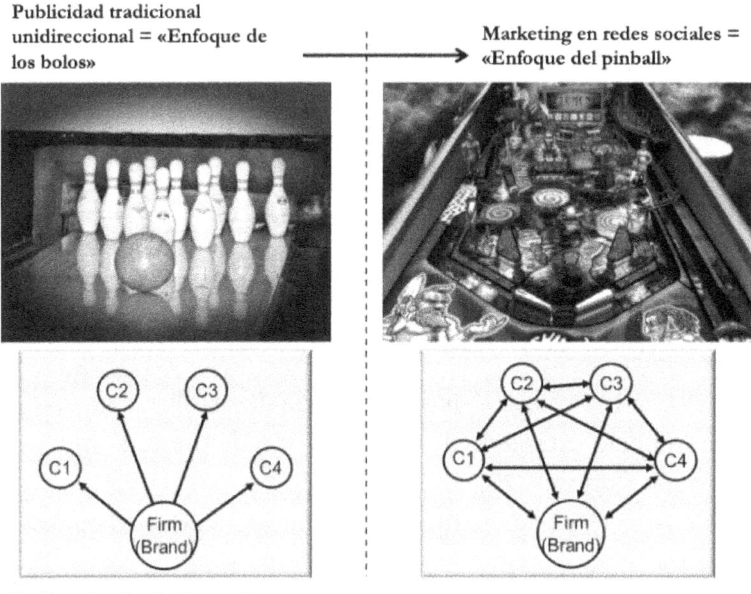

FIGURA 3.4 De los bolos al *pinball*: la transición de la comunicación de mercado desde los bolos al *pinball*. Fuente: Adaptado de Hollensen y Opresnik (2015).

cambian el recorrido de la bola de manera caótica. Una vez que la bola de marketing entra en juego, los directores de marketing pueden seguir guiándola empleando de manera ágil los «*flippers* (o aletas)», aunque la bola siempre se dirigirá donde se pretenda. Como consecuencia, en el mundo del *pinball* no puedes predecir el resultado; en cambio, los expertos en marketing tienen que estar preparados para responder en tiempo real al giro que los clientes dan a la bola. Cuando se domina bien, el juego del *pinball* puede dar una gran cantidad de puntos y si la empresa es muy buena incluso se pueden lanzar más bolas al juego. El motivo de esto puede ser que en la actualidad los clientes cuentan con una audiencia muy amplia para plantear nuevos temas de la agenda de comunicación. Por lo tanto, la situación idónea ocurre cuando se llega a los *influencers*, promotores y otros clientes de gran valor en la red que pueden mantener y difundir conversaciones positivas sobre la marca mediante distintos canales. Sin embargo, a veces, la bola de marketing puede regresar a la empresa; en este momento, la marca debe emplear los «*flippers*», para interactuar y lanzarla de vuelta a la esfera de las redes sociales. Por lo tanto, si la empresa o la marca no vuelve a lanzar los mensajes a la esfera de los medios de marketing, la bola caerá finalmente entre los «*flippers*» y, a largo plazo, la relación bidireccional entre los clientes y la marca morirá. (Hollensen y Opresnik, 2015).

El modelo extendido del marketing de comunicación en las redes sociales

El modelo de los bolos al *pinball* se puede desarrollar con más detalle en un modelo extendido de comunicación de mercado interactivo. (Hollensen y Opresnik, 2015).

Los cuatro estilos diferentes de comunicación que se representan en la Figura 3.5 son:

1. **La publicidad tradicional unidireccional** (la publicidad en los medios de comunicación como la televisión, los periódicos/las revistas, etc.) representa el enfoque del juego de los bolos donde la

empresa pretende alcanzar el máximo número de clientes mediante métodos similares al disparo de una escopeta. En general, este enfoque responde a un tipo de comunicación unidireccional.

2. **La interacción orientada al cliente** representa un mayor grado de interacción entre la empresa y sus diferentes clientes clave. A menudo, la empresa encuentra algunos gerentes de cuentas clave que son los responsables de cuidar la interacción directa entre la empresa y sus cuentas clave (clientes).
3. **El *marketing* viral** representa la versión 1.0 del marketing en medios sociales donde la empresa emplea por ejemplo un vídeo de YouTube para atraer la atención y dar a conocer su marca. La interacción entre los clientes potenciales es bastante alta (por ejemplo, las páginas de blogs); sin embargo, el *feedback* para la empresa es bastante bajo.

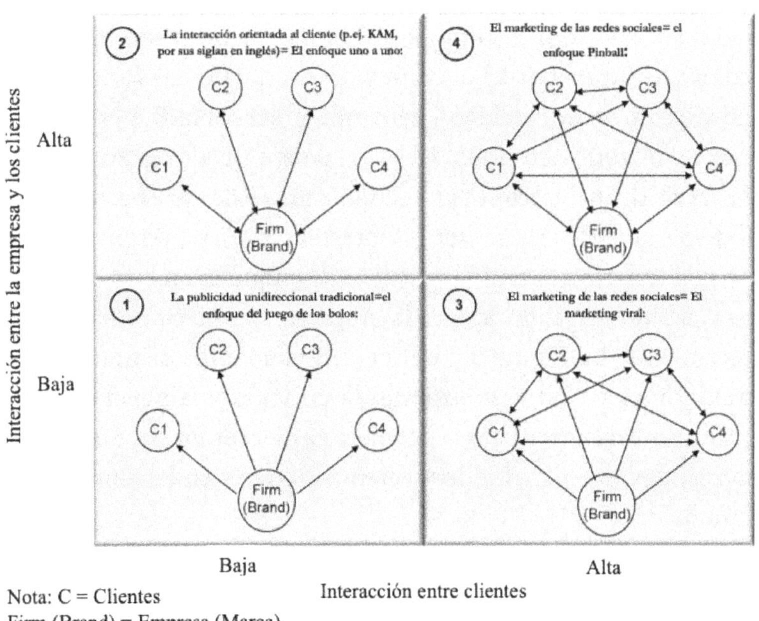

FIGURA 3.5 El modelo de comunicación de mercado interactivo extendido. Fuente: Adaptado de Hollensen y Opresnik (2015).

4. **El *marketing* en redes sociales** representa la versión 2.0 del marketing en medios sociales, que conlleva un considerable *feedback* para la empresa (véase Figura 3.5, donde se observan las flechas de doble sentido, lo que representa una mejor comunicación). La empresa ha optado por participar de manera proactiva en las conversaciones y blogueo en las redes sociales más relevantes para sus intereses (Facebook, Twitter etc.). Además, esto quiere decir que la empresa intenta fortalecer la interacción con sus clientes en sentido positivo con el fin de influir en el comportamiento de estos. Para ello, necesita un equipo de apoyo especializado en redes sociales que pueda interactuar en línea con los clientes reales y potenciales. Por tanto, esta estrategia es muy exigente en cuanto a recursos.

El modelo 6C del marketing en redes sociales

Las redes sociales (por ejemplo, Facebook o Twitter) son básicamente vehículos para transportar el contenido producido en forma de palabras, textos, imágenes y vídeos, generado gracias a millones de clientes potenciales de todo el mundo. Desde la perspectiva de la empresa, esto puede servir de inspiración para generar más valor para estos clientes. El modelo siguiente (Hollensen y Opresnik, 2015) representa principalmente la alternativa 4 en la Figura 3.5. Aunque si en este modelo no hubiera habido un *feedback* para la empresa, habría sido más similar a la alternativa 3. La Figura 3.6 define seis elementos distintos, aunque interrelacionados (Cs), que explican la creación y la permanencia del compromiso del cliente bajo la perspectiva de la empresa. Sin embargo, los contenidos que generan los usuarios siguen siendo fundamentales en el modelo:

- **La compañía y el contenido**: El modelo 6C comienza con la empresa y el contenido que crea. En general, internet se mantiene como un medio de atracción (*pull*) en la medida que la empresa busca atraer a los usuarios a su contenido y finalmente a la empresa en sí. Sin embargo, antes de que se pueda «atrapar» (*pull*) usuarios o clientes, el contenido se tiene que introducir en el sistema (*push*); así, el contenido se puede presentar, por ejemplo, como un producto de Facebook o una página de la marca, así como un vídeo de YouTube que se envía a los usuarios. Por consiguiente, el contenido que se expone en la esfera de las redes sociales de una empresa funciona como un catalizador para nuestro modelo de compromiso o participación.

- **Control**: la línea discontinua, que denota control en el modelo 6C (Figura 3.6) pretende representar un muro tras el cual la empresa deja el control de su marca a la comunidad en línea y a los clientes. A veces, la empresa, para potenciar la viralidad de los mensajes de su marca, renuncia a los derechos y bloqueos digitales con el fin de inducir a los miembros de la comunidad en línea a copiar, modificar, volver a publicar y reenviar el contenido. De esta manera, se pretende que el contenido se copie y se incruste en los sitios web de particulares, en los blogs y en los muros de Facebook. La clave en esta etapa del proceso es que la empresa (el creador del contenido) debe aceptar el hecho de que ya no posee el control

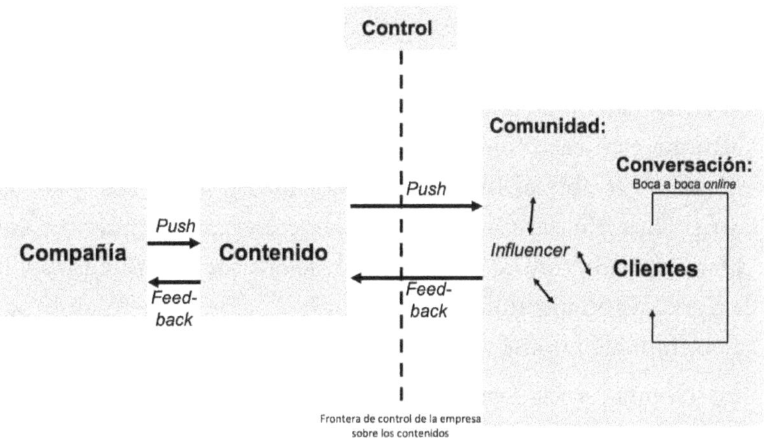

FIGURA 3.6 El modelo 6C (Compañía, Contenido, Control, Comunidad, Clientes, Conversación). Fuente: Adaptado de Hollensen (2019).

total del contenido, por lo que la comunidad puede apropiarse de él, comentarlo y modificarlo. Este modelo quizás desafíe la teoría convencional de gestión en la que los directores deben mantener el control de la imagen de la marca y de los mensajes.

- **Comunidad**: La empresa crea el contenido y lo difunde, cruzando la frontera simbólica de control, para que una comunidad de clientes interesados pueda hacer uso de él y, en este momento, la comunicación se convierte en bidireccional. El empleo de las flechas en la Figura 3.6 para empujar y tirar pretende reflejar el «dar y recibir» que se lleva a cabo entre una comunidad y la empresa, representada mediante los creadores del contenido. En su forma más simple, esto se evidencia en el arte de comentar, por ejemplo, en publicar reacciones sobre el contenido en Facebook y en YouTube. En algunos casos, la empresa puede incluso aprender del comportamiento del cliente en el mercado si se mantiene al corriente de las conversaciones en línea. En un mundo ideal, la comunidad dará lugar a un conjunto de conversaciones y reflexiones, independientes de la empresa, que a menudo tendrá un rol pasivo como mero observador.

  Cuando se transfiere el contenido a la comunidad digital, la empresa y sus proveedores suelen intentar dirigirse a los *influencers*, definidos como personas con acceso a una gran cantidad de información del mercado que participan de forma proactiva en conversaciones con otros miembros y clientes en línea para difundir este contenido. En general, los *influencers* son los primeros en recibir el mensaje y transmitirlo a sus redes sociales inmediatas. En definitiva, ejercen de conectores o puentes entre diferentes subculturas y su red de núcleos sociales puede facilitar la transmisión instantánea del contenido a miles de miembros de la comunidad en línea.

- **Los clientes y las conversaciones**: La mayor manifestación del compromiso aparece cuando una infinidad de conversaciones en línea gira en torno al fenómeno y al contenido, como se muestra en la Figura 3.6. El modelo 6C distingue entre la comunidad digital y los clientes potenciales, generalmente subgrupos de la comunidad. Además, la comunidad en línea puede incluir a quienes conocen la representación web, pero no han participado en ella de forma directa.

A grandes rasgos, parece existir un aumento en la participación de los clientes; un compromiso con la marca que se extiende más allá de las decisiones de compra en el punto de venta.

Según el modelo 6C, las redes sociales continúan difundiendo las conversaciones entre vendedores y los clientes mediante un ciclo de retroalimentación que puede darse tras alguna conversación virtual (como el blogging) en la comunidad. Después de que haya pasado cierto tiempo tras estas conversaciones, la empresa puede chatear con la comunidad en línea con el propósito de influir en las decisiones de compra. Además, las redes sociales proporcionan a los expertos en marketing un vistazo al mundo de la comunicación entre clientes, lo cual representa una significativa extensión sobre la publicidad más convencional y la comunicación boca a boca.

Además, los medios sociales ayudan a comprender el comportamiento de clientes potenciales. La mayoría de los encargados de redes sociales intentan provocar revuelo entre los consumidores potenciales. Esto ha generado la aparición del compartir social, o *social sharing*, mediante el cual la comunidad digital difunde lo que piensa y lo que hace por todo el mundo. Este compartir social ha permitido que las empresas puedan monitorear las vidas de los consumidores y aprovechar esta información para personalizar sus ofertas y adaptarlas a todos los gustos (Hollensen y Opresnik, 2015).

El marketing con *influencers*

Al transferir el «contenido» a la comunidad digital, la empresa y los proveedores de contenido a menudo intentan centrarse en los *influencers* (o líderes de opinión), quienes suelen ser los primeros en recibir el mensaje y publicarlo inmediatamente en sus redes sociales. Sirven de conectores o puentes entre las diferentes subculturas y su red de núcleos sociales puede facilitar la difusión inmediata del contenido a miles de miembros de la comunidad digital.

Los *influencers* se pueden segmentar de la siguiente forma: (ANA, 2018):

Micro-Influencers:	50 – 25 000 seguidores
Macro-Influencers:	25 001 – 100 000 seguidores
Mega-Influencers	100 001 – 500 000 seguidores
Celebrity-Influencers	Más de 500 000 seguidores

El objetivo del «Marketing *de Influencers*» es ganar la confianza de los consumidores, especialmente en comparación con la publicidad digital tradicional ya que es menos intrusivo y más flexible. Un ***influencer*** es una persona que de manera proactiva inicia conversaciones con los miembros de la comunidad digital y los consumidores para difundir y propagar este contenido. Puede ser una adolescente que publica sobre su heladería local favorita para ganar unos dólares, o igual puede ser una persona famosa, un *celebrity influencer* como Kim Kardashian que publica sobre una colección de ropa para ganar 200 000 dólares.

Para las PYMEs (Pequeñas y Medianas Empresas) es muy importante trabajar con los **microinfluencers**, quienes son expertos, apasionados y auténticos dentro de los ámbitos en los que trabajan. Son considerados una fuente fiable a la hora de buscar recomendaciones sobre qué comprar. Los *microinfluencers* afectan a un circuito o segmento social pequeño a su alrededor, pero pueden ser mucho más efectivos que los *mega-* y *celebrity influencers*. Haenlein y Libai (2018) han demostrado que los *microinfluencers* no solo tienen 20 veces más conversaciones con sus grupos sociales que un consumidor medio, sino que también es muy probable que un 80% de los consumidores potenciales sigan sus recomendaciones. Por lo tanto, los expertos en marketing no están obligados a centrarse en las personas famosas para potenciar sus campañas en medios sociales.

Global Smartphone Marketing

El **marketing en smartphones, mobile marketing** o **M-Marketing** debería considerarse dentro del contexto del *m-business* (negocio móvil) y *m-commerce* (comercio móvil). El *m-business* ha surgido como resultado del desarrollo reciente en la tecnología de comunicaciones: representa el negocio «móvil» y «se refiere al nuevo modelo de comunicaciones y entrega de información creado por la convergencia entre las telecomunicaciones e internet».

Junto con la adopción generalizada de los teléfonos inteligentes 5G entre los consumidores, el marketing móvil se ha convertido cada vez más en una herramienta importante en los esfuerzos promocionales de las marcas a nivel internacional.

La próxima generación en los estándares de internet en el marketing móvil permitirá que los programas funcionen a través del navegador web en vez de un sistema operativo específico. Esto significa que los consumidores podrán acceder a los programas y al contenido basado en la nube desde cualquier dispositivo (ordenador, portátil, móvil o tableta) ya que el navegador constituirá una plataforma común. Esta capacidad de trabajar sin problemas en cualquier momento, lugar y a través de cualquier dispositivo, podría cambiar el comportamiento del consumidor y alterar el equilibrio de poder en los sistemas de distribución hacia el final de la cadena, es decir, hacia el comprador final, quien dispone de un acceso a los dispositivos móviles cada vez más barato. Por consiguiente, esto permitirá a las empresas vender sus productos y prestar servicios directamente a los compradores finales, presentando un creciente reto a los intermediarios entre las fábricas y los compradores finales (Hollensen y Opresnik, 2015).

La rápida evolución de las innovaciones también ha dado la posibilidad de leer códigos de barras con los móviles para acceder a información relacionada con el producto, usar los móviles como monedero digital (*e-wallet*) ya sea como tarjeta de prepago para las compras pequeñas o como una tarjeta de crédito/débito plenamente funcional.

Sin embargo, el sector móvil experimentará un gran fortalecimiento en cuanto a la seguridad y privacidad en los próximos años ya que han surgido muchas dudas respecto a los pagos, cupones y aplicaciones móviles. El comercio móvil está creciendo, lo que significa que la gente se siente más cómoda al pagar a través de sus móviles. No obstante, todavía existe una visión crítica globalizada en torno a la seguridad de este método de pago.

Ventajas del marketing móvil

La incorporación del marketing móvil debería traer una serie de ventajas a los consumidores, los vendedores y las empresas de telecomunicaciones. Como pasa con todo tipo de tecnologías, muchas de las ventajas que aparecerán en el futuro todavía no se pueden ni imaginar.

Sin embargo, las ventajas que hoy en día ya son evidentes incluyen las siguientes:

Para los consumidores

- **Compras comparativas**. Los consumidores tienen acceso, bajo demanda, en el punto de venta a los mejores precios del mercado. Lo pueden hacer sin desplazarse, a través de servicios como rastreator.com o tubillete.com
- **Disminución de la brecha entre las tiendas físicas y en línea**. Algunos servicios permiten a los usuarios ver la mercancía en una tienda física y buscar un precio mejor en las tiendas electrónicas.
- **Registros *opt-in***. Los consumidores pueden recibir avisos de los vendedores cuando los productos que estaban buscando vuelven a estar disponibles.
- **Viajes**. La posibilidad de cambiar y controlar los viajes planificados a cualquier hora, en cualquier lugar.

Para los vendedores

- **Compras impulsivas**. Los consumidores podrán comprar productos rebajados gracias a promociones en la página web o a alertas en el móvil. Asimismo, aumenta su disposición a comprar cuando están cerca o incluso dentro de la tienda, por lo que las ventas suben.

- **Dirigir el tráfico**. Las empresas llevarán a sus consumidores donde les sea más fácil realizar la transacción ya sean las tiendas en línea o físicas, gracias a las características personalizadas del móvil, sensibles al tiempo y el lugar.
- **Formación de los consumidores**. Las empresas mandarán a los consumidores información sobre los productos nuevos y sus beneficios.
- **Productos perecederos**. Este punto es especialmente importante para los productos que no retienen su valor si no se usan, tales como los productos basados en servicios. Por ejemplo, un asiento de avión, el cual no genera ningún ingreso y pierde su valor si no se usa. Esto permitirá a las empresas gestionar el inventario con mayor eficacia.
- **Eficiencia**. Las empresas ahorrarán tiempo con sus clientes ya que la información está disponible a través del dispositivo móvil y no hay necesidad de hablar sobre los precios o los beneficios de los diferentes productos.
- **Mercado objetivo**. Las empresas contarán con una mayor capacidad para dirigir sus productos a los consumidores en un área geográfica y un momento determinados.

Para las compañías de telecomunicaciones, las ventajas son principalmente el tiempo de conexión usado por los consumidores y las tarifas que cobran a los proveedores de contenido por cada transacción del *m-commerce*. El marketing móvil requiere que las empresas replanteen sus estrategias para intervenir en las comunidades ya existentes (como los aficionados a los deportes, a la música, los internautas; las comunidades temporales como los espectadores de un evento deportivo o un festival; y las comunidades en función de la ubicación, como los visitantes de galerías de arte) y desarrollen formas de llegar a ellos mediante marketing móvil. Las aplicaciones deben ser sensibles a la ubicación, las necesidades de los consumidores y las funciones del dispositivo. Por ejemplo, las aplicaciones sensibles al tiempo y la ubicación, como las reservas de viajes, entradas de cine y gestión de banca, serán un medio perfecto para la población urbana, las personas jóvenes y ocupadas. Por último, el marketing móvil, como se ha destacado, permite comunicar información al consumidor en el tiempo, lugar y contexto más adecuados. Esto supone que el *m*-marketing consolidará aún más su relación con el marketing interactivo. Los *smartphones* son una pieza fundamental de la tecnología ya que sus dueños los llevan siempre consigo y pueden ser utilizados para mandar mensajes sobre a sus preferencias de compra justo delante del punto de venta. (Dube y Helkkula, 2015).

El marketing internacional para *apps*

En septiembre de 2023, 3,76 millones de aplicaciones de Android y 1,80 millones de aplicaciones de Apple estaban disponibles. Los usuarios de teléfonos inteligentes tienen una media de unas 40 *apps* en sus móviles y utilizan regularmente unas 15.

Las *apps* ofrecen a las empresas una amplia gama de oportunidades de ingresos. Los ingresos a nivel mundial de las aplicaciones en 2014 fueron de aproximadamente 97 700 millones de dólares. En 2023, los desarrolladores de aplicaciones ingresaron más de 490 mil millones de dólares, y se estima que los ingresos a nivel mundial de las aplicaciones en 2024 crecerán otro 10 % y llegarán a los 500 mil millones de dólares. A medida que las *apps* gratuitas se vuelven cada vez más frecuentes, se estima que las *apps* de pago disminuyan y es probable que la publicidad y las compras a través de aplicaciones se conviertan en las principales fuentes de ingresos en los próximos años. Con el aumento de los *smartphones* y las tabletas en todo el mundo, el sector de las aplicaciones móviles ha crecido rápidamente. Tal como se muestra en la Figura 3.7, las *apps* móviles se pueden dividir entre las de comercio móvil y las de servicios móviles de valor agregado (MVAS):

- **Comercio móvil**. El objetivo de estas aplicaciones principalmente es vender un producto o servicio. Por ejemplo, la *app* de Domino´s Pizza está diseñada para generar ventas y promocionar las ofertas especiales a los consumidores.

- **Servicios móviles de valor agregado (conocido como MVAS, por sus siglas en inglés)**. Estas aplicaciones ofrecen servicios que no están directamente relacionados con las ventas, sino que están diseñados para ayudar a los consumidores a solucionar problemas o tomar decisiones. Este tipo de *apps* mejora la experiencia general del consumidor con la gama de productos.

Un ejemplo de los MVAS es una aplicación de una compañía aérea que se puede utilizar para generar una tarjeta de embarque digital (el código QR) en un proceso de coproducción entre la compañía y el consumidor. Conceptualmente, el servicio clave (el vuelo) y el MVAS (tarjeta de embarque digital) deben ser dos piezas que forman la experiencia final del consumidor: el vuelo desde un punto A a un punto B. Del mismo modo, la aplicación MakeUp Genius de L´Oréal puede considerarse un apoyo al usuario en la selección del mejor maquillaje para crear un servicio final (tener buen aspecto y ser atractivo).

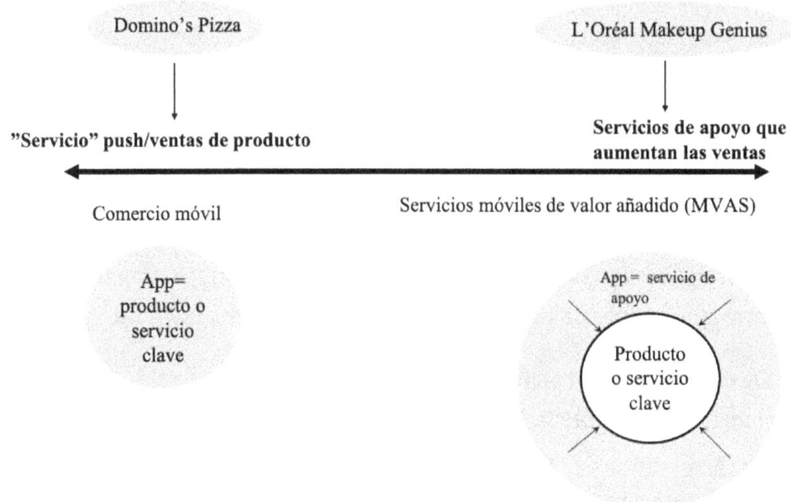

FIGURA 3.7 El espectro de la publicidad en móviles. Fuente: adaptado de Hollensen (2017: 543).

Ejemplo 3.1
L'Oréal está ampliando la experiencia de compra de sus clientes con la aplicación móvil Makeup Genius: la digitalización reinventa las reglas del juego en el sector de la belleza.

Muchas tiendas de cosmética ven cómo la gente abre los productos porque no hay muestras de prueba y muchas mujeres creen que comprar productos de maquillaje sin probarlos es arriesgado. El procedimiento de compra de cosméticos es bastante imperfecto: las mujeres suelen elegir la base de maquillaje comparando el color del frasco con el color del brazo o gastar 10$ en una barra de labios tras acercarla a su cara frente a un espejo pequeño.

L´Oréal, el gigante francés del sector de la belleza cree que hay una solución. En junio de 2014 la empresa lanzó Makeup Genius, una aplicación que permite a la mujer en tiempo real verse virtualmente maquillada. Cuando sonríe, frunce o parpadea, el maquillaje virtual se ajusta. Puede aplicar, digamos, un delineador de labios o elegir uno de los maquillajes completos de noche, como *Evening Smokey*, o uno natural, como *Jennifer's Nude*, creados con varios productos. Aunque existían ya muchas *apps* como esta, estaban basadas en las fotos que hacían los usuarios de sí mismos, encima de las cuales se aplicaba el maquillaje de forma estática.

Para L´Oréal, la aplicación Makeup Genius es una alternativa a probar el maquillaje en la tienda. Sus consumidores pueden probar los productos que no podrían haber probado y evaluado de otra manera. Esto antes era imposible ya que los productores tenían que contar con los distribuidores para relacionarse directamente con los consumidores.

Para que la *app* Makeup Genius funcione, se debe hacer lo siguiente:

- Descargar la aplicación Makeup Genius para Android o IOS en el *smartphone* o tableta.
- Hacerse un *selfie*. La aplicación utiliza la tecnología de reconocimiento facial que muestra al usuario cómo le quedaría el maquillaje cuando se mueve o sonríe mirándose en el espejo virtual de la cámara móvil. El maquillaje virtual sigue los movimientos de la cara.

Los productos de maquillaje (solamente con la gama de productos L´Oréal) pueden ser probados virtualmente con solo pulsar un botón. La *app* permite que el usuario guarde los resultados de estas transformaciones virtuales y los comparta con sus amigos a través de las redes sociales o del correo electrónico. La aplicación ofrece también diferentes *looks* de artistas del maquillaje, algunos de los cuales están diseñados por embajadores de la marca L´Oréal, tales como Freido Pinto.

Cuando desee, el usuario puede comprar los productos en línea directamente de L´Oréal. Un lector de código de barras también permite al comprador probar el maquillaje virtualmente mientras está en la tienda.

Guive Balooch, Doctor en Biomateriales, propuso la idea de Makeup Genius junto con un compañero biólogo durante una sesión de *brainstorming*, lluvia de ideas, en 2012. En aquellos tiempos, varias compañías de cosméticos, incluso L´Oréal, ofrecían ventanillas de maquillaje virtual en sus páginas web y en las tiendas, pero en la mayoría el usuario tenía que subir su foto y aplicar pintalabios y sombras de ojos con Photoshop sobre la imagen estática, lo que supone un proceso largo. Guive Balooch y su laboratorio tecnológico Balooch, que ahora está formado por 15 ingenieros y científicos, creó la aplicación para L´Oréal.

El equipo de Balooch analizó los productos para ojos, labios y mejillas en cientos de modelos con diferentes pieles, captando cómo cada tono y textura se transforma bajo 400 distintas condiciones de iluminación. La compañía también recopiló más de 100 000 imágenes para comparar cómo se ve el maquillaje en los modelos en la vida real y en la pantalla.

Durante la producción, L´Oréal trabajó con Image Metrics, un creador de software de reconocimiento facial para vídeojuegos y películas, como por ejemplo *El curioso caso de Benjamin Button* de 2008, protagonizada por Brad Pitt, cuyo personaje envejece de forma inversa.

Por supuesto, L´Oréal espera que Makeup Genius conlleve un aumento de ventas tanto mediante su plataforma de comercio electrónico integrada, como en sus tiendas. Hoy en día, aproximadamente un 16% del presupuesto de medios de comunicación se centra en medios digitales y se están obteniendo resultados. Solo en 2014, las ventas de comercio electrónico de L´Oréal crecieron un 20% hasta los 800 millones de euros. Al final de 2015, la *app* había sido descargada aproximadamente 15 millones de veces.

Fuente: basado en Korporaal (2015) y Daneshkhu (2014)

Otra aplicación de MVAS es la usada por **Kraft Foods**, que ofrece una *app* llamada **iFood Assistant**. Esta aplicación permite a los usuarios buscar recetas según ocasión o categoría y después añadir los ingredientes necesarios a la lista de la compra. También dispone de una casilla de recetas que facilita el acceso a las recetas favoritas.

En el espectro entre comercio móvil y MVAS, muchas aplicaciones ofrecen servicios «sobre la marcha» (*on the go*) emparejados con tecnologías basadas en la localización. Para lograr la ubicación exacta, las compañías emplean tanto la tecnología de geocodificación, basada en la latitud y longitud de la ubicación, como de geocodificación inversa, que convierte las coordenadas en una dirección. Uno de los ejemplos de *app* basada en la localización es **Tinder**, una aplicación de citas y encuentros, que permite conocer y comunicarse entre usuarios mutuamente interesados. La *app* de emparejamiento se basa en criterios tales como la ubicación geográfica, número de amigos comunes e intereses en común. A partir de estos criterios, la aplicación crea una lista de candidatos potenciales cercanos y permite al usuario marcar a los que le gustan de manera anónima, arrastrando las fotos hacia la derecha, o «pasar», arrastrando hacia la izquierda. En el caso de que dos usuarios se gusten mutuamente, podrán chatear a través de la aplicación.

En resumen, el desarrollo de un programa de marketing móvil eficaz es mucho más complicado que el desarrollo de un programa tradicional para los usuarios de portátiles y ordenadores de mesa. Para crear un programa móvil hay que planificarlo, ponerlo en práctica y probarlo en diferentes dispositivos (*smartphones*, tabletas, portátiles y ordenadores de mesa o computadoras) y sistemas operativos, así como adaptarlo a las características de los dispositivos móviles, tales como los tamaños de pantallas y teclados. Además, las características de inmediatez, ubicación y personalización de los dispositivos móviles incrementan la necesidad de desarrollar una serie de mensajes para mostrar aspectos como la condición meteorológica (inmediatez), distancia hasta una tienda (ubicación) y las preferencias o gustos del consumidor y su historial de compra (personalización).

Las implicaciones de la IA en el marketing de redes sociales

Las redes sociales se han ido apartando de su rol tradicional de plataformas de interacción y conexión humanas. Hoy en día, las Smart Companies emplean las redes sociales para el ecommerce, la atención al cliente, el marketing, las relaciones públicas y mucho más. Además, cada vez son más las empresas que recurren a la Inteligencia Artificial (IA) en el desarrollo de su estrategia de marketing de redes sociales, incluyéndola como servicio para potenciales clientes (Chu et al., 2024).

La Inteligencia Artificial (IA) suele definirse en términos generales como la capacidad de las máquinas para imitar el comportamiento humano. La IA es una tecnología revolucionaria para comprender e influir en el comportamiento de los consumidores en las redes sociales. El concepto de la IA y su relevancia, cada vez mayor, en el campo del marketing digital y en el de marketing de redes sociales permite conocer con más precisión los comportamientos y preferencias de los consumidores en las plataformas de redes sociales, gracias al aumento exponencial de datos o «big data» que facilita el desarrollo de campañas personalizadas de marketing en redes sociales. Cabe destacar que la capacidad de los algoritmos de IA para analizar grandes cantidades de datos de consumidores podría dejar obsoletos los enfoques de análisis tradicionales, por su efectividad en la identificación de tendencias y patrones (Panda et al., 2023). Estos análisis podrían ser útiles para incrementar la intención de los consumidores de volver a obtener productos y servicios, una fuente primordial de ingresos (Nazir et al., 2023).

La IA no es una única tecnología, sino más bien una serie de modelos computacionales y algoritmos. Algunas de las IAs más comunes en distintas aplicaciones son las siguientes:

- **Aprendizaje automático o Machine Learning (ML)**: El aprendizaje automático se vale de técnicas estadísticas para detectar de manera automática patrones y predecir o tomar decisiones basándose en los datos con los que se ha entrenado al modelo. Si bien el aprendizaje automático es un subconjunto de inteligencias artificiales, el término se acuñó para subrayar la importancia del aprendizaje basado en datos y en la capacidad de las máquinas para mejorar su rendimiento al exponerlas a datos relevantes. Estos datos relevantes son, por ejemplo, una amplia gama de algoritmos y modelos estadísticos que permiten a los sistemas encontrar patrones, sacar conclusiones y aprender a llevar a cabo tareas sin la necesidad de tener instrucciones específicas. Cualquier cambio que permita que un trabajo se lleve a cabo con mayor eficiencia se puede llamar aprendizaje. El aprendizaje automático es un proceso que implica la aplicación de la IA para llevar a cabo una tarea específica sin que haya que programarla de manera explícita. Las técnicas del aprendizaje automático pueden analizar series de datos históricas para predecir datos o tendencias del futuro. Esto es útil en distintos campos, como pueden ser la previsión de ventas, la predicción del mercado de valores, la previsión de la demanda de energía y la previsión meteorológica.
- **Deep learning (DL)**: Se trata de una versión más amplia del aprendizaje automático, que se basa en redes neuronales de distintas capas para aprender representaciones jerárquicas de datos. La arquitectura del DL es capaz de procesar jerarquías de características cada vez más abstractas, muy útil para cuestiones como el reconocimiento de voz e imagen y el procesamiento del lenguaje natural. El DL es la base de la conducción automática. Las redes neuronales profundas se emplean para detectar y reconocer objetos, detectar las vías, y seguimiento de peatones, lo que permite que los vehículos perciban su entorno y reaccionen. Otro ejemplo es el del reconocimiento facial, que requiere entrenar redes neuronales para que detecten e identifiquen rostros. Gracias a ello funcionan aplicaciones como la autenticación biométrica, los sistemas de vigilancia y experiencias de usuario personalizadas.

- **IA generativa (GenIA)**: Se trata de un amplio subconjunto de Deep Learning que se centra en crear modelos capaces de generar contenido nuevo que se parezca a los datos existentes. Estos modelos pretenden generar contenido que no se pueda distinguir del que pueden crear los humanos. La IA generativa puede aprender de grandes bancos de imágenes y crear nuevas imágenes basándose en los datos con los que la han entrenado. Además, también puede crear nuevo contenido aprendiendo de contenido existente, como pueden ser los vídeos. Esto incluye tareas como predicción de vídeos, en las que el modelo genera nuevos planos para continuar la secuencia que se le ofrece. También puede sintetizar vídeos mediante la creación de vídeos completamente nuevos. La IA generativa se puede emplear para automatizar la generación de contenido para las redes sociales, lo que permite la creación de publicaciones, textos y contenido visual personalizado y atractivo. Al entrenar los modelos generativos con ingentes cantidades de datos de redes sociales, entre ellos imágenes y textos, pueden generar contenido relevante y creativo que se adapta específicamente a las preferencias y tendencias de los usuarios.

Como podemos comprobar, son muchas las maneras en las que las empresas pueden emplear la inteligencia artificial en las redes sociales. Estos son algunos ejemplos de usos de la IA en las redes sociales: análisis de textos, análisis de imágenes, detección de spam, recopilación de información social, publicidad, generación de nuevo contenido para redes sociales y recopilación de datos.

Hay herramientas de IA capaces de escribir anuncios de marketing en redes sociales para las empresas. Muchas plataformas de redes sociales tienen sistemas integrados de anuncios que se pueden usar para mejorar los resultados de las campañas de marketing. Además de conectar a las empresas y a los individuos, las redes sociales permiten a las empresas pagar para tener anuncios que se presentan en base a los comportamientos y las demografías. En las redes sociales, las empresas pueden usar chat bots que funcionan con IA para responder de inmediato a las preguntas de los clientes. Las herramientas de IA ayudan a las empresas a responder de manera automática a mensajes mediante el desarrollo de chat bots interactivos. Incluso son capaces de crear, en Facebook e Instagram, pequeñas campañas publicitarias (con imágenes y vídeos) para las marcas.

El marketing con influencers es una estrategia en la que las empresas se apoyan en figuras influyentes y líderes de opinión para animar a los consumidores a comprar sus productos o servicios. Estos influencers firman contratos de patrocinio para colocar los productos o servicios de la marca en sus publicaciones en redes sociales, como Facebook, Instagram o TikTok, o en el contenido audiovisual que crean en YouTube. Cristiano Ronaldo, una de las personas con más seguidores de Instagram, publicita marcas como Louis Vuitton, Nike y Tag Heuer (Allal-Chérif et al., 2024). También la inteligencia artificial está invadiendo el mercado de los influencers humanos, ya que los influencers viorituales creados mediante IA se han convertido en un nuevo medio de llegar a los consumidores sin el riesgo y las controversias asociadas a los influencers humanos.

El fenómeno de los influencers virtuales generados con IA está cada vez más presente en el marketing de redes sociales. Un influencer virtual es un personaje digital ficticio creado mediante diseño gráfico de 3D, simulaciones y software de animación. La inteligencia artificial permite simular una vida real, una personalidad e interacciones con los demás. Se crean poderosas narrativas para influenciar a los consumidores mediante estos personajes ficticios que viven vidas semejantes a las de los influencers humanos: tienen amigos, hobbies, compromisos y hasta demuestran «sentimientos». En comparación a los influencers «reales», los influencers virtuales son más fiables, menos caros y siempre están disponibles. En algunas partes del mundo, como en el Extremo Oriente, estos influencers virtuales son muy populares, y ofrecen resultados sorprendentemente buenos en relación a los consumidores. Permiten a las marcas ser más creativas y al mismo tiempo controlar por completo el contenido. Las marcas de lujo y las de moda son las que más parecen decantarse por estos influencers virtuales (Allal-Chérif et al., 2024).

El lado oscuro de la IA y del marketing de redes sociales

Uno de los mayores retos de combinar el marketing de redes sociales y la inteligencia artificial es la difusión de contenido falso y otro tipo de imágenes y vídeos manipulados. La identificación de contenido falso sigue siendo una cuestión compleja que aún está por resolver. Es más, detectar contenido falso en las redes sociales presenta unas características y retos específicos que hacen que encontrar una solución no sea nada trivial. Las herramientas de IA como las ML, DL y GenIA están preparadas para embaucar a la gente mediante la creación y difusión de contenido falso. Un influencer virtual que no existe puede parecer más auténtico que un influencer humano «real». Dominan los algoritmos del marketing de redes sociales incluso mejor que los influencers humanos. Por eso sigue siendo tan difícil detectar de manera automática qué contenido es falso, principalmente porque el contenido se diseña para que se parezca mucho a la realidad. Supone todo un reto determinar su grado de «veracidad» solo mediante la IA, sin información adicional de terceros (Aïmeur et al., 2023).

A pesar de estos retos, la integración de las tecnologías de IA en las redes sociales mejora su funcionalidad, la experiencia de usuario y la seguridad, aumenta el compromiso y la satisfacción de los usuarios y aporta información y oportunidades a los dueños de las plataformas y a los anunciantes. La combinación de la IA y el marketing de redes sociales está resultando ser muy beneficiosa para las empresas.

CAPÍTULO 4

Metaverso y herramientas de marketing en las redes sociales y plataformas

Metaverso - El nuevo universo del marketing

El metaverso no sustituirá fundamentalmente a internet ni al contexto de los «medios de comunicación social«, sino que se basará en él y lo transformará de forma iterativa en un mundo de medios sociales en 3D, lleno de nuevas excitantes experiencias de usuario. (Hollensen et al., 2022).

Básicamente, como se ilustra en la figura 4.1, el metaverso representa un nivel 3D sobre el tradicional internet de 2D. Se trata de un mundo 3D en el que las herramientas de negocio, información y comunicación son inmersivas e interoperables. De alguna manera, el Metaverso es un facsímil digital de cómo se trabaja en el mundo físico. En este espacio digital 3D, los usuarios pueden reunirse a través de avatares que se asemejan a ellos e imitan sus movimientos para poder interactuar con los demás y con el entorno, que también reproduce el mundo físico.

Para las empresas que existen principalmente en el mundo físico, el concepto de metaverso es, ante todo, un gigantesco laboratorio con acceso directo a, especialmente, los grupos demográficos más jóvenes.

El metaverso se conoce sobre todo por los juegos virtuales a través de mundos *online* como Fortnite o Roblox.

Sería miope pensar que el metaverso termina con los juegos. El Metaverso puede tener un impacto que lo abarque todo. Estimamos que el metaverso revolucionará casi todos los sectores y «funciones de valor» de las empresas en el futuro. Desde la sanidad, los productos de consumo, el entretenimiento, el B2B soluciones técnicas y hasta los pagos. Además, se crearán industrias totalmente nuevas, mercados y recursos para permitir este futuro, al igual que nuevos tipos de habilidades, profesiones y certificaciones. El valor financiero colectivo de estos cambios será de billones y trillones de dólares.

Para las marcas que quieran probar este «metaverso», creando una experiencia que mejore la funcionalidad de su producto o servicio, es una forma inteligente de hacerlo.

La Realidad Aumentada (RA), en particular, es excelente para esto. Por ejemplo, tiene la capacidad de ayudar a los clientes de productos de belleza a mezclar colores de bases de maquillaje personalizados. Por ejemplo, Adidas ha utilizado la RA para que los compradores se prueben zapatos virtualmente, mientras que Ikea lleva años integrándola para que la gente visualice los muebles de su casa.

En concreto, nuestro documento explora los «bloques de construcción» clave, que en interacción crean valor en el Metaverso. Además, mostramos cómo funcionan los «bloques de construcción» orientados al consumidor en el Metaverso en un estudio de caso específico sobre la alianza Nike-Roblox.

Origen y definición

La palabra «Metaverso» suele atribuirse a la novela distópica ciberpunk de Neal Stephenson de 1992, *Snow Crash*. Sin embargo, el metaverso dista mucho de ser material de ciencia ficción. En 2003, los desarrolladores de software inspirados en *Snow Crash* crearon la red «Second Life», a través de la cual cualquiera podía crear un avatar de sí mismo e interactuar con otros en una variedad de espacios virtuales.

La palabra «Meta» viene del griego y significa «más allá», es decir, que hay más cosas que construir y experimentar. Sin embargo, el metaverso no alcanzará todo su potencial sin internet ultrarrápido. Un ejemplo de ello es el mundo online «Second Life», que surgió antes de que los teléfonos inteligentes se pusieran de moda y perdió su atractivo, en parte, porque no podía ofrecer interacciones en tiempo real y sobre la marcha.

Las conexiones actuales de quinta generación (5G) son capaces de soportar aplicaciones multijugador como Fortnite, pero no pueden manejar cientos de flujos simultáneos de datos sensibles. Por ello, las operadoras de telefonía móvil de todo el mundo están gastando miles de millones de dólares para construir redes 5G. Puede que necesiten incluso la 6G para avanzar en el futuro.

Este Metaverso se refiere a una serie de mundos virtuales interconectados en los que los usuarios pueden aprovechar la realidad virtual y aumentada, navegando por estos espacios mediante avatares personales, que interactúan entre sí en el Metaverso (véase los cuatro Avatares en la Figura 4.1 interactuando entre sí).

El Metaverso va más allá colocando a todos dentro de una versión «virtual» o «3D» de internet y sobre una base casi interminable. En otras palabras, estaremos constantemente «dentro» de internet, en lugar de tener acceso a él.

Ball (2022) ofrece la siguiente definición del término «Metaverso»: «El Metaverso es una red a escala masiva e interoperable de mundos virtuales 3D renderizados en tiempo real que se pueden experimentar de forma sincrónica y persistente por un número ilimitado de usuarios con un sentido de presencia individual y con continuidad de datos como la identidad, el historial, los derechos, los objetos, las comunicaciones y los pagos.»

Meta Platforms, Inc. (Bosworth y Clegg, 2021) lo describe de forma más sencilla: «El Metaverso es un conjunto de espacios virtuales donde puedes crear y explorar con otras personas que no están en el mismo espacio físico que tú».

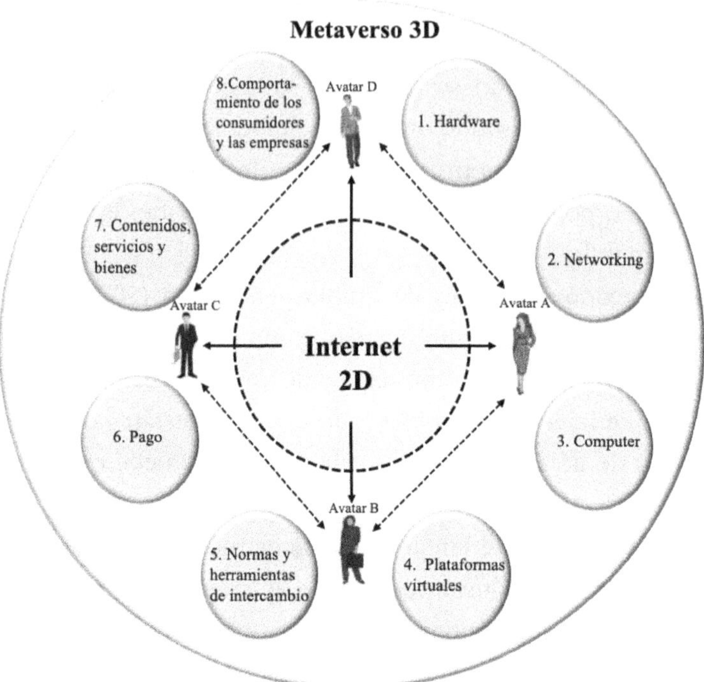

FIGURA 4.1 Metaverso, sus «bloques de construcción» y los avatares de la construcción.

Los «bloques de construcción»

Meta es el nuevo nombre de la compañía de Facebook, posiblemente la empresa tecnológica con mayor participación en el metaverso. Está ayudando a construir el Metaverso, un lugar donde en el futuro jugaremos, nos conectaremos y haremos negocios en 3D. La aparición del Metaverso puede mostrarse en torno a ocho grandes «bloques de construcción», que funcionan como «habilitadores del Metaverso» con efectos simbióticos en el desarrollo del Metaverso (Ball, 2022):

1. **Hardware**: La experiencia real o la «magia» se consigue a través del «software», pero nada ocurre sin el hardware (tecnologías físicas), que interactúa con el Metaverso y lo desarrolla. Este «bloque de construcción» incluye, pero no se limita a, el hardware orientado

al consumidor (como los auriculares de realidad virtual), los teléfonos móviles y los guantes hápticos, así como el hardware empresarial, como los que se utilizan para operar o crear entornos virtuales o basados en la RA, por ejemplo, cámaras industriales, sistemas de proyección y seguimiento y sensores de escaneo). Esta categoría no incluye el hardware específico para ordenadores, como los chips de GPU y los servidores, ni el hardware específico para redes, como el cableado de fibra óptica o los conjuntos de chips inalámbricos. Cada año, el hardware de consumo se beneficia de sensores mejores y más capaces, mayor duración de la batería, háptica más sofisticada / diversa, pantallas más ricas, cámaras más nítidas, etc. Los auriculares de realidad virtual son otro gran ejemplo de los avances y las necesidades pendientes en materia de hardware. El primer Oculus de consumo (2016) tenía una resolución de 1080×1200 por ojo, mientras que el Oculus Quest 2, lanzado en 2020 tenía 1832×1920 por ojo (más o menos equivalente a 4K). Palmer Luckey, uno de los fundadores de Oculus, cree que se necesita más del doble de esta resolución para que la RV supere la pixelación y se convierta en un dispositivo de uso generalizado.

2. **Networking**: En esta área, estos 3 KPIs son los más importantes a tener en cuenta:
   - **Ancho de banda**: Comúnmente se piensa en la «velocidad», pero en realidad es la cantidad de datos que se pueden transmitir en una unidad de tiempo. Los requisitos del Metaverso son mucho más altos que los de la mayoría de las aplicaciones y juegos de internet y más allá de muchas conexiones modernas.
   - **Latencia**: Se refiere al tiempo que tardan los datos en viajar de un punto a otro y volver. En comparación con el ancho de banda de la red (arriba) y la fiabilidad (abajo), la latencia suele considerarse el KPI menos importante. Esto se debe a que la mayor parte del tráfico de internet es unidireccional o asíncrono, no importa si se tarda 100ms o 200ms o incluso tener dos segundos de retraso entre el envío de un mensaje de WhatsApp y el aviso de lectura. Para obviar esto, Netflix

retrasa artificialmente el inicio del flujo de un vídeo para que su dispositivo pueda descargarlo antes del momento en que el espectador lo está viendo. De ese modo, el espectador nunca notará si la red se colapsa por un momento.

- **Confianza**: Un obvio KPI. El resultado final depende de la calidad del servicio. Por ejemplo, los servicios de vídeo en streaming, como Netflix, reciben todos los archivos de vídeo horas o meses antes de ponerlos a disposición del público. Esto les permite realizar amplios análisis para reducir (o «comprimir») el tamaño de los archivos y determinar qué información puede descartarse. Se trata de gestionar la «última milla» de datos para los consumidores.

3. **Procesamiento**: La disponibilidad y el desarrollo de la potencia informática limitarán y definirán el Metaverso. Este «bloque de construcción» incluye la habilitación y el suministro de potencia informática para apoyar al Metaverso en la realización de funciones diversas y exigentes, como el cálculo de la física, la representación, la reconciliación y la sincronización de datos, la inteligencia artificial, la proyección, la captura de movimiento y la traducción.
4. **Plataformas virtuales**: En el futuro, la mayoría de los usuarios interactuarán con el metaverso y tendrán una interfaz a través de plataformas virtuales. Estas serán accesibles desde diversos dispositivos, como un navegador web y unos auriculares de RV y en ellas los usuarios pasarán el rato, comprarán cosas, colaborarán y construirán, aprenderán y actuarán, trabajarán y se relajarán y experimentarán el Metaverso. Este «bloque de construcción» incluye el desarrollo y la explotación de simulaciones, entornos y mundos digitales inmersivos y a menudo tridimensionales en los que los usuarios y las empresas pueden explorar, crear, socializar y participar en una amplia variedad de experiencias (por ejemplo, jugar, educar, comprar, escuchar música) y participar en actividades económicas B2B y B2C. Estos negocios se diferencian de las experiencias en línea tradicionales y de los videojuegos multijugador por la existencia de un amplio ecosistema de desarrolladores y creadores

de contenidos que generan la mayor parte de los contenidos y/o recaudan la mayor parte de los ingresos construidos sobre la plataforma subyacente.

5. **Normas y herramientas de intercambio**: Antes de llegar a esta fase, el ecosistema del Metaverso requiere primero hardware (de lo contrario no hay forma de diseñar o acceder al metaverso), computación (para alimentarlo y renderizarlo), redes (para entregarlo y compartirlo) y plataformas virtuales (para que haya un lugar donde estar y cosas que hacer). Este «bloque de construcción» incluye entonces una categoría ampliamente definida con varias soluciones técnicas, protocolos, formatos y servicios, que permiten la interoperabilidad. Como consumidores, queremos integrarnos en el metaverso en la medida de lo posible. Esto significa interconectar los numerosos dispositivos y plataformas que nos rodean hoy en día, desde la cámara de seguridad del coche y del hogar, hasta el software de productividad de la empresa, todo ello mediante el uso de auriculares de RV y RA, cámaras y pantallas de proyección, tecnología vestible (werables) y mucho más. Como siempre, gran parte del hardware y las experiencias requerirán, o al menos se beneficiarán, del uso de estándares propietarios. Facebook está invirtiendo mucho en Metaverso específicamente, para poder establecer su propio sistema operativo, luchar contra los sistemas operativos móviles y evitar el uso de un estándar creado por sus competidores directos, como Snap.
6. **Pagos**: Para algunos, la idea del Metaverso no solo está entrelazada con el *blockchain*, o cadena de bloques, sino que es un requisito fundamental. Para otros, esto es absurdo. Un *blockchain* no es necesario para demostrar o gestionar la propiedad de activos o para transferir dinero de forma segura y rápida (Alipay y PayPal mueven miles de millones al día a través de redes puramente digitales). Pero independientemente de que las criptodivisas y las monedas digitales se conviertan en una forma de pago común en el Metaverso, se están utilizando cada vez más en los juegos a través de las NFT (véase la explicación más adelante) y los estudios basados en

el *blockchain* , pero también para los pagos iniciales de los usuarios y las monedas para jugar.

7. **Contenidos, servicios y activos**: Los propietarios de las marcas (como Nike, véase el caso más abajo) desempeñan un papel importante en el Metaverso como «proveedor de contenidos». Este «bloque de construcción» contiene todos los negocios y servicios basados en el Metaverso. También podría incluir contenidos, que se construyen específicamente para el Metaverso, independientemente de las plataformas virtuales. Por lo tanto, el Metaverso también dará lugar a la creación de muchas franquicias nuevas de entretenimiento y marcas orientadas al consumidor, que creen nuevos contenidos y experiencias de consumo.
8. **Comportamientos de los consumidores y las empresas**: Este «bloque de construcción» contiene cambios observables en los comportamientos de los consumidores y las empresas que están directamente asociadas a los cambios en el Metaverso. Por ejemplo, la generación actual de niños se expresa, suele aprender y socializa constantemente a través de mundos virtuales en los que pueden tocar, cambiar y colaborar. Esto va a continuar. Las capacidades de estos mundos virtuales crecerán, su facilidad de uso mejorará y su importancia se ampliará. Estos comportamientos casi siempre parecen «tendencias» o «modas» cuando aparecen inicialmente, pero luego muestran una importancia social global duradera. Es difícil imaginar qué podría haber cambiado más rápidamente la percepción del Metaverso, que el COVID-19. Millones de escépticos digitales han participado ahora en mundos virtuales y actividades como Fortnite o Roblox mientras buscaban cosas para hacer con sus hijos dentro de casa. Además, las plataformas de reuniones digitales (como Zoom y Teams) también han aumentado su popularidad rápidamente y probablemente estas plataformas de negocios y educación también desarrollarán su futura presencia en el Metaverso. Cada uno de los ocho bloques anteriores son fundamentales para el desarrollo del Metaverso. En muchos casos, tenemos una buena idea de cómo debe desarrollarse cada uno de ellos,

o al menos de dónde hay un umbral crítico (por ejemplo, la resolución y la velocidad de fotogramas de la RV, o la latencia de la red).

Las empresas y los usuarios también tienen que reconocer el potencial de cómo evolucionará la comunicación en el Metaverso. El valor más potente del Metaverso se produce cuando permite a los usuarios generar contenido o interactuar con el contenido de una marca, de manera que el resultado pueda ser poseído, como una inversión emocional o incluso literalmente por medio de NFT (tóken no fungibles). Los NFT son artículos virtuales que utilizan la tecnología *blockchain* para validar y asegurar la propiedad de cada artículo, o activo, de modo que sea único e inmutable (véase también el caso siguiente con ejemplos de NFT). En consecuencia, las empresas deben estar preparadas para que sus usuarios hagan suya la marca transfiriendo una propiedad interactiva con la misma (como en el caso de las TNF). Por ejemplo, una obra de arte virtual comprada por la empresa A como NFT de la empresa B, podría exhibirse en la pared digital de una casa virtual de un juego propiedad de la empresa C. Al hacer esto, la participación del propietario es mayor y existe la posibilidad de construir una relación real que se pueda medir con ventas, pagos o seguimiento del compromiso. No se trata de soltar un *cookie* o ser un «seguidor», sino de plantar la semilla de la experiencia, el diálogo y la confianza que convierte a los usuarios en seguidores, clientes y, con suerte, algún día, embajadores de la marca.

Al igual que con las plataformas de medios sociales, el Metaverso tendrá muchas ventajas. Podemos imaginar que enriquecerá los negocios, la educación y el entretenimiento, además de mejorar la democracia a través de la participación en la nueva plaza pública digital.

¿Cuáles son las posibles desventajas? Los datos son una preocupación obvia. La historia de la era de las redes sociales nos enseña que cedemos cada vez más datos sobre nosotros mismos y nuestras vidas, lo que permite a los proveedores de servicios conocernos más íntimamente, para poder captar mejor nuestra atención y nuestros deseos. El Metaverso dará a empresas como Facebook un mayor acceso a datos adicionales sobre nosotros y con ello, nuestra condición de producto ganará un inmenso valor para terceros. La gran pregunta es si deberíamos seguir la tendencia y usar auriculares de RV y guantes hápticos. Entonces, Facebook y otros aprenderían aún más y con más detalle sobre nuestros movimientos corporales, estados emocionales y biodatos como los latidos del corazón y los cambios de temperatura.

Anexo

Nike y Roblox unen sus fuerzas en el Metaverso
En noviembre de 2021, Nike anunció la llegada de su propio mundo virtual de marca a Roblox, llamado «NIKELAND». Roblox, una plataforma de videojuegos en el Metaverso, tiene una importante cuota de mercado en el sector de los juegos con 47 millones de usuarios activos diarios en 2021 (McDonald, 2021).

«Nikeland» transporta a los jugadores a una réplica virtual de la sede mundial de Nike en Beaverton, Oregón. Podría suponer una excelente oportunidad para dar a conocer la marca y probar ideas para nuevos diseños de zapatillas. En Nikeland, los usuarios de Roblox pueden pasar el rato con otros, jugar a minijuegos y crear sus propias experiencias con materiales deportivos interactivos.

Más concretamente, he aquí algunas oportunidades interesantes del Metaverso de Nikeland (Gummer, 2022):

- **Disfruta de juegos preconstruidos o personalizados**: Los jugadores pueden elegir entre una serie de juegos preconstruidos, como «Tag», «dodgeball» y «the floor is lava». Sin embargo, la plataforma ofrece infinitas oportunidades de personalización permitiendo a los usuarios crear sus propios juegos deportivos interactivos utilizando el kit de herramientas de Nikeland.
- **Transferencia de los movimientos de la vida real al juego *online***: Utilizando los acelerómetros de los dispositivos móviles, los jugadores pueden incorporar movimientos de la vida real a los juegos de Nikeland. Actividades como los saltos de longitud y las carreras de velocidad invitan a la participación activa, con movimientos que se transfieren a los resultados del juego.

- **Elemento de gamificación**: Todo el mundo puede entrar en Nikeland de forma gratuita para introducir a más gente en el deporte. Además, los jugadores ganan Medallas de Oro y Cintas Azules por completar retos como construir su patio y explorar el mundo. Las Medallas de Oro permiten a los jugadores desbloquear nuevos botines para sus avatares, mientras que las Cintas Azules les permiten comprar materiales para sus patios.
- **Viste productos Nike virtuales**: Los usuarios pueden navegar por la sala de exposición de Nikeland y seleccionar zapatos, ropa y accesorios para vestir a su avatar virtual. Por ejemplo, Nike permite a los avatares de Roblox ponerse sus productos Nike más de moda, como las Air Force Fontanka y las Air Max 2021.

El metaverso de Nikeland también impulsa las oportunidades más allá del juego. Los clientes de todo el mundo pueden experimentar no solo la apariencia de la sede de Oregón, sino también los «productos» de Nike y el deporte, sin el coste de los productos y el equipo que, de otro modo, podría ser una barrera para la participación. Aunque la experiencia de Nike es gratuita (por ahora), la presentación de Nikeland corre paralela al intento de Nike de monetizar sus objetivos en el Metaverso. En 2019, justo antes de lanzar Nikeland, Nike archivó solicitudes que sugerían que podría vender versiones digitales de su producto online en mundos virtuales (llamados ‚CryptoKicks'). Nike siguió con esta estrategia el 13 de diciembre de 2021, cuando Nike compró la empresa de zapatillas digitales RTFKT -que se pronuncia «artefacto»-. RTFKT crea «zapatillas de colección para el metaverso» con el objetivo de llevar la cultura de la escasez del streetwear y la estrategia de la limited-edition drop al mundo digital. Esta gran oportunidad es el mercado de los NFT, donde los objetos de colección únicos se venden como fichas digitales y utilizan la tecnología *blockchain* para validar la propiedad. Las ventas de NFT se han disparado en 2021 (Johnston, 2021).

Las zapatillas NFT no son artículos tangibles que los clientes puedan llevar en el mundo físico. En su lugar, las zapatillas irán en los pies de un avatar que camina por un mundo virtual, como Nikeland. Sin embargo, lo mejor de todo es que estas NFT (CryptoKicks) pueden conectarse a un producto del mundo real, como un par de zapatillas físicas. El propietario de tales CryptoKick puede mezclar la zapatilla digital con otra zapatilla digital para crear un nuevo estilo. Suponiendo que sea factible fabricar el nuevo diseño de zapatilla, el propietario podría convertir sus CryptoKicks en un par de zapatillas físicas hechas a medida. Esto podría ser explosivo para el negocio de calzado de Nike, que representa dos tercios de sus ingresos totales. El caso Nike-Roblox demuestra que los elementos «visibles» que intervienen en la creación de la conciencia de marca y el compromiso entre los clientes potenciales de Nike son principalmente:

- Plataformas virtuales (4.)
- Contenidos, servicios y activos (7.)
- Comportamiento de los consumidores y las empresas (8.)

Sin embargo, también el pago (6.) es una parte importante del modelo de negocio, ilustrado por las NFT. Detrás de estos elementos visibles se encuentra el resto de los «bloques de construcción» que son necesarios para que el entero Metaverso funcione como un todo, en una perspectiva de relación interactiva en 3D. Sin embargo, el hecho de que Nike y otras grandes marcas B2C aparezcan cada vez más en el Metaverso es solo el principio. El Metaverso se expandirá muy rápidamente cuando el desarrollo llegue a la enorme capa de marcas regionales y locales que hay debajo de las grandes marcas globales. ¡El cielo es el límite!

Un marco sistemático de redes sociales

Las redes sociales utilizan móviles y tecnologías basadas en la web para compartir, co-crear, debatir y modificar el contenido generado por el usuario. Han transformado el modelo tradicional de comunicación de marketing: una comunicación unidireccional a los clientes. Se ha generado una transición a un modelo con mucha más retroalimentación, en dirección opuesta, lo que a su vez ha supuesto un cambio de paradigma. Los consumidores no solo tienen más control sobre la comunicación que fluye hacia ellos, sino que también pueden iniciar una comunicación dirigida a los vendedores. Además, la interacción entre los clientes ha aumentado de forma relevante.

El mercado ha cambiado y, consecuentemente, el pensamiento de los profesionales del marketing debe evolucionar. Los consumidores ahora comparten información a través de una multitud de redes sociales a un ritmo impredecible. Dicha información, apenas está bajo la influencia del vendedor. La comunicación creada por los consumidores también afectará la forma en que se encaran los mercados y cómo se crean y entregan los productos. La filosofía de satisfacer las necesidades y los deseos de los clientes ganará cada vez más protagonismo en todas las actividades de marketing a medida que los consumidores continúen obteniendo el control, aprendiendo a usar las redes sociales en su beneficio y esperando obtener exactamente lo que desean. Una participación más activa del consumidor también conducirá a una mayor transparencia en la marca, por lo que ofrecer calidad será una necesidad. Los gerentes de marca estancados en el viejo paradigma experimentarán dificultades extremas, impedidos por su limitada capacidad para responder a las preferencias de los consumidores. Las redes sociales democratizaron este proceso con una participación mucho más amplia y el poder de promocionar la marca, siempre que el producto sea bueno.

El sello de garantía de calidad de hoy es el boca a boca de los usuarios de las redes sociales. Los nichos de mercado podrán prosperar porque pequeños grupos de consumidores son capaces de difundir un mensaje, llegando a otras personas que también puedan desear las marcas que les gustan (Kohli et al, 2015).

Las herramientas y las plataformas de las redes sociales se organizan en torno a las cuatro áreas de redes sociales de Tuten y Solomon (2015), que se muestran en la Figura 4.2. Esto permite centrarse en las funciones más importantes de cada red social. Los diversos usos de las redes sociales para fines personales y comerciales a menudo implican un cierto solapamiento de más zonas, como es el caso de Facebook o Snapchat. Esa es la naturaleza de las redes sociales. Todas las redes

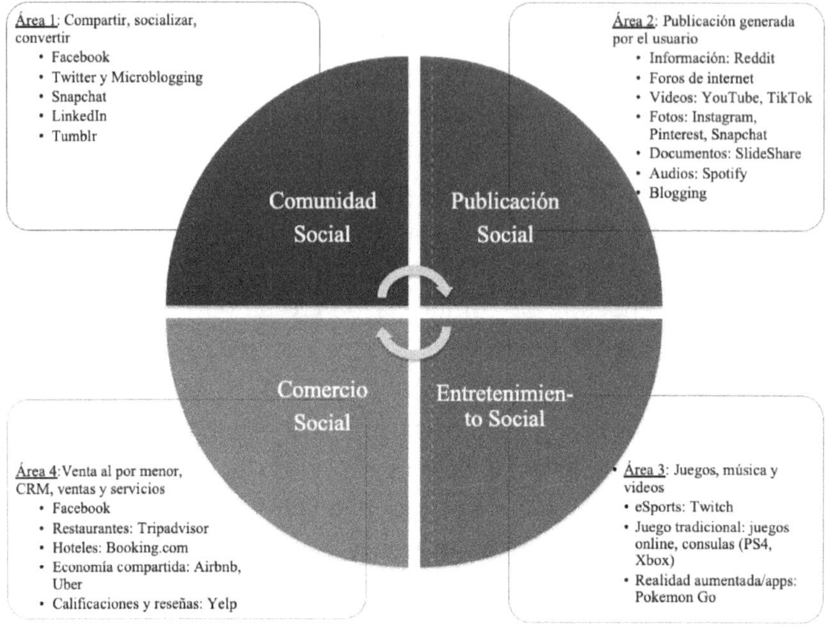

FIGURA 4.2 Las cuatro áreas de las redes sociales. Fuente: Basado en Tuten y Solomon (2015), figuras 1.2 y 1.3, modificado

sociales están conectadas en torno a las relaciones, de carácter tecnológicas y se basan en los principios de la participación compartida.

En las siguientes secciones del libro, describiremos con más detalle las diferentes áreas y las respectivas plataformas y sitios web de las redes sociales más importantes.

Zona social comunitaria

Zona 1: la comunidad social describe los canales de las redes sociales enfocados en las relaciones sociales y las actividades comunes en las cuales las personas participan con otras que comparten un mismo interés. Por lo tanto, las comunidades sociales cuentan con una comunicación bidireccional y multidireccional, conversación, colaboración y el intercambio de experiencias y recursos.

Todos los canales de redes sociales se basan en relaciones en red pero, en las comunidades sociales, la interacción y la colaboración para la construcción y el mantenimiento de las relaciones son la razón principal por la que las personas participan en estas actividades.

Los canales en el área de la comunidad social incluyen páginas web de redes sociales, tablones de anuncios y foros y wikis. Todos ellos enfatizan las contribuciones individuales en el contexto de una comunidad, comunicación, conversación y colaboración.

Las redes sociales más utilizadas como medio en esta área son Facebook, Twitter y LinkedIn.

Fuente: modificado de Tuten y Solomon (2015), Imágenes 1.2 y 1.3

Facebook

Facebook es una compañía estadounidense y un servicio de redes sociales con sede en California. La plataforma de Facebook fue lanzada en febrero de 2004 por Mark Zuckerberg, junto con otros estudiantes y compañeros de habitación de la Universidad de Harvard. Facebook, Inc. celebró su oferta pública inicial (OPI) en febrero de 2012 y alcanzó un pico de capitalización de mercado de 104 mil millones de dólares después de tres meses en el mercado de valores. El 13 de julio de 2015, Facebook se convirtió en la compañía más rápida en alcanzar una capitalización de mercado de 250 mil millones de dólares en el índice Standard & Poor's 500. En enero de 2024, Facebook era la red social más popular del mundo, según el número de cuentas de usuarios activos.

En 2022, Facebook alcanzó una facturación de 116.600 millones de dólares. La mayoría de los ingresos de Facebook provienen de la publicidad. En general, Facebook tiene una tasa de clics (*Click-Through Rate*, CTR) más baja para la publicidad que la mayoría de las principales plataformas web. La causa del bajo CTR de Facebook se ha atribuido a que los usuarios, principalmente jóvenes, habilitan el software de bloqueo de anuncios o tienen capacidad para ignorar los mensajes publicitarios, así como el hecho de que la comunicación social es el principal propósito de la página web, en lugar de la visualización de contenidos. Facebook es el gigante de las redes sociales y, como tal, las empresas no pueden pasar por alto este canal de comunicación global. Por lo tanto, desarrollar una presencia empresarial en Facebook es un elemento fundamental, pero esto no es nada sencillo. En primer lugar, muchas personas ven Facebook, principalmente, como un medio para comunicarse con familiares y amigos cercanos. Esto significa que las conexiones comerciales, los anuncios y los mensajes intrusivos no siempre son bienvenidos. En consecuencia, las empresas deben planificar cuidadosamente sus interacciones de manera que respeten el uso típico de Facebook. Esto no quiere decir que todas las personas prefieran evitar cualquier contacto comercial en Facebook. De hecho, en un día cualquiera, se dan millones de «Me gusta» a páginas corporativas y el contenido empresarial se ve, descarga y comenta.

Páginas, Perfiles y Grupos

La fina línea entre el uso comercial y personal se refleja en la estructura organizativa de Facebook en forma de perfiles, páginas y grupos. Estas estructuras están destinadas a proporcionar diferentes niveles de interacción y han sido utilizadas en diversos grados por empresas y personas.

Los **perfiles** son la estructura básica de Facebook y están destinados al uso individual.

Otra característica en Facebook son los **grupos**. Estos están destinados a permitir que un subconjunto de personas interactúe y comparta información. Los grupos son un espacio privado que se puede configurar de diferentes maneras.

Los grupos pueden ser privados para que solo los miembros puedan verlo, saber quién está en él y ver qué publican los demás miembros. Se podría utilizar un grupo secreto para los empleados de una empresa o un conjunto de socios comerciales, por ejemplo (Bulygo, 2010).

Los grupos cerrados pueden ser vistos por todos los usuarios y cualquiera podrá ver la lista de miembros. Sin embargo, el contenido solo está abierto a miembros.

Por último, los grupos abiertos pueden ser vistos por cualquier persona, la inscripción es abierta y el contenido es público. Los grupos están diseñados para usarse con perfiles, pero se pueden usar en algunas configuraciones empresariales.

Las **páginas** de Facebook, por otro lado, están diseñadas específicamente para un uso comercial. Estas tienen muchas características iguales a las del perfil de un usuario. Los usuarios pueden conectarse con una página y hacerse fan de ella. Las páginas pueden tener muros con mensajes públicos, eventos, fotos y aplicaciones personalizadas (Figura 4.3). En Facebook y otras redes como Twitter o Instagram, a veces se puede ver una insignia azul de verificación junto al nombre del perfil. Entre otras cosas, atestigua la autenticidad de los perfiles de marcas, celebridades u otras figuras públicas. La insignia de verificación es un símbolo codiciado. Con la marca de verificación azul, los famosos, las empresas y otras personas o instituciones muy solicitadas demuestran que se encuentran en un perfil auténtico. Esto protege contra las cuentas falsas, genera confianza y, por tanto, también aumenta el alcance en las redes sociales. Teniendo esto en cuenta, deberías intentar

FIGURA 4.3 Página Oficial de Facebook de Marc Oliver Opresnik. Fuente: https://www.facebook.com/MarcOliverOpresnik/; consultada el 4 de abril de 2024.

conseguir una insignia de verificación azul para ti o para tu empresa. Si deseas solicitar la marca de verificación azul en Facebook o Instagram, además de las condiciones generales de uso de las redes sociales hay algunos requisitos que debe cumplir tu perfil:

- **Eres un personaje público o suficientemente conocido**: Solo las personas, marcas u organizaciones buscadas frecuentemente pueden solicitar la marca azul. Además, tú o tu empresa debéis aparecer regularmente en los distintos medios de comunicación *online* e impresos.
- **Es un perfil auténtico**: Solo las personas reales, las empresas u organizaciones registradas pueden solicitar la marca azul en Facebook e Instagram.
- **Es único**: Solo se puede verificar una cuenta por persona o empresa. Las excepciones se aplican a los perfiles en otros idiomas.
- **Es completa**: La cuenta que quieres verificar está activa, tiene una foto de perfil, un área de información y al menos una publicación.

En febrero de 2023, Meta puso en marcha Meta Verified, un servicio de suscripción para usuarios de Instagram y Facebook. Los usuarios escogidos podían suscribirse a Meta Verified para que apareciese junto a su nombre un símbolo de verificación (el conocido tic azul), además de otras funciones exclusivas para usuarios de Meta Verified. Hoy, una suscripción a Meta Verified cuesta 14,99 dólares al mes al suscribirse vía iOS o Android. La inscripción vía web (solo disponible para Facebook) es de 11,99 dórales al mes. Por ahora, Meta Verified solo está disponible para particulares, no para empresas.

El servicio de Meta Verified para creadores de Instagram y Facebook incluye:

- Verificación de la cuenta (lo que incluye el tic azul)
- Protección contra falsificación de la cuenta
- Stickers exclusivos
- Mayor alcance de usuarios
- Acceso a un equipo humano de apoyo al usuario

Una gran diferencia es que los símbolos de verificación originales de Instagram y Facebook solo estaban disponibles (y así sigue siendo) para figuras públicas, personas famosas y marcas. Este tipo de cuentas pueden solicitar esa verificación original si son cuentas significativas, por ejemplo, si suelen aparecer en las noticias o si son bastante conocidas. El símbolo de verificación de Meta Verified y el símbolo de verificación original para cuentas relevantes es el mismo: el conocido tic azul. Los dos símbolos indican que la cuenta que lo tiene ha pasado por un proceso de verificación. Sin embargo, el símbolo de verificación original (que es gratuito) no incluye el resto de ventajas que sí tiene el paquete de Meta Verified. Un individuo que tenga el símbolo de verificación original por tener un perfil destacado puede suscribirse a Meta Verified para acceder al resto de servicios.

Uno de los aspectos más útiles de Facebook es la capacidad de las personas para dar «Me gusta» y «etiquetar» el contenido en la web. Cuando a los usuarios les guste su página o algo que haya publicado en ella pincharán en el pequeño botón «Me gusta» del pulgar hacia arriba. El hecho de que les guste aparecerá eventualmente en sus perfiles de Facebook para que sus amigos los vean. Lo mismo ocurre al etiquetar algo, identificando a las personas dentro de una publicación o una foto en Facebook. Cuando se etiqueta a las personas, automáticamente reciben notificaciones que los dirigen al contenido etiquetado.

Sin embargo, al igual que con otras formas de contenido web, siempre debe tener en cuenta que no debe utilizar las redes sociales para vender abiertamente. En su lugar, cree información que la gente quiera compartir, porque agrega valor (Bulygo, 2010).

Cómo configurar una página de negocios

Las páginas de negocios son valiosas por muchas razones. La más obvia es que más de mil millones de personas usan Facebook y es importante encontrar a los clientes donde estos se congregan. Los usuarios se convierten en seguidores de una página de negocios simplemente clicando en el botón «Me gusta». Esto crea un vínculo entre su perfil y la página de negocios si están conectados a Facebook. Cada vez que una persona presiona el botón «Me gusta», el icono de la empresa se colocará en la página de perfil del usuario. Esto proporciona visibilidad a la empresa y ayuda a la difusión de información a través de las redes de amigos. Smith (2010) proporciona información sobre el desarrollo de una página de Facebook para uso comercial. Al principio, es recomendable estudiar otras páginas de Facebook para tener una idea de qué esperan los usuarios. El directorio de páginas de Facebook puede ser un buen punto de partida (Figura 4.4).

Smith recomienda un enfoque de seis pasos para construir una página de Facebook empresarial.

1. El primer paso es determinar el objetivo de la página. Por definición, una página es una sola unidad de información y no un sitio web completo. Esto significa que un propósito claro es primordial. El objetivo podría ser potenciar el reconocimiento de la marca, desarrollar una lista de contactos, dirigir el tráfico a un sitio web corporativo, desarrollar un sentimiento de comunidad o recopilar ideas para nuevos productos.
2. El segundo paso es diseñar una estrategia adecuada. Al comprender lo que se necesita lograr, se pueden determinar las decisiones

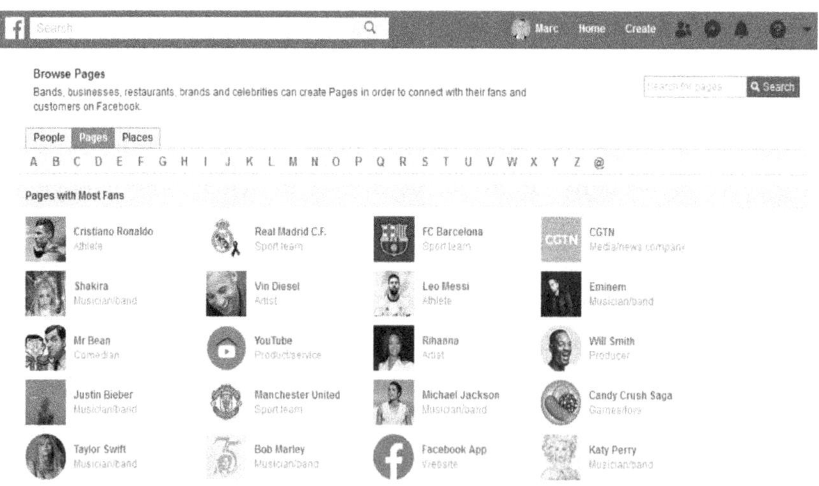

FIGURA 4.4 Directorio de páginas de Facebook. Fuente: https://www.facebook.com/directory/pages/. Consultada el 18 de abril de 2024.

relacionadas con el tipo de medios, publicaciones y otros materiales. Por ejemplo, si el objetivo era desarrollar un sentimiento de comunidad, entonces a la infraestructura usada para publicar preguntas y encuestas se le puede dar un lugar destacado, con el fin de apoyar el desarrollo de una sensación de conversación continua con los *fans* (Smith, 2010).

3. A continuación, se debe determinar una estrategia de contenido: decidir si se deben usar fotos, vídeos, publicaciones, actualizaciones, eventos y enlaces y en qué forma se intercalan. Las conexiones a los blogs favoritos se pueden suministrar en línea con el material personal desarrollado.
4. El cuarto paso es promover la nueva página de Facebook, tanto dentro como fuera de esta red social. La promoción en Facebook se puede realizar mediante una variedad de métodos: se pueden agregar *widgets* a los sitios web, se pueden colocar anuncios de Facebook, se pueden escribir entradas de blog que incorporen enlaces a la página. Además, Twitter y los medios impresos pueden usarse para dirigir el tráfico a la página.
5. Después de la promoción, el compromiso y la permanencia son esenciales. Se requerirán recursos para permitir que la página sea supervisada y moderada. Es posible que se requieran administradores de páginas adicionales según la cantidad de tráfico que se genere. Dependiendo de los objetivos de la página, puede ser clave conceder respuestas inmediatas a las publicaciones o preguntas de los clientes. Otras formas de compromiso pueden incluir publicaciones regulares, encuestas, mensajes personalizados para los *fans* y añadir un panel de discusión.
6. Finalmente, el sexto paso es convertir a los *fans* en clientes leales a largo plazo. Los profesionales recomiendan esperar hasta tener aproximadamente 500–1000 *fans*. Esto permitirá que los esfuerzos obtengan resultados medibles. La conversión puede ser complicada, pero generalmente implica proporcionar cupones, descuentos, eventos especiales u otros incentivos para lograr que los *fans* actúen (Smith, 2010).

Las páginas de Facebook son la forma más simple y sencilla de comenzar la acción de marketing en Facebook. Son gratuitas, relativamente fáciles de configurar (al menos en su forma básica) y muy flexibles. No tienen muchos inconvenientes, pero, desafortunadamente, muchas empresas no utilizan todo su potencial o, lo que es peor, las usan mal. Los siguientes consejos le ayudarán a evitar cometer esos errores (Bulygo, 2010):

- **Foto de perfil e imagen de portada**. Idealmente, su foto de perfil debe ser su logotipo. La imagen de la portada es algo diferente, depende de usted decidir qué poner aquí. Algunos usan fotos de empleados, mientras que otros usan ilustraciones llamativas y ponen su información de contacto en la imagen de portada. Elija una foto que mejore su página y atraiga la atención de sus visitantes.
- **Sección Información/Acerca de**. La sección «Acerca de» se ubica visiblemente justo debajo del logotipo de su empresa. Esta es su oportunidad de explicar su negocio a los visitantes. Asegúrese de poner información clara aquí, diciéndole a las personas qué hace su empresa, por qué es diferente y otros detalles atractivos. Si puede, tómese tiempo para escribirlo específicamente para su audiencia de Facebook. Recuerde siempre ser amigable e informal ya que este tono funciona mejor en Facebook, generalmente.
- **Publique información llamativa**. Lo que publique en su muro se mostrará en la sección de noticias de todas las personas que hayan dado «Me gusta» en su página, tal como lo hace cuando publica algo en su perfil personal. Por este motivo, asegúrese de que lo que está publicando sea útil para sus seguidores. No publique actualizaciones interminables sobre el mismo tema y no publique demasiadas actualizaciones, obstruyendo las noticias de sus *fans*. Algunas ideas para el tipo de cosas que quizás quiera publicar en su muro pueden ser:
  - Enlaces a artículos relacionados con su empresa o su sector.
  - Enlaces a sus publicaciones en blogs.
  - Códigos de cupón para que los *fans* ahorren en sus productos.

- Anuncios de nuevos productos.
- Enlaces a herramientas digitales que a sus *fans* les puedan resultar útiles.

- **Haga preguntas a sus *fans***. Involucrar a sus *fans* en su página es una excelente manera de promover y mejorar la lealtad. Hacer preguntas en sus actualizaciones hace que las personas se comprometan e involucren, pero en sus propios términos. Lo que pregunte depende en gran medida de su producto y su nicho, pero las preguntas abiertas generalmente le darán las mejores respuestas. Pedir opiniones sobre una nueva idea de producto puede ser una buena manera de convencer a sus seguidores de que a su empresa le importa lo que quieren. Si, en este aspecto, supera a otros, podría llegar incluso a la parte superior de la sección de noticias de Facebook.
- **No hacer *spam***. El *spam* es una de las maneras más rápidas de perder *fans*. Si no hace más que enviar información predominantemente promocional sobre su empresa y sus productos, sin agregar nada de valor, tendrá dificultades para conseguir y mantener a los *fans*. Antes de enviar cualquier actualización, pregúntese honestamente si agrega valor a la conversación. Ante una negativa, no lo envíe.
- **Estudie sus estadísticas y resultados**. Facebook ofrece métricas útiles para las páginas, présteles atención. Si ve una gran oleada de *fans* (o una caída), mire lo que ha publicado recientemente y vea si puede encontrar una razón para esa tendencia. En consecuencia, publique más de ese tipo de contenido (o menos, si está perdiendo seguidores).
- **Organice competiciones**. Algunas de las campañas de marketing más exitosas realizadas por las páginas de Facebook son concursos. Si las competiciones de Facebook se ejecutan correctamente con una buena aplicación y se promueven lo suficiente, pueden ser extremadamente útiles para su página de Facebook.
- **Sea cercano**. Además de poner cara / nombre a su presencia en las redes sociales, su página también debe responder como un ser humano teniendo en cuenta los siguientes aspectos:

- Responda a los comentarios usando el nombre de la persona.
- Muestre empatía.
- Trate a las personas con respeto.

Cómo fomentar el desarrollo de una comunidad

Las empresas deben usar sus páginas para desarrollar una relación con los clientes mediante la publicación periódica de publicaciones, con el fin de ayudar a fomentar las relaciones y estimular una comunidad activa en línea. Una voz consistente y una información auténtica y original pueden animar a las personas a interactuar con la empresa.

Le sugerimos los siguientes elementos para fomentar el desarrollo de una comunidad (Kawasaki y Fitzpatrick, 2014):

- **Nuevo contenido**. Fotos, vídeos, menús, adelantos, información sobre nuevos productos y anuncios de eventos.
- **Preguntas**. Anime a los clientes a que proporcionen comentarios y opiniones sobre productos y servicios.
- **Eventos**. Información sobre lanzamientos de nuevos productos, aniversarios, promociones, eventos en tiendas y ventas.
- **Historias**. Publicaciones que proporcionen historias sobre productos, éxitos u otros clientes.
- **Inserte vídeos**. Los vídeos son una buena manera de agregar atractivo y encanto a su página de Facebook.

Cómo aumentar el compromiso con grupos y aplicaciones

Una excelente manera para que las organizaciones de todo tipo mantengan informados a los actores interesados es reunirlos en un grupo de Facebook. Todos los usuarios pueden crear grupos y su membresía puede ser cerrada (solo por invitación) o abierta (cualquiera puede unirse). Los grupos de Facebook suelen ser para comunicaciones más detalladas sobre un tema específico, mientras que las páginas de Facebook se dirigen a comunicaciones más genéricas.

Configurar un grupo de Facebook es muy sencillo y solo requiere unos minutos. El proceso incluye una herramienta integrada para enviar invitaciones a sus amigos de Facebook. También debería mencionar al grupo en el sitio web o blog habitual de su organización.

Las personas se unen a los grupos de Facebook porque quieren mantenerse informadas y quieren hacerlo en su tiempo libre. Al igual que con los blogs, la mejor manera de mantener un grupo vivo es simplemente hacer que haya información valiosa disponible.

Otra gran manera de construir su marca en Facebook es la capacidad de crear **aplicaciones**. Como plataforma abierta, Facebook permite que cualquiera pueda crear aplicaciones que permitan a los amigos compartir información en el servicio de diferentes maneras. Un ejemplo es la aplicación «Ciudades que he visitado» de TripAdvisor. Esta aplicación muestra un mapa en la página privada de Facebook de un usuario donde se pueden colocar chinchetas virtuales en las ciudades visitadas. Es una forma entretenida y personal de llevar un registro de los viajes personales. El negocio de TripAdvisor es proporcionar opiniones sobre hoteles, fotos y consejos de viaje, por lo que la aplicación es una potente herramienta de marketing para la empresa.

Las aplicaciones de Facebook son una forma poderosa para que los profesionales de marketing sean creativos y prueben algo nuevo y siempre existe la posibilidad de que una aplicación se vuelva viral.

La **información de la página de Facebook** proporciona estadísticas para ayudarle a determinar qué funciona en su cuenta. Debe usar estos datos para dirigir sus publicaciones patrocinadas, averiguar qué publicaciones son populares y comprender la demografía de sus *fans* (Kawasaki y Fitzpatrick, 2014).

Estableciendo una Política de Negocios para Facebook

El uso de Facebook para negocios, incluso en una entidad pequeña, requiere una organización funcional y una aproximación coherente. Por esta razón, es importante asignar la responsabilidad de Facebook o cualquier otra actualización de las redes sociales a la entidad correcta dentro de una empresa. Muchas empresas asignan las redes sociales y la responsabilidad del sitio web a un departamento de TICs, o una persona especializada en tecnología. Sin embargo, su uso efectivo requiere el desarrollo de contenido y la experiencia de las áreas empresariales funcionales que se comunican con los interesados. Esto implica que las redes sociales utilizadas para comunicarse con el exterior de la organización sean mejor atendidas por un especialista en medios o alguien con experiencia en marketing o servicio al cliente. El uso interno de las redes sociales puede provenir de recursos humanos o de gerentes departamentales. Si bien las personas de TICs, son miembros clave de un equipo de redes sociales, rara vez son las personas correctas para desarrollar y publicar contenidos y responder a los comentarios.

Un buen enfoque es crear un **equipo de redes sociales** para administrar el contenido, las actualizaciones, los enfoques y proporcionar una estrategia general. Un equipo puede estar compuesto por gerentes funcionales, especialistas en medios, especialistas en marketing, redactores y personas especializadas en tecnología. En última instancia, una persona en particular debe supervisar el trabajo. Las publicaciones o el contenido de las redes sociales deben estar sujetos a un proceso editorial y cumplir con un conjunto de directrices. Es importante tener pautas que definan los comentarios como *spam* si incluyen enlaces a contenido no relacionado o si el comentario publicado busca la promoción propia. Una política podría ser asegurar que cada comentario reciba una respuesta adecuada y valorada. Otra política podría ser garantizar que las publicaciones aparezcan regularmente y que la publicación contenga contenido original de la organización. Además, también puede considerar hacer preguntas reflexivas para obtener información a través de los comentarios de los clientes. Quizás las nuevas ideas de desarrollo de producto puedan usar la comunicación de Facebook para determinar las necesidades del cliente. El potencial depende de los objetivos organizativos y los recursos disponibles para su organización (Kawasaki y Fitzpatrick, 2014).

Facebook proporciona la posibilidad de administrar la página de una empresa desde un panel de administración. Esto significa que el propietario de la empresa puede realizar un seguimiento de la actividad, responder a los comentarios y realizar un seguimiento de las estadísticas de la página. Como consecuencia, una empresa puede conocer la identidad de los visitantes de su página, el día de la semana en que la mayoría de los visitantes la visitan, la frecuencia de los comentarios y las publicaciones que generan mayor interés. A diferencia de los perfiles individuales, las páginas no acumulan amigos; sino que se convierten en *fans* de la respectiva página. No obstante, las páginas proporcionan beneficios adicionales. Por ejemplo, los usuarios no tienen que iniciar sesión en Facebook para ver una página de negocios, ni siquiera necesitan una cuenta de Facebook. Google y otros motores de búsqueda indexan cada página y aparecerán en la lista cuando se realicen búsquedas. Desde una perspectiva empresarial, las páginas se pueden promocionar con anuncios que aparecen en recuadros en Facebook, pestañas personalizadas con cupones y otros elementos (por ejemplo, mapas, vídeos, etc.) o conversaciones con los seguidores.

Publicidad dirigida

Debido a que se recopila mucha información demográfica sobre los usuarios, Facebook es una de las mejores plataformas para la publicidad dirigida. Puede dirigirse a los usuarios específicos de prácticamente cualquier elemento de sus perfiles, así como hacer un seguimiento de su éxito en cada segmento. Los anuncios se pueden ejecutar por clic o por impresión. Facebook le muestra qué ofertas hay para anuncios como el suyo, para que sepa si su oferta está en consonancia con otras en su sector. Asimismo, puede establecer límites diarios para que no haya riesgo de perder su presupuesto (Bulygo, 2010).

Hay varios tipos de anuncio diferentes entre los que puede elegir: puede crear anuncios que se dirijan directamente a su página de Facebook o a un sitio ajeno a Facebook. De igual modo, puede crear anuncios para promocionar un evento de Facebook o para instalar y promocionar el uso de aplicaciones móviles. Como se ha indicado, puede apuntar a prácticamente cualquier cosa en el perfil de un usuario, por ejemplo, la ubicación, si eso es importante. Puede especificar la ciudad, el código postal, provincia y/o región, o el estado. Esto funciona especialmente bien para las pequeñas y medianas empresas, así como para las empresas locales. A partir de ahí, puede elegir datos demográficos básicos, como el estado civil, la edad, el lugar de trabajo, estudios (incluyendo nivel, número de años e institución), el cumpleaños y mucho más. Asimismo, puede dirigir anuncios a personas que se han mudado recientemente. Por lo tanto, si usted es dueño de un gimnasio en, por ejemplo, México D.F., Buenos Aires, Bogotá o Lima y desea encontrar a todas las personas que se mudaron recientemente a su zona, puede dirigir sus anuncios a dichas personas. Además, puede dirigirse a personas en función de sus intereses. Si, por ejemplo, tiene un producto dirigido a los *fans* del fútbol, podría incluir fútbol en el campo de interés. O, si acaba de publicar un libro y considera que a los lectores de otros libros determinados les puede interesar el suyo, en este caso, puede teclear el título del libro en los intereses y se dirigirá específicamente a esos usuarios. Incluso puede dirigirse a una lista privada de usuarios. Si tiene una lista de direcciones de correo electrónico de las personas a las que desea contactar, puede usar el administrador de anuncios de Facebook para centrarse en esas personas. Por lo tanto, si gestiona un negocio de consultoría de SAP y tiene 300 personas en su lista de socios, puede usar sus direcciones de correo electrónico para dirigirse a ellos con anuncios en Facebook (Bulygo, 2010).

La otra gran ventaja de los anuncios bien orientados es que puede crear diferentes anuncios para diferentes grupos demográficos. Unos anuncios mejor orientados conducirán a mejores resultados. Si se dirige a los seguidores de fútbol, puede crear anuncios individuales para diferentes equipos. Podría tener un anuncio dirigido específicamente a los aficionados del Boca Juniors, otro a los del River Plate, uno a los seguidores del Real Madrid y otro a los del Barcelona y luego mostrar esos anuncios solo a las personas que han indicado en su interés que son *fans* de esos equipos específicos.

Ejemplo 4.1
Oreo como ejemplo de mejores prácticas para el sofisticado marketing de Facebook

Oreo continúa estableciendo los estándares para un marketing efectivo en Facebook con su querida *cookie*. La compañía utiliza imágenes atractivas combinadas con recetas.

Además, la conocida marca de galletas utiliza con éxito campañas publicitarias en vídeo para hablar con sus consumidores y también en el marco del lanzamiento de nuevos productos. Mientras tanto, en una campaña clásica, Oreo había lanzado Oreo Mini en Vietnam en 2018, con el objetivo de llegar a un público más amplio para ampliar su alcance más allá de los centros urbanos. La marca recortó los anuncios de televisión existentes para crear una serie de vídeos y animaciones optimizados para móviles. Se mostraron importantes marcas y mensajes en los primeros segundos, así como superposiciones de texto para entornos de sonido. La campaña también incluyó anuncios de vídeo y fotografía en formato de carrusel y también incluyó la compra de alcance y frecuencia para encontrar un público más amplio y conectarse con la gente el tiempo suficiente para tener un impacto en varias ciudades clave de Vietnam.

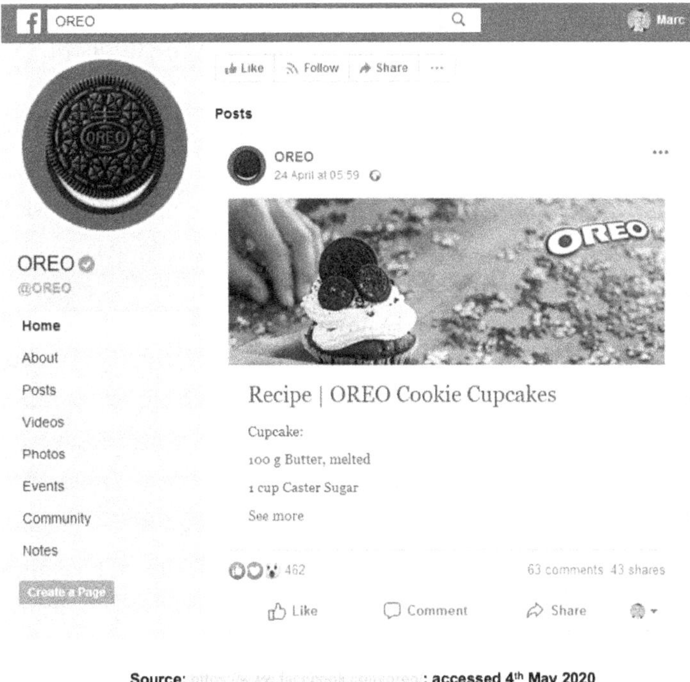

FIGURA 4.5 Imágenes atractivas en el sitio de Facebook de Oreo para promover la propuesta de valor. Fuente: https://www.facebook.com/oreo/; visitada el 14 de abril de 2024

Oreo combinó esto con colocaciones automáticas para asegurar una entrega de anuncios optimizada en toda la familia de aplicaciones de Facebook.

Durante un período de cuatro semanas en abril-mayo de 2018, la campaña llegó a más de 11 millones de personas en cuatro semanas y elevó significativamente el conocimiento de la marca.

Facebook Watch, una nueva plataforma de exposición en Facebook para desafiar a YouTube

El 9 de agosto de 2017, Facebook anunció una nueva plataforma de vídeo llamada ‚Watch' que ofrece episodios de espectáculos en directo y grabados. Facebook lleva años intentando convertirse en uno de los principales actores del vídeo digital, pero sigue estando por detrás de sus competidores, como Netflix, Amazon Prime Vídeo o YouTube.

El servicio presenta algunos eventos en directo de los que Facebook ha adquirido los derechos de transmisión, incluido un partido semanal de la Major League de Béisbol.

Otros vídeos son producidos por colaboradores audiovisuales como NASA, National Geographic y la NBA. Los socios que producen contenido original exclusivo para Facebook ganan un 55% de los beneficios generados gracias a las pausas publicitarias insertadas en el contenido y Facebook se queda con el porcentaje restante. Los espectadores son capaces de personalizar su programación y de seguir los vídeos y programas que prefieran, de forma similar al modelo de suscriptores de YouTube. Estos también pueden dejar comentarios en tiempo real y tienen a su disposición una pestaña con la que podrán ver lo que sus amigos están viendo.

Con esta estrategia, Facebook ha actualizado su oferta audiovisual creando una nueva plataforma similar a la televisión, que rivalice con YouTube con el objetivo de hacer que la gente pase más tiempo en la red social (tiempo que puede utilizarse para mostrar más anuncios y brindar más oportunidades a las empresas para publicitar sus productos y servicios, aumentando así los beneficios de la red social).

Watch reemplaza la pestaña de «vídeos» de la aplicación móvil de Facebook introducida en 2016. Del mismo modo, también está disponible para la versión para ordenadores y a través de las aplicaciones de televisión de Facebook incluyendo las producidas para Apple TV y Amazon Fire TV. En lugar de simplemente proporcionar una oleada de contenido audiovisual, como solía hacer la pestaña de «vídeo», Watch organiza el contenido por secciones como «más populares» o «lo que hace a la gente reír».

Este interés por la comunidad va en sintonía con el nuevo objetivo que se marcó Facebook en 2017, el de dar a la gente el poder de crear un sentimiento de comunidad y conectar el mundo (Solon, 2017).

Twitter (hoy X) y el microblogueo

El **microblogueo** es un tipo especial de blogueo que limita el tamaño de cada entrada. La plataforma de microblogueo más importante nació con el nombre de **Twitter**. Con sede en San Francisco y más de 25 oficinas en todo el mundo, Twitter Inc. fue creada en marzo de 2006 por Jack Dorsey, Noah Glass, Biz Stone y Evan Williams y se puso a disposición del público en julio del mismo año, momento desde el que el servicio ganó popularidad mundial. Twitter, básicamente, es una red social en la que los usuarios publican e interactúan con mensajes con un límite máximo de 280 caracteres (la compañía aumentó el límite máximo de 140 caracteres a 280 en noviembre de 2017). Los usuarios registrados pueden publicar tweets mientras que aquellos no registrados solo pueden leerlos.

En octubre de 2022, el multimillonario Elon Musk compró la aplicación por 44.000 millones de dólares, haciéndose así con el control de la plataforma y convirtiéndose en su CEO. Linda Yaccarino fue la sucesora de Musk en su puesto de CEO el 5 de junio de 2023, pero Musk conservó su puesto de director y CTO. En julio de 2023, Musk anunció que retiraría el logo del pajarito y Twitter pasaría a llamarse X, o más bien el símbolo Unicode 𝕏 (la letra matemática X con una doble barra, U+1D54F). Este cambio pretendía ser el primer paso hacia una visión de la plataforma que Musk tenía desde hacía tiempo. Su idea era que la red social Twitter tenía que convertirse en una aplicación multifacética en la que además de contenido de texto, imágenes, vídeo y audio también se pudieran procesar pagos y llevar a cabo otros servicios online. En 2017, X llegó a los 731, 6 millones de dólares de ingresos; fue el primer año en el que la empresa obtuvo beneficios. En 2022, la empresa logró unos ingresos de 4.400 millones de dólares.

Después de este cambio de propietario, la plataforma ha recibido críticas por la difusión de información falsa, por permitir un aumento de discursos de odio, por promover las teorías conspiranoicas antisemíticas y la transfobia. Esto ha dado pie a que más de 100 empresas conocidas, como Airbnb, Amazon, Coca-Cola, Google, Microsoft, Netflix y Uber, hayan dejado de publicitarse en X. En octubre de 2023, la empresa estimó su valor en 19 mil millones de dólares, lo que supone alrededor de un 55 % menos de su valor de compra un año antes.

Por otra parte, para la mayor parte de empresas sigue siendo beneficioso estar activas en X: esto es así porque es fácil de usar, requiere una baja inversión de tiempo y puede resultar eficaz de forma rápida a la hora de aumentar el interés del público, el volumen de ventas y el conocimiento de la demanda. Las empresas pueden usar Twitter para anunciar ofertas o eventos, promocionar nuevas publicaciones en blogs o para mantener a sus seguidores informados con enlaces de noticias. Sin embargo, generar una base de seguidores no es tan simple como tuitear cada vez que la compañía lanza un producto u organiza un evento. Twitter es, en esencia, una plataforma en la que conectar con la audiencia objetivo e interactuar con ella. Los siguientes párrafos presentarán, de forma genérica, los elementos básicos del *microblogging* con especial referencia a Twitter como la plataforma dominante en la actualidad.

Cuenta

En Twitter, las cuentas individuales y de empresa coexisten con una amplia variedad de cuentas ficticias e inactivas. Muchas personas de éxito usan su nombre y apellidos unidos en una sola línea como su nombre de usuario. También puede usar el nombre de su empresa o negocio como nombre de usuario. No obstante, si lo hace, asegúrese de poner el nombre de cualquier persona que gestione la cuenta de Twitter de la compañía, en el espacio de 160 caracteres que corresponde con la «bio» (biografía) en la página de ajustes de su perfil de Twitter (Zarella, 2010).

Tenga en cuenta que su nombre de Twitter tiene influencia sobre la **optimización en motores de búsqueda** (o **SEO** por sus siglas en inglés), lo cual se ve reflejado en la posición de su perfil en la lista de resultados en motores de búsqueda como Google. Si tiene un negocio, considere usar como nombre de usuario una palabra clave que le genere valor. A continuación, encontrará algunos consejos a tener en cuenta a la hora de elegir un nombre de usuario para Twitter (Zarella, 2010, Kawasaki y Fitzpatrick, 2014):

- Un buen nombre de usuario debe ser igual, o similar, a su propio nombre. Si otros usuarios ya han elegido su nombre, intente añadir un adjetivo o descripción, como @philkotler. Si prefiere que la gente no sepa quién es, use un nombre que sea más genérico.
- También puede utilizar un seudónimo que ya esté usando en otro sitio web. Por ejemplo, su nombre de usuario podría ser igual que su dirección de correo electrónico; si su correo electrónico es peter1980@whatever.com, su usuario de Twitter podría ser @peter1980.
- Si decide usar solo su apellido como nombre de usuario, se encontrará sin nombre de pila a los ojos de otros tuiteros.
- Si prefiere usar un apodo en lugar de su nombre, el de su compañía o su producto, asegúrese de usar un nombre de usuario que sea cercano y accesible.
- Use un nombre de usuario que sea corto. Los tuits solo pueden tener 280 caracteres, de manera que de utilizar un nombre largo cuando la gente le vaya a responder tendrá menos espacio para el contenido del mensaje. Por esta misma razón, Twitter limita el número de caracteres de su nombre de usuario a 15.

Avatar

Twitter le da la posibilidad de diseñar y subir una imagen personalizada para el fondo de perfil de su cuenta. Algunos usuarios y compañías añaden mucha información extra, como otras redes sociales en las que se les puede encontrar, lo cual no es recomendable ya que la gente que

FIGURA 4.6 Página de Twitter de Porsche. Fuente: https://X.com/Porsche/; consultada el 18 de enero de 2024.

lee sus tuits se puede distraer con todo lo que aparece en la pantalla. El mejor avatar que puede utilizar es aquel que muestre los colores de su compañía o su logo para reforzar la imagen de marca (Zarella, 2010).

Su página de Twitter debería ser el reflejo de la personalidad de su compañía o de usted mismo, del mismo modo que lo hacen sus otras páginas web o blogs.

Esto significa que debe prestar atención al avatar. Asegúrese de atender a las siguientes reglas (Kawasaki y Fitzpatrick, 2014):

- Use algo relevante y representativo de lo que hace.
- Piense en sus clientes potenciales. ¿Querrán ver esto?

CV y Biografía

Cuando esté creando su cuenta, dispondrá de una pequeña sección de biografía de 160 caracteres en la que podrá explicar quién es. Este paso le llevará poco tiempo y la práctica ha demostrado que las cuentas con biografía tienden a tener de media más seguidores que las que carecen de ella.

Los seguidores

Cuando se sigue a alguien en Twitter, se pueden ver los tuits de esa persona en su muro y viceversa. El número de seguidores que usted tiene es el número de personas que potencialmente verán sus tuits, de modo que, para aumentar su alcance e impacto, debería intentar conseguir más seguidores (Zarella, 2010).

Los tuits

La piedra angular de Twitter es obviamente el tuit: la publicación de un mensaje de 280 caracteres o menos. Estos mensajes pueden ser vistos por cualquiera con conexión a internet o un dispositivo móvil y son almacenados en páginas web que cualquiera puede buscar y ver. La finalidad de estos mensajes es la de compartir información con cualquiera que siga la cuenta, pero también se puede acceder a ellos a través de búsquedas públicas, entre otros. Todo tuit de cualquier cuenta de usuario es almacenado en el llamado «muro». De forma colectiva, esto crea una red de información gigantesca que almacena millones de mensajes, disponibles para la investigación y las aplicaciones de inteligencia empresarial.

Los negocios usan Twitter por diferentes razones, desde marketing hasta servicio al cliente o desarrollo de productos. Twitter puede ser especialmente útil para los nuevos negocios y las pequeñas y medianas empresas y se puede traducir en un amplia y rápida difusión de información. Como un gráfico vale más que mil palabras, asegúrese de usarlos en sus tuits. Sin embargo, tenga en cuenta que Twitter no es simplemente una herramienta para atraer gente hacia la página de la compañía. Si quiere usar de forma productiva esta poderosa herramienta, considere usar Twitter para crear diálogo y conseguir información empresarial. Además, asegúrese de trabajar con tuiteros apropiados. Estas personas necesitan estar informadas, saber escuchar y ser de confianza ya que serán quienes representen a la compañía de cara al mundo. Recuerde que todos los tuits son públicos y una vez se envían es casi imposible retractarse de lo dicho de manera efectiva. Asegúrese de seguir a las personas adecuadas y de suscribirse a contenidos de Twitter de calidad (Zarella, 2010).

Respuestas

Cuando comienza un tuit con @nombre-de-usuario, solo la gente que le sigue tanto a usted como al @nombre-de-usuario verá su tuit. Si quiere que más personas sean capaces de verlo, simplemente ponga un punto u otro signo de puntuación delante del nombre de usuario. O, por otra parte, siempre puede escribir su frase de otra forma. Del mismo modo, también puede ver quién ha mencionado su nombre clicando en el enlace «@nombre-de-usuario» cuando esté conectado. Este tipo de respuestas siguen siendo públicas si alguien inspecciona su cuenta o realiza una búsqueda. Para mostrarse accesible y realmente interesado en el diálogo, debería responder a tantos mensajes como le sea posible (Kawasaki y Fitzpatrick, 2014).

Retuits

Los retuits son el mecanismo más poderoso de esta plataforma de cara a los vendedores. Si una compañía tuitea algo, sus seguidores lo verán. Sin embargo, si es retuiteado, un mensaje puede extenderse de forma viral por Twitter, llegando a diez o cien veces más personas que si solo una persona lo publicara. En este aspecto, puede ser útil pedir a los seguidores que retuiteen lo que haya publicado.

Aquí se muestran algunas ideas (Zarella, 2010; Kawasaki y Fitzpatrick, 2014):

- Intente señalar, al menos, al usuario original que publicó ese tuit.
- Si el tuit original incluía algún tipo de llamada a la acción (como «por favor retuitea»), intente mantener eso en su retuit.
- Si el tuit original tiene un enlace, manténgalo.
- Intente mantener el tuit original intacto.

Ejemplo 4.2
Innocent como ejemplo de mejores prácticas para una comercialización efectiva en Twitter

Innocent es una marca de batidos y zumos, pero se mantienen alejados de la promoción agresiva de sus productos.

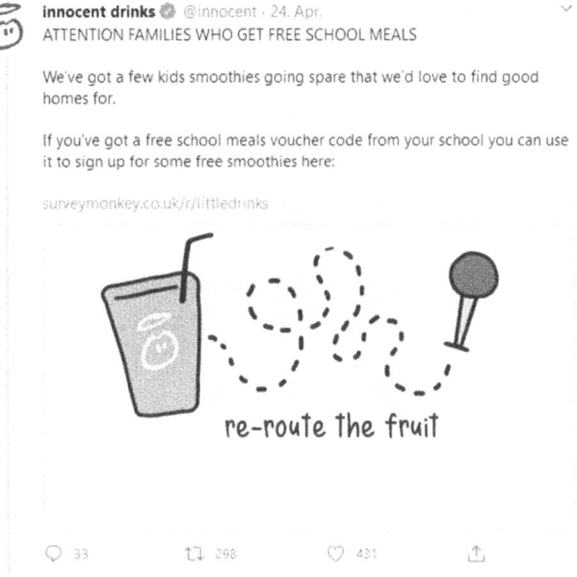

FIGURA 4.7 Típico tweet humorístico de Innocent. Fuente: https://X.com/innocent; consultada el 4 de abril de 2024.

FIGURA 4.8 Típico tweet humorístico de Innocent. Fuente: https://X.com/innocent; consultada el 4 de abril de 2024.

De hecho, la mayoría de sus mensajes en los medios sociales no son sobre batidos o bebidas en absoluto.

En su lugar, usan los medios sociales para fomentar su boba, divertida, inteligente y creativa personalidad de marca.

Simplemente quieren hablar con la gente e informarles sobre la compañía de la manera más atractiva.

El objetivo es hacer de su página un lugar en los medios sociales que la gente quiera visitar y disfrutar viendo sus líneas de tiempo.

En consecuencia, a la gente no le importará que la compañía intente venderles bebidas de vez en cuando.

Los mensajes directos

Los mensajes directos (MD, o DM por sus siglas en inglés) son los mensajes privados de Twitter. Los MD son perfectos cuando necesite información privada, como una dirección. Normalmente, solo se puede enviar MDs a personas a las que se está siguiendo y viceversa. Si tiene una cuenta verificada, se pueden modificar los ajustes para permitir que cualquiera le envíe un mensaje privado. No obstante, no puede responder a través de un MD a menos que la persona en cuestión le esté siguiendo. Por favor, recuerde no mandar nunca MDs automáticos ya que se considerarán spam.

Asimismo, no envíe mensajes privados automáticos a sus seguidores ya que este tipo de mensajes no resulta interesante y no consigue crear vínculos personales. Si desea llegar a todas las personas que decidan seguirle, hágalo de manera personalizada y única, aunque esto conlleve emplear más tiempo (Zarella, 2010; Kawasaki y Fitzpatrick, 2014).

Los *Trending Topics*

Twitter ha desarrollado un algoritmo que rastrea conjuntos de palabras y frases de hasta tres palabras de largo y destaca aquellas que se utilicen más en un momento dado. Los *trending topics* (o temas más comentados) aparecen bajo la forma de un top 10 que se sitúa en la zona de la derecha de su página de Twitter. Si el nombre de su compañía aparece en esta lista, esto puede proporcionarle una importante repercusión.

En la actualidad, la sección de *trending topics* es un valioso barómetro sobre lo que despierta interés dentro de la comunidad de Twitter (Zarella, 2010).

Twitter e investigación de mercado

Cada empleado de marketing o relaciones públicas debería monitorear lo que la gente comenta sobre su organización, productos y servicios, quizás incluso sobre sus competidores. Si nunca ha hecho algo así, le recomendamos que lo haga ahora mismo porque puede ser bastante revelador ver qué opina el público. Una buena forma de usar Twitter y otras redes sociales para monitorear lo que comenta el público es usar una **aplicación de cliente** de Twitter como TweetDeck o Hootsuite. Estas aplicaciones permiten monitorear multitud de términos y frases en tiempo real de manera que es posible saber, al momento, si se ha mencionado algo importante.

Hashtags

Los *hashtags* normalmente se utilizan para conectar ideas y temas de conversación en un flujo de información. Un *hashtag* no es más que una palabra precedida de la almohadilla, o el numeral «#», que se usa para indicar que un tuit en concreto está relacionado con cualquier otro tuit que utilice esa etiqueta. Al utilizar los *hashtags*, se está exponiendo a una mayor audiencia. Muchas personas siguen conversaciones usando diferentes *hashtags* y, sin embargo, posiblemente no le estén siguiendo. El objetivo de los *hashtags* es servir de atajos para explicar cuál es el contenido de los tuits o para mostrar que es parte de una conversación o evento. Por otra parte, al utilizar un *hashtag* con su marca, debería asegurarse de que su contribución es de calidad en lugar de limitarse a promocionar su empresa. A la hora de utilizar un *hashtag*, utilice uno que sea corto, original y fácil de recordar y, además, que deje libre suficientes caracteres para los retuits. Este tipo de *hashtags* aumentan la notoriedad de la marca una vez el diálogo ha terminado y resulta útil si su chat pasa a ser un evento regular. No es recomendable tener que acostumbrar a la gente a usar un nuevo *hashtag* cada vez. Un buen ejemplo es #Nike (Kawasaki y Fitzpatrick, 2014).

Enlaces acortados

El espacio se vuelve un bien muy preciado cuando el límite de caracteres de cada tuit se reduce a 280 y los enlaces suelen ser bastante largos. Por esta razón, se han desarrollado algunos servicios que permiten acortarlos. En estos servicios, al introducir un enlace, este se devuelve en un formato mucho más corto que redirige a los visitantes al vínculo correcto. A pesar de que ahora Twitter acorta automáticamente los enlaces, se debería considerar usar un servicio externo con métricas incorporadas ya que estas permiten hacer un seguimiento de los clics en su contenido que no apuntan a sus propios sitios web (Zarella, 2010; Kawasaki y Fitzpatrick, 2014).

Receptividad

Debido al formato compacto y al ritmo frenético de Twitter, es necesario responder a su comunidad con la mayor celeridad posible. La plataforma facilita que las personas encuentren su marca y usted se asegura de recibir numerosas solicitudes de servicio de clientes que necesitan su atención inmediata. Ignorar un tuit importante durante demasiado tiempo podría resultar en que la voz de una sola persona se vea amplificada por sus seguidores. De igual forma, no solo responda a emergencias o preguntas; no olvide saludar y responder también a quienes elogien la marca. A medida que su cuenta gane usuarios, deberá plantearse cómo gestionar este crecimiento, el incremento en el número de tuits puede llegar a ser un problema (Kawasaki y Fitzpatrick, 2014).

¿Cómo usar Twitter como empresario?

Cuando esté preparado para establecer su propio perfil de Twitter y comenzar a tuitear, el aspecto más importante desde el punto de vista del marketing (y desde el de cualquier otra red social) es no usar este servicio como un canal publicitario en el que promocionar sus productos y servicios. A modo de reflexión sobre sus actividades en las redes, le recomendamos que siga la premisa de «**Compartir más que vender**», que establece que el 85% de las interacciones debe invertirse en compartir e implicarse, el 10% a publicar contenido original y solo el 5% o menos a la promoción de lo que esté intentando vender.

Por una parte, «compartir e implicarse» hace referencia a actividades como comentar en el blog o publicación de otra persona, citar un tuit añadiendo una apreciación personal o responder a alguien que haya comentado algo interesante. La mayoría de las personas, especialmente aquellas nuevas en el mundo de las redes sociales, ni comparten, ni se implican lo suficiente. Sin embargo, dado que compartir e implicarse son los aspectos más sencillos del intercambio en las redes, no debería ser muy difícil hacerlo en mayor medida. Por otra parte, es importante que alrededor del 10% de sus interacciones sociales consistan en publicar contenido original. Por ejemplo, puede compartir una foto, escribir en un blog, redactar un tuit sobre algo de interés para su sector o publicar un vídeo. Cuanto más práctico sea este contenido para sus compradores, mejor. Y, por último, solo el 5% de sus interacciones sociales deberían incluir algún tipo de promoción hacia sus posibles clientes. Un ejemplo de esto es cuando comparte un nuevo producto de su empresa, un descuento especial para sus seguidores u otro contenido de naturaleza promocional. La mayoría de las personas y compañías publicitan demasiado y por tanto sus redes sociales no generan gran interacción. Las personas no quieren que simplemente les vendan cosas. No obstante, si se ayuda a la comunidad, se está implicado y se es receptivo en las redes sociales, se construye una audiencia que se interesará por su contenido y se mostrará más receptiva a conocer mejor su organización y lo que hace (Scott, 2015).

X Premium

Siguiendo el ejemplo de Meta, en abril de 2023 X comenzó a dejar de lado su programa de verificación. Las cuentas que estaban verificadas siguiendo los criterios que se establecieron en un principio (activas, relevantes y auténticas) no mantendrían su tic azul salvo que se suscribiesen a X Premium. Solo las cuentas suscritas a X Premium podrían optar al tic azul.

Para conseguir o mantener la insignia, las cuentas de los suscriptores tendrían que cumplir los siguientes requisitos:

- **Completa**: la cuenta tiene un nombre y una foto de perfil.
- **Activa**: la cuenta tiene actividad en los últimos 30 días.
- **Segura**: la cuenta tiene un número de teléfono verificado.
- **Fidedigna**:
    - la cuenta no puede haber tenido cambios recientes en la foto de perfil, nombre o nombre de usuario (@handle).
    - La cuenta no puede ser falsa o engañosa.
    - La cuenta no puede haber estado relacionada con manipulaciones de la plataforma ni spam.

A consecuencia de este cambio, X no va a aceptar propuestas de verificación de tic azul siguiendo los anteriores criterios (activas, relevantes y auténticas).

LinkedIn

LinkedIn fue fundada en 2002 y su sede se encuentra en California, EE. UU. La compañía fue comprada por Microsoft en diciembre de 2016. LinkedIn se utiliza principalmente para establecer contactos profesionales e incluye tanto empresas que publican ofertas de trabajo como demandantes de empleo que cuelgan en la web sus currículums. En 2015, la mayoría de los ingresos de la página surgieron de la venta del acceso a la información de los usuarios a reclutadores y profesionales de ventas. LinkedIn obtiene sus ingresos a través de las siguientes tres áreas de negocio:

- **Soluciones de Talento**, a través de las cuales reclutadores y corporaciones pagan por páginas de marca, páginas «Trabaja con nosotros», ofertas de trabajo dirigidas con coste por clic y acceso a la base de datos de los usuarios.
- **Soluciones de *Marketing***, donde los anunciantes asumen un coste por clic a través de anuncios dirigidos.
- **Suscripciones Premium**, a través de las cuales los usuarios de LinkedIn pueden pagar por servicios avanzados como: LinkedIn

Empresa, LinkedIn Talent (para reclutadores), el buscador de trabajo de LinkedIn y LinkedIn Ventas para profesionales del sector.

LinkedIn es una plataforma potente a la hora de aumentar el alcance de una empresa y atraer nuevos clientes. La clave está en la segmentación mediante funciones de trabajo, geografía y otros criterios. Gracias a la segmentación es posible llegar a un grupo más específico de tomadores de decisiones clave (como la compra de productos o servicios) dentro de sectores concretos. Además, LinkedIn supone una oportunidad para mantenerse presente en las mentes de los empleados, clientes, vendedores, socios y otras personas influyentes en el sector, siempre que el contenido publicado les resulte relevante (Zarella, 2010).

En términos de personalización e integración, LinkedIn es la red social más restrictiva. Por ejemplo, no incluye ninguna función que permita compartir fotos y, además, fue la última de las grandes redes sociales en permitir a sus usuarios publicar fotos de sí mismos en sus perfiles. Su función principal es la de crear una red social profesional, de este modo, LinkedIn va dirigido fundamentalmente a buscadores de empleo y empresas/reclutadores. La plataforma restringe el contacto entre miembros de forma que solo los usuarios que tengan un contacto directo pueden mandarse mensajes entre ellos. Así como Facebook se centra en las conexiones entre amigos, parientes y otros conocidos, LinkedIn se ha centrado especialmente en el mundo empresarial y ha intentado crear un espacio en internet especialmente dirigido a los historiales de trabajo, los currículums, las recomendaciones y la interconexión profesional. Muchas empresas reclutan nuevos empleados utilizando la plataforma y, para muchos individuos, LinkedIn se ha convertido en el principal lugar donde se tiene sus contactos empresariales y expone sus habilidades, sus capacitaciones y su experiencia laboral. Además, LinkedIn es útil a la hora de mantener la comunicación y el contacto con personas con intereses laborales o empresariales similares a los suyos. Por ejemplo, si un compañero cambia de trabajo, de ciudad, o asciende, la información actualizada puede ser compartida rápidamente y difundida entre sus contactos.

Los perfiles de LinkedIn

De forma similar a Facebook, LinkedIn gira en torno a perfiles de usuarios individuales. La diferencia principal radica en el tipo de material que interesa a los usuarios de LinkedIn. Los componentes esenciales del perfil de LinkedIn son los siguientes:

- **Foto**. Esta es la foto del propietario del perfil. La mayoría de los usuarios prefieren fotos que muestren al individuo con indumentaria de trabajo.
- **Experiencia laboral**. Es una lista de los puestos de trabajo, actuales y pasados, incluyendo fechas, títulos, tareas, responsabilidades y demás información pertinente.
- **Logros**. El dueño del perfil podrá añadir un resumen de sus principales logros.
- **Historial académico**. Esta es una lista que recoge la información referente a la formación recibida. Generalmente, se centra en la experiencia universitaria y los grados o posgrados que se hayan obtenido, pero también puede incluir otros tipos de formación.
- **Enlaces**. Aquí se puede añadir una lista de enlaces. La mayoría de los usuarios incluyen enlaces a sus blogs, sitios web de su empresa, u otras direcciones relevantes para su vida laboral.

En esencia, LinkedIn incluye un currículum básico, una presentación personal, datos de contacto y enlaces a páginas web. Estas funciones están dirigidas al ámbito de las relaciones profesionales. LinkedIn ofrece diferentes niveles de acceso. Al pasar a una cuenta premium, se añaden nuevas funciones entre las que se encuentran búsquedas más rápidas en la base de datos de miembros de LinkedIn, la posibilidad de enviar mensajes sin necesidad de introducciones y más herramientas y opciones para organizar el perfil (Zarella, 2010).

Una vez creado el perfil, el usuario de LinkedIn puede publicarlo y comenzar a establecer conexiones. Las conexiones están constituidas por compañeros de trabajos actuales o pasados, compañeros de clase, socios comerciales y otros contactos profesionales. A rasgos generales, la idea es la de crear conexiones directas añadiendo a gente que sea relevante para su círculo profesional. Estas conexiones constituyen a su vez una forma de acceder a otros profesionales, lo que contribuye a construir redes de contactos en áreas de especializadas. Asimismo, las conexiones de LinkedIn permiten acceder a trabajos *freelance* o de asesoramiento. Además, es posible incluir información que ayude a otros a encontrar consultores comerciales. De igual modo, también es posible usar estas conexiones para erigir bases de datos de clientes, buscar nuevos frentes de venta o para encontrar nuevas oportunidades profesionales. Entre las características más destacadas de LinkedIn están las siguientes:

- Obtener, almacenar y difundir recomendaciones en línea que puedan ser empleadas para avalar las habilidades profesionales o la personalidad.
- Conocer personas clave en áreas o campos de interés.
- Conocer a potenciales contratantes.
- Búsquedas de trabajo.
- Crear un currículum virtual, en constante actualización.

LinkedIn también da la posibilidad de acceder a grupos de interés que permiten a sus miembros participar en hilos de debate. Los usuarios que participan en estos grupos pueden recibir invitaciones de otros miembros de la conversación para unirse a ciertas redes profesionales. Igualmente, los debates pueden ser utilizados para publicar listas de empleo. LinkedIn también permite que los profesionales en busca de talento accedan a currículums. Los grupos son una muy buena herramienta para conocer gente de su sector y debatir temas relacionados con sus áreas de interés (véase la Figura 4.9).

Las páginas de empresa de LinkedIn

El propósito de las páginas de empresa es el de permitir a las compañías publicar información que pueda resultar de interés para empleados actuales o futuros, accionistas y el público general. La página de empresa pone a su disposición un muro de noticias en el que puede publicar

FIGURA 4.9 Grupo de LinkedIn «Expertos globales en **Marketing** y Negociación». Fuente: https://bit.ly/3f0bv68; consultada el 18 de enero de 2024.

actualizaciones, cambios y novedades. De hecho, muchas empresas han comenzado a utilizar páginas de empresa para promocionar ofertas especiales para visitantes y aquellos que recomienden o apoyen la página. En línea con los perfiles de empresa de Facebook, estas páginas están abiertas al público y se pueden encontrar a través de cualquier motor de búsqueda. Es fundamental que la empresa incluya en estas páginas sus datos de contacto, direcciones de correo y otros datos.

Recomendaciones

Una función importante y específica de LinkedIn son sus recomendaciones. Con esta característica, los usuarios pueden escribir pequeñas recomendaciones de otros usuarios con los que han trabajado (véase la Figura 4.6).

Durante una búsqueda de trabajo, estas recomendaciones pueden funcionar muy bien como referencia (Zarella, 2010).

LinkedIn para la búsqueda de empleo

LinkedIn también es conocida por su función como herramienta de búsqueda de empleo. En muchos sentidos, ha irrumpido en el sector y se ha convertido en el nuevo estándar donde publicar currículums, cartas de recomendación y presentar la trayectoria profesional. Los empleadores potenciales pueden ver fácilmente las redes de contacto de los posibles contratados, lo que puede aumentar la credibilidad y la reputación de los solicitantes. Así, muchos empleadores utilizan LinkedIn exclusivamente para anuncios de trabajo. Naturalmente, esto pone en relieve la importancia de tener una cuenta de LinkedIn y un perfil completo.

Utilizar LinkedIn para encontrar un nuevo puesto de trabajo implica asegurarse de configurar un perfil donde se enfaticen las fortalezas del solicitante. Si bien la mayoría de los trabajos aún requieren de un currículum y una carta de presentación por separado, los perfiles de LinkedIn se pueden usar para proyectar una imagen más completa. Esto significa que la totalidad del currículum del perfil debe estar completa, sin errores, actualizada y ser relevante para el tipo de trabajo que se busca.

En este contexto, LinkedIn también se puede utilizar para descubrir y unirse a grupos relacionados con el campo de trabajo deseado. Esto brinda más oportunidades y demuestra a los empleadores potenciales la relevancia del trabajo, así como el compromiso del posible candidato. Una vez miembro de un grupo, es posible que un solicitante de empleo invite a posibles empleadores a unirse a su red o a participar en discusiones en directo.

La búsqueda de trabajos en LinkedIn comienza con la pestaña «Empleos». Luego, LinkedIn generará una lista de trabajos potencialmente relevantes según el currículum vitae y la trayectoria profesional de un usuario, haciendo coincidir palabras clave en las listas de trabajos (véase la Figura 4.10). De forma predeterminada, esto proporciona puestos de trabajo que pueden coincidir con posibles criterios de búsqueda. Asimismo, el sistema proporciona funciones de búsqueda avanzada para permitir al usuario ampliar su búsqueda o centrarla en una determinada categoría de trabajo.

En general, la naturaleza seria y profesional de LinkedIn implica que no se deben compartir citas o memes populares. Debe asumir que un empleador o socio comercial potencial revisará sus publicaciones de LinkedIn. Por lo tanto, rara vez debe compartir una publicación en LinkedIn que contenga, por ejemplo, un vídeo de YouTube con la simple intención de entretener a las personas. En su lugar, puede compartir

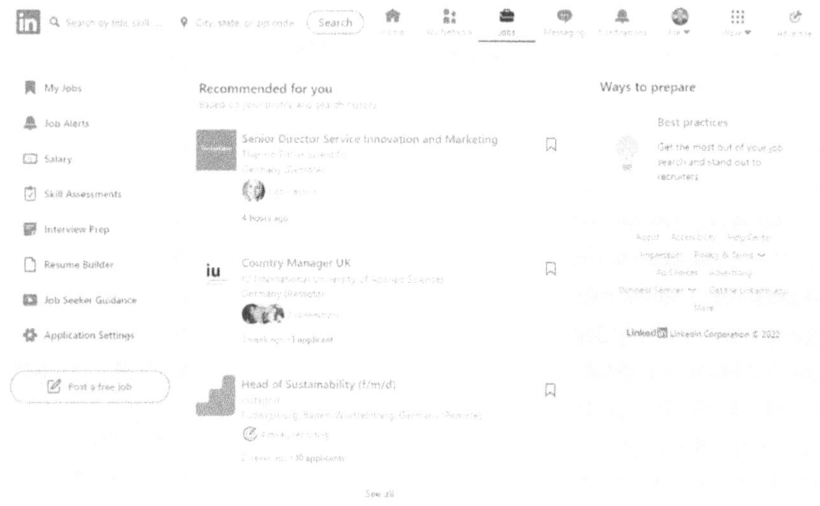

FIGURA 4.10 Ejemplo de búsqueda de trabajo en LinkedIn. Fuente: https://www.linkedin.com/jobs/; consultada el 18 de enero de 2024.

sus presentaciones de SlideShare y otros contenidos profesionales, como una actualización de LinkedIn abreviada, e insértelos en publicaciones que difunda a largo plazo. Además, es recomendable mantenerse enfocado en algunos temas centrales para establecer un liderazgo intelectual. Philip comparte contenido sobre marketing 4.0, responsabilidad social corporativa e innovación. Por su parte, Svend está más centrado en el marketing global, mientras que Marc se especializa en la comunicación de marketing y de marca, en concreto en redes sociales y negociación. Todos compartimos otros artículos relevantes que nos gustan, pero nuestro enfoque está en nuestros nichos de mercado.

Ejemplo 4.3
AppleOne como ejemplo de mejor práctica para una poderosa presencia de LinkedIn

Como agencia de empleo, AppleOne podría simplemente publicar sus ofertas de trabajo en LinkedIn. En su lugar, comparte contenido de valor añadido y consejos para los buscadores de empleo tanto de su blog como de otros puntos de venta.

La descripción de LinkedIn de AppleOne también incluye información que los diferencia de otras empresas similares, mientras que toca su misión principal. Por ejemplo, escriben:

«AppleOne Employment Services es única en el sentido de que vemos al buscador de carreras como un cliente. Otras agencias de empleo lo ven como una mercancía que se debe vender y se nota en la forma en que lo tratan. Nuestros servicios son siempre gratuitos para nuestros asociados y te animamos a que los aproveches al máximo".

Snapchat

Snap Inc. fue fundada en 2011 y tiene su sede en Venice, California. Snap Inc. desarrolla una aplicación de mensajería, basada en textos y fotos, para teléfonos móviles. La compañía era conocida anteriormente como Snapchat, Inc. y cambió su nombre a Snap Inc. en septiembre de 2016. En enero de 2014, la compañía había rechazado

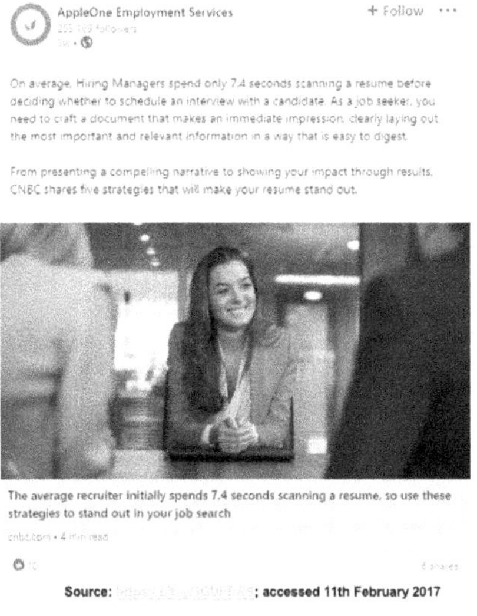

FIGURA 4.11 Contenido de valor añadido de AppleOne en su página de LinkedIn. Fuente: https://bit.ly/3GUFERS; consultada el 18 de enero de 2024.

ofertas, como las realizadas por Mark Zuckerberg (Facebook), para comprar Snapchat y sus activos. Básicamente, Snapchat se utiliza para enviar fotos y vídeos a amigos. Sus amigos pueden ver *snaps* (fotos o vídeos tomados con Snapchat) durante un máximo de 10 segundos y, luego, estos desaparecen. Además, puede hacer una foto o un vídeo breve con esta aplicación, luego agregar una leyenda, un garabato o un filtro/lente y enviar la creación terminada (el *snap*) a un amigo. Como alternativa, puede agregarla a su «historia», una colección de 24 horas de todos sus *snaps*, transmitidos al mundo o solo a sus seguidores. Según la investigación de varias marcas, Snapchat es un éxito principalmente entre los adolescentes, aunque está adquiriendo popularidad e incorporando usuarios de mayor edad cada día. En este contexto, Snapchat ha pasado de ser una simple aplicación para compartir fotos y vídeos a una herramienta de marketing que no puede ser ignorada. La aplicación ha recorrido un largo camino desde sus inicios en 2011. De este modo, las fotos y los vídeos que desaparecen automáticamente ya no son solo para adolescentes expertos en *smartphones*, sino para profesionales de marketing que buscan una forma creativa de llegar a su público objetivo. Sin embargo, utilizar esta plataforma para conectarse de manera efectiva con un cliente potencial puede ser complicado. Vale la pena señalar que Snapchat pone un límite al tiempo que los vídeos y fotos están disponibles en la aplicación. Por ejemplo, un vídeo o una foto desaparecerá tras unos segundos, para que el destinatario no pueda volver a verlos. Esto implica que los profesionales de marketing deben aprovechar al máximo cada segundo en la aplicación, lo que requiere un cierto nivel de estrategia.

Entender a su público objetivo

Incluso si su público objetivo son ejecutivos de negocios, es clave comprender el entorno de Snapchat. A diferencia de LinkedIn, Snapchat siempre ha sido una aplicación que fomenta una comunicación bastante informal a través del uso de vídeos y fotos. Las personas toman fotografías de sus comidas, vacaciones y actividades diarias para compartirlas con amigos. Normalmente, no muestran un comportamiento profesional. Por ello, es fundamental destacar el carácter informal de la aplicación. Cuando su equipo de marketing esté creando una estrategia específica para Snapchat, necesita establecer el tono a usar en lo que comparta. Lo ideal es que el lenguaje sea fácil de entender y que muestre sentido del humor en sus publicaciones. Por ejemplo, podría incorporar la función de dibujo en Snapchat, que le permite agregar ediciones a sus fotos. Al hacerlo, su equipo parece más accesible. Si está comenzando a utilizar Snapchat, tómese un tiempo para navegar por otras cuentas y seguir a otras personas, obteniendo una mejor idea de cómo la usan (DeMers, 2014).

Aprovechar el límite de tiempo

Si bien algunos pueden percibir que la naturaleza de contenido temporal de Snapchat es una barrera, se debe aprovechar este aspecto de la aplicación. Concretamente, esta característica de la plataforma le brinda una oportunidad ideal para ofrecer adelantos a sus seguidores. Debido a que los vídeos y las fotos solo existen por unos segundos, puede usar Snapchat para ofrecer una vista previa de un producto o servicio próximo de su compañía. Del mismo modo, puede usar Snapchat para crear concursos. Por ejemplo, puede pedir a otros usuarios que le envíen fotos suyas usando su producto y ofrecer una recompensa a quienes lo hagan. El truco para sacar el máximo partido a Snapchat es asegurarse de que siempre esté buscando formas de comunicarse e implicarse con sus clientes. Si lo hace, puede conseguir que la gente vuelva a por más, lo cual le brinda oportunidades adicionales para implementar su estrategia de marketing de manera más efectiva (DeMers, 2014).

Los vídeos mejoran el establecimiento de relaciones

Además de las fotos que desaparecen de forma automática, los vídeos también son un componente clave de la plataforma. A pesar de desaparecer una vez vistos, los profesionales de marketing pueden usarlos para comunicarse con las personas que estén interesadas en conocer la cultura de su empresa, sus procesos productivos, etc. (DeMers, 2014).

Ejemplo 4.4
General Electric como ejemplo de mejores prácticas en el uso efectivo de Snapchat como herramienta de *marketing* B2B

¿Alguna vez habría adivinado que General Electric, un conglomerado multinacional, que además es una entidad B2B clásica, tendría una presencia activa y efectiva en Snapchat? ¡Pues sí! Lo hacen (nombre de usuario: @generalelectric) y han hecho un gran trabajo al usar su plataforma para mostrar su personalidad y fomentar el interés por la ciencia, algo que la compañía ya había realizado con éxito en otras redes sociales como Instagram y YouTube.

Una de las mejores formas en que la compañía usa la plataforma es a través de series de *snaps* en las que responden las preguntas de los usuarios, explicando conceptos científicos de una manera concisa y divertida. Por ejemplo, recientemente compartieron algunos de los hallazgos de su plan de estudios de ciencia *emoji*, que establecieron junto con la Fundación Nacional de Ciencia.

Además de compartir sus hallazgos científicos sobre la ciencia de los *emoji*, animan a sus seguidores a interactuar directamente con ellos. «Agregue a *generalelectric* en Snapchat, envíenos un *emoji* y le enviaremos ciencia», dijeron en su cuenta de Tumblr. El director global de innovación de General Electric, Sam Olstein, declaró: «La naturaleza volátil de su contenido fomenta el uso repetitivo y nos brinda una manera única de celebrar las invenciones con una comunidad en expansión de jóvenes *fans*».

Fuente: *Basado en Kolowich, L.: 10 of the Best Brands on Twitter, https://blog.hubspot.com/*marketing/*twitter-best-brands visitada el 11 de febrero de 2017*

Los equipos de marketing pueden usar los vídeos para proporcionar un contenido más valioso y atractivo a sus seguidores. Aunque se dice que una imagen vale más que mil palabras, se puede verbalizar el mensaje que está tratando de transmitir a través de un vídeo, de manera más efectiva. Como sucede con cualquier tipo de red social, Snapchat es una gran herramienta para transmitir las intenciones y objetivos de su empresa, tanto si se ofrece un servicio como un producto. Lo ideal es que los recursos compartidos a través de la aplicación proporcionen a la gente una mejor idea de su negocio y de lo que tiene para ofrecerles. Debe procurar siempre, el trasmitir personalidad propia en sus fotos y vídeos, para que la gente conecte con su marca a nivel personal.

En pocas palabras: use Snapchat para mostrar algo más que contenido, muestre lo que sucede entre bastidores. Pida a diferentes personas de su empresa que contribuyan a sus esfuerzos en Snapchat para agregar algo de diversidad. Si lo hace bien, notará una diferencia en la rapidez con la que aumentan sus seguidores.

Historias de Snapchat

Aunque el servicio básico de Snapchat es interesante como una herramienta de comunicación en tiempo real, tiene ciertas limitaciones para el marketing clásico y las relaciones públicas, debido a su funcionamiento y, especialmente, a sus limitaciones de tiempo. No obstante, la compañía ha introducido una nueva característica llamada 'Historia', que está aflorando como una fascinante forma de comunicarse con el mercado en tiempo real. Una historia de Snapchat es una foto o vídeo que publica en la sección de historias (o *feed*) de su cuenta de Snapchat, que tanto sus amigos como usted podrán ver. Para hacerlo, simplemente deslice el dedo de derecha a izquierda en cualquier pestaña de la aplicación Snapchat hasta llegar a una pestaña llamada «Historias». Las historias de sus amigos aparecerán en «Actualizaciones recientes». Puede tocar el nombre de cualquier persona para visualizar las historias de un amigo, en el orden en que fueron publicadas. Las historias están disponibles durante 24 horas y se pueden ver una y otra vez durante ese período. Pasado ese límite, se eliminan automáticamente. Todos los usuarios pueden configurar sus ajustes de privacidad para que sus historias puedan ser vistas por cualquier persona en Snapchat, solo amigos, o un grupo personalizado de usuarios (Siu, 2016).

Las historias de Snapchat le permiten crear cadenas de *snaps* para obtener una narrativa atractiva. Snapchat siempre ha sido conocida como una aplicación de mensajería privada, pero las historias ofrecen una forma más pública de compartir; esto la convierte en una herramienta poderosa e innovadora para los anunciantes. Como consecuencia, muchos famosos, marcas y otros usuarios de perfil alto comparten su nombre de usuario de Snapchat manualmente o por Snapcódigos para que las historias que publiquen puedan ser vistas por los miles y miles de usuarios que decidan agregarlos. A pesar de que los profesionales de marketing tienen acceso a muchas otras aplicaciones del mismo estilo donde compartir sus vidas con sus amigos, las historias de Snapchat son, como mínimo, una excelente nueva opción a considerar si toma una instantánea fantástica que le gustaría que se pudiese ver por más de unos segundos (DeMers, 2014).

Debido a que las «Historias de Snapchat» desaparecen después de un día, este servicio ofrece una sensación más cercana al tiempo real. En aplicaciones como Instagram, Twitter y Facebook, las fotos y vídeos permanecen en la aplicación, por lo que hay pocos incentivos para que las personas los vean de inmediato. Por lo tanto, las empresas podrían mostrar cómo sus clientes usan su mercancía, especialmente con productos y servicios más visuales, como artículos deportivos, automóviles, hoteles, restaurantes y similares.

Formas efectivas de usar Snapchat como anunciante

Snapchat puede ayudarle a desarrollar una base de seguidores comprometidos, aumentar la lealtad e incrementar la visibilidad de su marca. Además de los aspectos mencionados anteriormente, estas recomendaciones le permitirán aprovechar Snapchat en su negocio (Siu, 2016):

- **Ofrezca contenido exclusivo**. Proporcione a sus clientes un vistazo de lo que sucede entre bastidores en su empresa. El gigante mundial de la comida rápida, McDonald's (nombre de usuario: mcdonalds) hace un uso extensivo de *influencers* para promocionar sus productos. Deportistas profesionales como LeBron James ofrecieron a los usuarios un vistazo (entre bastidores) del lanzamiento del nuevo sándwich Bacon Clubhouse. Incluso si su presupuesto de marketing es solo una fracción del de McDonald's, a los clientes y a otras partes interesadas les gusta sentir que conocen la historia que hay detrás de su empresa.
- **Compartir códigos de promoción**. Por ejemplo, la cadena de yogurt helado, 16 Handles (nombre de usuario: love16handles) usó

la función de foto instantánea de Snapchat para acumular seguidores y promocionar sus dulces congelados. Asimismo, fue una de las primeras marcas en usar Snapchat para promocionar cupones de oferta. La compañía logró ganar nuevos clientes mediante la promoción de ubicaciones y horarios específicos de las tiendas; cuando las personas sacaban *snaps* de ellos mismos o de sus amigos comiendo yogur 16 Handles, al instante recibían un código de promoción con un descuento de entre el 16% y el 100%. ¡Solo tenían 10 segundos para mostrárselo al cajero! Usted también puede hacer que sus seguidores se involucren más con códigos de cupón exclusivos de Snapchat u otras promociones exclusivas. Haga que sea fácil y divertido interactuar con su marca.

- **Permitir el acceso a contenido exclusivo**. En el pasado, las fotografías de eventos, como la «Semana de la Moda de Nueva York», tardaban varias semanas en pasar de los fotógrafos a las revistas y, luego, de los quioscos a los consumidores. Con Snapchat, los seguidores pueden ver cómo se desarrolla la moda casi al instante. Varias compañías hacen uso de esta herramienta y comparten instantáneas de las modelos que desfilan en la pasarela. Esto les permite ofrecer imágenes del icónico desfile de moda, de una forma que nunca habíamos soñado. Como punto de partida, puede usar Snapchat para darle a sus seguidores un vistazo VIP de sus eventos y promociones, a los que probablemente nunca tendrán la oportunidad de asistir en persona. Esta puede ser una manera divertida, entretenida y fácil de brindar aire fresco a eventos ya establecidos. Por lo tanto, considere compartir información exclusiva con una audiencia limitada.
- **Dé a probar sus productos y servicios**. El minorista digital más grande del mundo, Amazon (nombre de usuario: amazon), usó Snapchat para darle personalidad y voz a Alexa, la asistente de voz de los altavoces Echo de la empresa. Gracias a un uso sofisticado de las redes sociales, Amazon empleó Snapchat para brindar visibilidad al producto y promocionar Echo. Con esta campaña, Amazon consiguió 6 100 menciones en solo cuatro horas y demostró

que Echo tendría un comienzo prometedor. En este contexto, si su marca lanza nuevas tecnologías o productos, puede utilizar Snapchat como una guía para nuevos clientes. Es una forma innovadora e inteligente de introducir nuevos productos y comprometerse con clientes potenciales.

- **Asociarse con *influencers***. Sour Patch Kids (nombre de usuario: sourpatchsnaps) es un gran éxito entre los usuarios de Snapchat. Mondelez, la corporación detrás de la marca, trabajó con el personaje de las redes sociales Logan Paul para producir contenido para redes. En el transcurso de tan solo cinco días, Paul realizó bromas infantiles a personas desprevenidas, que tituló «dulce» o «agrio», resaltando los sabores de la marca, lo cual alentó a los seguidores a publicar y promocionar la siguiente historia. La campaña hizo que la empresa ganase 120 000 nuevos seguidores de Snapchat. Al igual que Sour Patch Kids, puede trabajar con un *influencer* cuya base de seguidores sea como la suya para compartir instantáneas que coincidan con la imagen de su marca.
- **Abordar temas relevantes**. Históricamente, la marca de jabón Dove (nombre de usuario: dove) atraía principalmente a mujeres mayores, hasta que alcanzó a las mujeres más jóvenes a través del uso de Snapchat y otras redes sociales. Durante un período de dos horas, 30 mujeres conversaron con psicólogos y otros embajadores de marca en la plataforma de Snapchat para compartir ideas y reflexiones sobre problemas de autoestima en una campaña para ayudar a mejorar la imagen que tienen de sí mismas las mujeres jóvenes. Las instantáneas resultantes hicieron que la marca consiguiese 75 conversaciones y 130 000 visitas. Conclusión: no tenga miedo de ser real. La autenticidad es esencial en esta red hipersocial.

Google+

Google+ (pronunciado y en ocasiones escrito, como Google Plus o simplemente Plus) es una red social centrada en los intereses de los usuarios, fundada en junio de 2011 y propiedad de Google. Esta red proporciona la posibilidad de compartir fotos y actualizaciones de estado con los contactos o con comunidades basadas en los intereses o aficiones, permite agrupar los distintos grupos de contactos en círculos, ofrece un sistema de mensajería instantánea con soporte de texto y vídeo, llamado Google Hangouts, permite gestionar eventos, etiquetar localizaciones y otorga la habilidad de editar y subir fotos a álbumes privados en la nube.

Además de ser una red social, Plus buscaba ser el aspecto social de los demás productos de Google. Un perfil de usuario se usaba para otros servicios como YouTube. El botón «+1» era un competidor del «Me gusta» de Facebook y estaba presente a lo largo de la plataforma.

A pesar de los intentos de integración de la compañía, Plus nunca llegó a despegar entre los usuarios. La plataforma no solo se consideró novata entre las redes, sino que también se vio como una imitación de Facebook.

En noviembre de 2015, Google desveló un gran rediseño que centraba aún más la atención en las colecciones y comunidades, para desmarcarse como una red social centrada en los intereses.

En enero de 2017, Google lanzó más actualizaciones del producto. El nuevo Plus pasó a ocultar de forma automática los comentarios de baja calidad. También añadió la capacidad de hacer zoom en fotos y redujo los espacios en blanco en pantalla.

El 8 de octubre de 2018, Google anunció que la información de un gran número de usuarios fue robada. Paralelamente, la compañía anunciaba que esta red se usaba muy poco y que el 90% de las visitas no duraban más de 5 segundos en ella. Es por eso que Google+ fue descontinuado para los usuarios privados en abril de 2019.

Por otro lado, las empresas pueden seguir creando y administrando cuentas de marca. De esta manera, servicios como YouTube pueden seguir siendo usados para expandir su presencia en línea.

¿Por qué una cuenta de marca de Google puede ser importante para su empresa?

A pesar de que Google+ cerró para usuarios privados, las cuentas de marca siguen siendo importantes para las empresas ya que siguen incrementando su presencia y conciencia en línea. Esto se debe a que la conexión a Google y su potente motor de búsqueda mantendrán su importancia. Cuando un usuario introduce su nombre o el de su empresa en el motor de búsqueda de Google, su perfil de empresa es uno de los mejores resultados.

Si todavía no ha creado un perfil en esta plataforma, obtenga una cuenta de marca y tómese su tiempo para subir una foto, una descripción y escribir unos mensajes (Scott, 2015; McGorty, 2017).

Curiosamente, algunos mensajes de Plus también están apareciendo en el motor de búsqueda en tiempo real Google Noticias (no disponible en todos los países). Lo podrá ver al ir a Google Noticias y seleccionar la cobertura en tiempo real. Con frecuencia, las actualizaciones de Plus aparecerán a la derecha de las noticias. Esto implica que mucha más gente podrá ver los mensajes de su blog si también los comparte en su página de Plus.

Consejos para usar su cuenta de marca

Una cuenta de marca puede aumentar la notoriedad de su marca de forma sostenible.

Los siguientes consejos le ayudarán a exprimir al máximo su cuenta (Scott, 2015; Kawasaki y Fitzpatrick, 2014; McGorty, 2017):

- **Conseguir el máximo de su cuenta**: El primer paso a la hora de integrar a su empresa dentro del universo de Google es establecer una página de perfil totalmente optimizada. Para esto, deberá facilitar toda la información relevante de su negocio, como pueden ser los contactos, su logo, la misión, los productos y servicios, fotos y enlaces a su página web. Recuerde que el perfil de su marca estará vinculado al motor de búsqueda más popular a nivel mundial y todo lo que comparta se mostrará en sus resultados de búsqueda.
- **Aproveche las oportunidades de SEO**: Es recomendable insertar palabras clave específicas de su sector con frecuencia y en lugares estratégicos, con el fin de aumentar su rendimiento SEO. El algoritmo usado por Google prioriza las páginas apropiadas. Por consiguiente, una elevada frecuencia de mensajes resultará en una mejora en el ranking.

- **Use las herramientas de Google**: En la actualidad, las fotos y vídeos son una de las formas más comunes de contenido. Google también cuenta con una herramienta llamada Google Hangouts que permite a los usuarios grabar y retransmitir en vivo. Además de presentar un medio interactivo entre usted y sus clientes, Google Hangouts es ideal para *webinars*, presentaciones, talleres, «Preguntas y Respuestas», *vlogs* y comunicados. Esta es una buena y económica opción para empresas que deseen producir contenido fácilmente accesible por su audiencia objetivo. También puede mejorar su visibilidad y presencia en internet.
- Google también tiene otras funciones como los **Eventos**, que le permiten crear invitaciones personalizadas para los eventos de su empresa.
- **Valore y promueva las reseñas de usuarios**: Los perfiles de marca cuentan con una oportunidad única para que sus clientes valoren su experiencia personal con la compañía. A pesar de que no hay forma de filtrar las malas de las buenas reseñas, ambas pueden ser útiles para su empresa.

  En primer lugar, las páginas están integradas en los resultados de búsqueda de Google, de forma que las reseñas positivas fortalecerán su autenticidad y potenciarán la confianza de sus clientes. Unas reseñas fuertes potenciarán el SEO de su empresa. Por otro lado, las reseñas negativas pueden parecer dañinas, pero también pueden ser una bendición encubierta al darle la oportunidad de conectar con el usuario y ver en qué ha fallado. Además de usar la crítica para construir campañas futuras, demostrará a esos usuarios descontentos que su empresa está decidida a mejorar el servicio a sus clientes y tiene en cuenta su opinión.

Tumblr

Tumblr es una página web de microblogueo y red social fundada por David Karp en 2007, y que Yahoo! compró en 2013. A su vez, Verizon Communications compró Yahoo! en junio de 2017 y puso a su filial

Oath a cargo de Yahoo!. En noviembre de 2017, Karp anunció que dejaría Tumblr hacia el final de ese año. Jeff D'Onofrio, presidente y COO de Tumblr, fue quien lo sustituyó en el liderazgo de la empresa. El 12 de agosto de 2019, Verizon anunció que vendería Tumblr a Automattic, el operador del servicio de blogs WordPress.com y patrocinador corporativo del software de código abierto del mismo nombre. El CEO de Automattic, Matt Mullenweg, afirmó que la web funcionaría como un servicio complementario de WordPress.com, y que no preveía cambiar las políticas de contenido que se fijaron durante la etapa en la que la plataforma fue propiedad de Verizon. En diciembre de 2022, Tumblr puso en marcha un servicio de streaming en directo llamado Tumblr Live. En noviembre de 2023, Mullenweg declaró que se centrarían en mejorar la funcionalidad y en optimizar las funciones existentes.

La plataforma permite a los usuarios publicar contenido multimedia y de otro tipo en un blog de formato corto. Los usuarios pueden seguir los blogs de otros. El 22 de noviembre de 2023, Tumblr tenía más de 588 millones de blogs.

De igual modo, Tumblr está acumulando muchos usuarios nuevos con un rápido ritmo de crecimiento, mientras que la base activa de usuarios de la plataforma hace más de 59 millones de publicaciones cada día. Marcas como Calvin Klein, Coca-Cola y Adidas están prosperando en la red. Sin embargo, solo unas pocas empresas están sacando provecho del potencial que ofrece Tumblr. Por lo tanto, esta es una gran oportunidad para usted y su negocio, porque cuando la competencia es baja, es más fácil destacar y construir una presencia significativa (Singca, 2016).

En los siguientes párrafos analizamos algunas de las prácticas que pueden maximizar la eficiencia de sus campañas de marketing de Tumblr (Singca, 2016):

- **Asegúrese de que la audiencia de Tumblr coincida con su público objetivo en términos sociodemográficos**. El primer criterio que puede ayudarle a determinar si Tumblr es adecuado para su política de comunicación es su audiencia. Dado que 3 de cada 4 usuarios de Tumblr son menores de 35 años, es esencial relacionar este hecho con el grupo demográfico al que desea dirigirse. Los usuarios de mayor edad tienden a ser más activos en Facebook o Twitter, por lo que las campañas de marketing visual dirigidas a estos tendrían más sentido si se realizan en esas plataformas. Dada la edad de la audiencia, queda bastante claro que el contenido visual debe contener una alta dosis de humor y además, debe ser inspirador. Al igual que con otras redes sociales, publicar contenido que sea demasiado específico de la marca y publicitario no suele funcionar bien.

- **Enfóquese en el tipo de contenido correcto**. Tumblr admite una amplia gama de contenidos. Se puede alternar entre texto, audio, citas, enlaces y chats, pero la esencia está en las fotos. Teniendo en cuenta el atractivo de la red para este tipo de contenido, su equipo debe poder crear una gran cantidad de contenido visual. El 21 de junio de 2016, Tumblr anunció que también introduciría los vídeos en directo. Ya que el vídeo en directo puede aumentar sustancialmente el compromiso del público con su marca, es recomendable hacer uso de esta función. Aunque Tumblr optó por integrar las soluciones de vídeo en directo existentes (como YouTube you-Now, Kanvas y Upclose) en su plataforma en lugar de invertir en una plataforma de transmisión en directo propia, la plataforma no debe ser descuidada ya que hacer uso de ella podría ayudarle a acceder a un público más amplio.
- **Prepare el perfil de su marca con todo lo que necesita**. La página «Acerca de» es la primera que debe configurar después de instalar una temática específica. Esta debería incluir una presentación detallada de su empresa, así como un enlace a su sitio web. Además, proporcione enlaces de sus otros perfiles de redes sociales para asegurarse de que los visitantes obtengan una imagen más clara de su marca. Volver a publicar contenido de otras plataformas es un error que las marcas deben aprender a evitar. Tumblr es una plataforma con un gran potencial por sí mismo, por lo que hacer actualizaciones de manera automática con contenido de otros sitios web no ofrece a los usuarios ningún beneficio real.

- **Interactúe con su audiencia**. Como en todas las demás redes sociales, el compromiso de los seguidores es un importante indicador de rendimiento en Tumblr. Para empezar, es posible que deba comenzar por interactuar con su audiencia. Dar «Me gusta», compartir y comentar las actualizaciones de otros usuarios hará que su marca destaque y aumentará las posibilidades de que le devuelvan el favor.

  Estas acciones deben realizarse después de publicar varias actualizaciones en su página. Esto garantiza que las personas cuyas publicaciones le han gustado o comentado (a la empresa), puedan ver contenido en su perfil y darle a «Me gusta». En este punto, es fundamental publicar imágenes que representen a su marca. Como siguiente paso, puede proceder a compartir mensajes de otros usuarios que sean relevantes para su marca. Al hacer esto, agrega contenido a su página y les da a los creadores más visibilidad. Los «Me gusta» y los comentarios se realizan igual que en otras redes como Facebook o Pinterest. Con el fin de aumentar las posibilidades de participación de la audiencia, los comentarios deben ser significativos y de valor. Otra forma efectiva de aumentar el compromiso es seguir a otros usuarios. En Tumblr, seguir a otros usuarios no es tan importante como otras formas de implicación, pero sigue siendo relevante.

- **Ofrezca una apariencia única en su perfil de negocio**. Tan populares como son Facebook y Twitter, además de cambiar la portada y la foto del perfil, no ofrecen grandes alternativas a la hora de personalizar la apariencia de un perfil. Tumblr es una plataforma completamente diferente ya que admite modificaciones personalizadas. ¿Quiere destacar entre la multitud? Contrate un diseñador u obtenga una temática profesional y flexible para aprovechar al máximo la oportunidad de generar imagen de marca. La página de Adidas en Tumblr es un gran ejemplo de cómo se puede personalizar un perfil para grabar la marca en la mente del cliente. El logotipo de la compañía adorna el centro de la página, con la intención de que los visitantes sepan en todo momento qué página están visitando. La compañía de ropa deportiva promociona algo más que sus productos en su Tumblr; comparte experiencias y un estilo de vida que combina con sus productos.

FIGURA 4.12 La página Tumblr de las Mujeres Nike3 Fuente: https://bit.ly/35agH2Q; visitada el 18 de enero de 2024.

Área de publicación social

Zona 2: Las plataformas de publicación social ayudan a que un contenido se divulgue entre una audiencia. Incluyen blogs, webs de microblogging, webs para compartir archivos multimedia, webs para marcar favoritos y webs de noticias. Los blogs son páginas web que actualizan su contenido con frecuencia, como un diario en línea, con entradas ordenadas cronológicamente escritas por una persona. La palabra blog deriva de la combinación de las palabras inglesas «web» y «log» (diario). Los blogs se suelen centrar en un tema en concreto (economía, entretenimiento, etc.) y proporcionan a los usuarios unos foros (o una sección de comentarios) para hablar de cada publicación. Muchas personas usan los blogs de la misma manera que usarían un diario. Los blogs son publicados por los llamados blogueros (particulares, periodistas u organizaciones) y contienen una gran variedad de temas. Los blogs son sociales porque son participativos por naturaleza y dan la opción al lector de escribir un comentario que pueda desencadenar un debate sobre una publicación en concreto.

Las webs de *microblogging* funcionan igual que un blog, con la excepción de que se limita la longitud del contenido que publica el usuario. Twitter, que también es una plataforma comunitaria social, es la web de *microblogging* más conocida del mundo y limita sus publicaciones a 280 caracteres (véase el apartado pertinente más arriba).

En los apartados siguientes explicaremos con más detalle las plataformas más importantes en las zonas de publicación social.

Instagram

Instagram es una aplicación móvil que permite compartir fotos y vídeos de manera pública o privada, así como compartirlos en otras redes sociales, como Facebook, Twitter y Tumblr. Los creadores de Instagram son Kevin Systrom y Mike Krieger, quienes la lanzaron al mercado en octubre de 2010 como una aplicación gratuita para móvil. Luego, en abril de 2012, Facebook adquirió la empresa por mil millones de dólares en acciones y efectivo. El 24 de septiembre de 2018, Krieger y Systrom anunciaron en un comunicado que dejarían de trabajar en Instagram. El 1 de octubre de 2018, se anunció que Adam Mosseri sería el nuevo líder de la empresa. En agosto de 2020, Instagram comenzó a centrarse en el contenido de vídeos al presentar una nueva función llamada «Reels». La intención era competir con la plataforma de vídeos TikTok. El 5 de julio de 2023, Meta puso en marcha Threads, una plataforma de red social conectada a Instagram que permite a sus usuarios hacer publicaciones cortas tipo blog, con textos, fotos y vídeos, además de poder conversar y rebloguear las publicaciones de otros usuarios. El objetivo es que Threads compita contra X. Esta red social para móviles, consistente en compartir fotos y vídeos, fomenta la distribución de imágenes y la creación de una comunidad entre usuarios de todo el mundo. La plataforma ha demostrado un crecimiento considerable en los usuarios de casi todos los grupos demográficos. Dada la popularidad de Instagram, las marcas tienen una gran oportunidad para conectar con sus seguidores. Sin embargo, el éxito de las marcas en

Instagram consiste en algo más que en publicar imágenes atractivas. Es el resultado de una estrategia bien pensada, una identidad corporativa basada en la creatividad visual y en una gestión efectiva de todas las partes implicadas. Cuando explore el potencial de Instagram para su proyecto de negocio, tenga en cuenta la fortaleza de los medios visuales a la hora de contar una historia convincente sobre su marca. Cuando ponga estos principios en práctica y los combine con una historia con imágenes impactantes, su marca empezará a ver grandes beneficios. En los siguientes apartados le mostraremos cómo crear una estrategia de marketing sofisticada y convincente en Instagram (Johnston, 2016).

Establezca sus objetivos

Instagram se centra en el apartado visual, constituyendo una excelente plataforma para poder mostrar a su empresa y su equipo humano, así como sus productos y/o servicios. La naturaleza de la aplicación se presta a capturar momentos rápidamente y da la oportunidad a los seguidores de interactuar con su marca de forma más natural e instantánea que en otras redes.

Dependiendo de su sector, su marca y sus indicadores clave de rendimiento su estrategia en Instagram podría enfocarse en algunos de los siguientes objetivos (Johnston, 2016):

- Aumentar el conocimiento de la marca.
- Hacer visible la cultura empresarial.
- Mostrar a su equipo y reclutar nuevos talentos.
- Aumentar la fidelización y lealtad de clientes.
- Mostrar productos y/o servicios.
- Potenciar y complementar eventos.
- Incentivar la participación del cliente con su marca.
- Compartir noticias sobre su empresa.
- Aumentar el número de seguidores.
- Contactar con *influencers*.
- Potenciar las ventas a través de una aplicación de terceros.

Desarrolle una estrategia de contenido

El contenido es la base de su presencia en Instagram. Muchas empresas B2C usan Instagram para que su producto sea el protagonista de la película, mientras que las empresas B2B a menudo se centran en la cultura empresarial y en el reclutamiento. Desarrolle un plan basado en su **público objetivo** y sus objetivos para crear contenido atractivo para su público de forma convincente y consistente. Es recomendable crear **temáticas de contenido** basadas en sus objetivos y determinar qué aspectos de su marca quiere mostrar en Instagram. Tanto los productos y servicios como los miembros del equipo y la cultura empresarial ofrecen un gran potencial. Una vez tenga una lista definitiva de contenidos, piense en posibles temas para sus imágenes y vídeos. Algunas empresas se centran en mostrar sus productos y servicios, ofrecer tutoriales prácticos o desmarcarse de lo tradicional. Por ejemplo, la colorida cuenta de Dunkin Donuts hace que los productos sean el centro de atención resaltando tanto los productos clásicos como los de temporada al publicar contenido vinculado a festividades o eventos importantes (Johnston, 2016).

Determine los tipos de contenido y su proporción

Instagram empezó como una aplicación para compartir fotos, pero su gran cantidad de usuarios, que son muy creativos, publican desde vídeos hasta GIF animados pasando por diseños gráficos. Cuando planee el contenido, piense en equilibrar el tipo de contenido que mejor funcione según los recursos disponibles y el grado de implicación que quiere en su público. Si los vídeos le permiten contar una historia convincente sobre su producto, publique vídeos más a menudo. Tenga en cuenta que en el ejemplo anterior de Dunkin Donuts, los vídeos eran lo más llamativo. Si no tiene los medios (tiempo, talento o destreza) para hacer un vídeo del nivel al que aspira, es mejor que no publique vídeos o que contrate a una empresa que pueda ayudarle. En Instagram la calidad importa y, por ello, vale la pena invertir tiempo en crear el mejor contenido posible.

Además de su buque insignia, Instagram ofrece varias **aplicaciones adicionales** que le ayudarán a ser más creativo en sus publicaciones. Estas aplicaciones incluyen Hyperlapse, Layout y Boomerang con las que los usuarios pueden hacer vídeos *time-lapse* (cámara rápida), un *collage* de imágenes y GIF animados, respectivamente. Estas aplicaciones adicionales permiten que tanto marcas como consumidores creen un contenido único, específico para Instagram, sin tener, necesariamente, que contratar a un diseñador gráfico o un productor de vídeo (Johnston, 2016).

Fije un calendario de contenidos, pero sea flexible

Para mantener una presencia activa en la plataforma, determine con qué frecuencia va a publicar. Luego, debería crear un calendario de contenidos para publicar de forma cíclica sus distintos temas integrando fechas clave y campañas. Debe preparar contenidos (fotos, vídeos, textos a pie de foto) por adelantado y crear un calendario de contenido de forma que su equipo sepa cuándo publicarlo. Sin embargo, algunos de los mejores contenidos en Instagram surgen de manera espontánea, especialmente si

FIGURA 4.13 Cuenta de adidas Football Instagram. Fuente: https://www.instagram.com/adidasfootball - visitada el 18 de abril de 2024.

su objetivo es destacar la cultura empresarial o los eventos. Preparar contenido y organizar su publicación de antemano permite tener flexibilidad y sacar provecho a las potenciales oportunidades. Durante los eventos, esté preparado para publicar rápidamente y sacar provecho al marketing y participación en tiempo real (Johnston, 2016).

Aproveche el contenido generado por usuarios

Si los miembros de su comunidad de Instagram comparten contenido involucrando a su marca, debería aprovecharlo. Seleccionando y compartiendo el contenido de sus *fans* está más cerca de su público y crea un incentivo para que compartan formas creativas de interactuar con su marca, productos o empresa.

Como siempre, las fotos y vídeos que decida mostrar deben coincidir con la estética de su marca. Asegúrese de revisar las cuentas y otras publicaciones de los usuarios antes de compartir su contenido, para determinar si le conviene vincular su marca con ellos. Para operar de forma óptima, lo ideal es pedir permiso antes de compartir una foto ajena. No olvide siempre dar crédito al fotógrafo en la descripción de la imagen y enseñar a sus *fans* cómo podrían compartir, en un futuro, más fotos que su marca pueda mostrar. Puede encontrar contenido generado por los usuarios fácilmente en Instagram siguiendo los *hashtags* y localizaciones de su marca (Johnston, 2016).

Establezca pautas para su equipo: estilo, publicaciones y flujo de trabajo

Una presencia constante en las redes sociales es clave para desarrollar su marca, especialmente en una plataforma visual como Instagram. Aunque solo tenga una persona responsable de administrar la cuenta de Instagram de su marca establezca unas pautas para subir de fotos y vídeos, el uso de filtros y descripciones asegurará que su contenido sea parte de una experiencia de marca uniforme.

Cree una guía de estilo para Instagram

Su guía de estilo deberá marcar su enfoque para cada una de las siguientes cuestiones (Johnston, 2016):

- **Estética de la marca**. Analice los aspectos visuales de su marca (logotipo, página web, gráficos y fotografías de los productos).
- **Composición fotográfica**. Al publicar fotos tanto en horizontal como en vertical en Instagram, debe tener en cuenta que cada contenido se mostrará con una miniatura cuadrada en su perfil. Debe determinar su estrategia en algunos elementos básicos de composición fotográfica para crear una sensación de armonía visual cuando un usuario mire su perfil, cubriendo aspectos como los fondos, el balance de los espacios blancos, los colores dominantes y los temas.
- **Uso de filtros, Lux y herramientas creativas**. Instagram ofrece varios modos de editar las fotos y vídeos. Eche un vistazo a los filtros y sus efectos para seleccionar unos cuantos que se ajusten a la estética de su marca y aseguren un contenido visualmente consistente y llamativo. Para editar las fotos, puede usar Lux y otros editores. Lux ajusta el contraste y la saturación de la foto. Por su parte, otros editores le permiten ajustar el brillo, el contraste, la saturación, las sombras y el color, entre otros. Para editar los vídeos puede seleccionar un filtro, recortar la imagen y elegir una imagen específica como miniatura del vídeo, que se verá como previsualización.
- **Textos a pie de foto**. Los textos a pie de foto tienen un límite de 2200 caracteres y se cortan con puntos suspensivos cuando hay más de tres líneas de texto. Mientras algunos usuarios omiten por completo los pies de foto, otros los usan como una forma de microblogging y escriben una pequeña historia que acompaña a cada publicación. Asegúrese de incluir lo más importante del mensaje en esas tres primeras líneas. Como suele suceder cuando escribes habitualmente, el estilo y la consistencia son elementos fundamentales. Su guía deberá contemplar si es aceptable usar fragmentos de frases, si desea usar *emojis* o *hashtags* (y cuántos en cada publicación) y su política a la hora de @mencionar a otros usuarios.
- ***Hashtags***. Los *hashtags* permiten al usuario descubrir contenido y cuentas a seguir; usarlos es una buena manera de llegar a nuevos seguidores y aumentar la implicación de su público en cada

publicación. Instagram permite usar hasta 30 *hashtags* por publicación o comentario, así que debe decidir si su marca los usará, cuántos debe incluir una publicación habitual y valorar la creación de *hashtags* propios de su marca para agrupar el contenido. Investigue los *hashtags* más populares dentro de la pestaña «Buscar y Explorar» para ver de qué hablan los demás usuarios y para encontrar oportunidades para que su marca se una a una conversación relevante.

Algunos de los *hashtags* que puede explorar son #instagood, #instatravel y #latergram. Puede añadir dos o tres *hashtags* relevantes a sus publicaciones si lo considera positivo. A diferencia de otras plataformas, aquí puede añadir más *hashtags* en un comentario para ganar visibilidad. Aunque pueda ser tentador planificar todas las publicaciones por adelantado, sumarse a una tendencia es una buena manera de llegar a un público nuevo y ser fiel a la «instantaneidad» de la aplicación.

- ***Photo Map***. Puede añadir una localización geográfica con la opción «Añadir a *Photo Map*», otra potente herramienta para aumentar la participación y permitir a los nuevos usuarios descubrir su contenido. Las publicaciones con una localización son más vistas o comentadas que aquellas que no la tienen.
- **Etiquetar**. Si etiqueta a otro usuario de Instagram en una publicación, se mostrará en su perfil bajo la sección de «Fotos del Usuario». Puede usar esta función para etiquetar personas o marcas que aparecen en sus publicaciones, así los usuarios podrán tocar la foto para ver y visitar las cuentas de esos usuarios.
- **Otras redes sociales**. Instagram le permite vincular su perfil con otras redes sociales como Facebook, Twitter y Tumblr para que su foto aparezca en estas plataformas de forma automática. Debe decidir si quiere difundir su contenido de Instagram de esta manera.

Nombre a los miembros del equipo y sus funciones

Los *managers* de redes sociales deben participar en la estrategia de marketing en Instagram, pero otros miembros del equipo también pueden aportar contribuciones de valor. Dependiendo de su equipo y objetivos, puede dividir las responsabilidades entre creación de contenido y publicación, gestión de las redes, recopilación de datos y estadísticas y asignarlas a distintos miembros del equipo en función de sus puntos fuertes. Para las empresas que requieran aprobar un mensaje antes de su publicación, se debe establecer un proceso conciso para crear y revisar el contenido (Johnston, 2016).

Promueva la participación y fije unas pautas en la gestión de redes sociales

Instagram ofrece un potencial asombroso para implicar a los seguidores, desde mostrar el contenido generado por usuarios hasta incentivar el diálogo y construir una comunidad.

Si solo publica y no se esfuerza por implicar a sus seguidores, dejará pasar la oportunidad de crecer de manera natural interactuando con sus *fans* y llegando a nuevas personas (Johnston, 2016):

- **Aproveche la biografía y el enlace**. La biografía de Instagram está limitada a 150 caracteres. Por ello, su biografía debe centrarse en lo más importante de su empresa y su marca. Aunque los usuarios no puedan hacer clic en los *hashtags* en su biografía como lo pueden hacer en los pies de foto, incluir un *hashtag* propio de la marca informa a los usuarios de cómo pueden compartir y encontrar contenido adicional relacionado con la marca.
- **Seguir otras cuentas**. Seguir a *influencers* de su sector (por ejemplo, si es un minorista textil, seguir a *bloggers* de moda) ayudará a estar al tanto de contenido interesante e incluso a encontrar inspiración para sus propias publicaciones. Debe fijar unas pautas sobre a quién seguir y a quién no.
- **Comentarios, menciones y mensajes directos**. Si sus seguidores participan mucho en la cuenta de su marca, puede ser difícil asegurar que todo mensaje sea atendido. Para los mensajes que necesiten respuesta, su equipo debe tener un plan previo para manejar diversos tipos de mensajes: servicio de atención al cliente, comentarios negativos, solicitudes de empleo, clientes potenciales y spam. Algunos mensajes pueden requerir que se derive a otra plataforma, por

ejemplo, es más fácil resolver algunas consultas de soporte por chat en vivo, teléfono o correo electrónico. Puede usar Bitly u otras herramientas para acortar enlaces, preparando enlaces fáciles de recordar hacia páginas relacionadas con las consultas más comunes.

Una práctica común es **@mencionar** a otros usuarios (en un pie de foto o en un comentario) para darles importancia o captar su atención mediante una foto o vídeo en concreto. Si recibe notificaciones de menciones a su marca, vale la pena agradecerlo con un «Me gusta» o un comentario.

Instagram Direct permite a los usuarios enviar fotos y vídeos directamente a cualquier persona. Si un usuario le envía este tipo de mensaje, pero usted no lo sigue, la publicación quedará como solicitud pendiente en la bandeja de entrada, donde podrá aceptarla para ver y responder el mensaje. Mientras algunas marcas han sabido usar Instagram Direct para recabar fotos de los usuarios y recompensarles, si estos mensajes no son una parte fundamental de su campaña o estrategia, defina un procedimiento de respuesta. En general, mantener interacciones con las publicaciones no privadas da los mejores resultados a la mayoría de las marcas.

- **Haga un seguimiento de *hashtags* y etiquetas de localización**. Otra manera de ver quién está hablando de su marca es monitorizando los *hashtags* de la marca. Estos *hashtags* a menudo incluyen el nombre de su marca y cualquier error de escritura común, así como nombres de servicios, productos o eventos. No es posible controlar quién va a usar los *hashtags* de su marca, así que algunas publicaciones pueden no ser relevantes, pero tener un control de las interacciones le permitirá acercarse a los seguidores que comparten su marca en las redes sociales. Si algunas localizaciones son relevantes para su empresa, hacer un seguimiento de las etiquetas de localización también le ayudará a identificar a los usuarios geográficamente. Cuando se etiqueta una ubicación en una publicación, los usuarios pueden hacer clic en su nombre para ver todas las fotos etiquetadas en ese lugar desde cuentas públicas y aquellas privadas que lo estén siguiendo, lo cual proporciona una vista general de todo el contenido compartido desde un lugar en concreto.

Analice sus resultados

Hacer un seguimiento del rendimiento de su contenido le permitirá adaptar su estrategia de marketing en Instagram. Esto aumentará su eficiencia a la hora de generar interacción de su público, a la vez que optimiza sus planes futuros en las campañas de marketing. Observar los mensajes enviados, analizar el número de comentarios y «Me gusta» recibidos y la tasa de participación de cada publicación mostrará cómo funcionan los distintos tipos de contenido. La tasa de participación es un porcentaje de «Me gusta» y comentarios en cada publicación, dividida entre el número de seguidores de la cuenta en el momento en el que se publicó el contenido.

Otras medidas, como el total de seguidores de la cuenta, las menciones de los *hashtags* propios y las etiquetas de localización pueden ofrecerle una mejor idea de los resultados de sus publicaciones y la participación de los seguidores. Muchas empresas también usan un enlace a una página de destino específica en Instagram o una etiqueta en concreto para seguir el número de clics en el enlace en su perfil.

A medida que desarrolle y ponga en práctica su estrategia de marketing en Instagram, descubrirá qué tipo de contenido, flujo de trabajo y participación funciona mejor para usted. Crear una marca y conseguir seguidores puede ser todo un reto, pero con la estrategia correcta será capaz de contar una historia con suficiente influencia y aumentará la implicación de sus seguidores dentro y fuera de la plataforma (Johnston, 2016).

Pinterest

Pinterest es una compañía web y de aplicación móvil fundada en 2010 por Ben Silbermann, Paul Sciarra y Evan Sharp, que opera una plataforma para compartir fotos. En mayo de 2020, se anunció que Pinterest pondría en marcha una nueva aplicación de streaming llamada "Pinterest TV studio". El objetivo de la app es permitir a los usuarios streamear en vivo en su plataforma y emplear distintos dispositivos para diferentes ángulos mientras stremean en la plataforma Pinterest. El 28 de junio de 2022, Pinterest anunció que Ben Silberman, cofundador,

CEO y presidente de la empresa, pasaría a ocupar un puesto de nueva creación, de Director Ejecutivo, y que el experto en comercio online Bill Ready sería el nuevo CEO y miembro de la Junta Directiva.

Con el incremento de redes sociales disponibles para hacer una campaña de marketing, a veces puede ser difícil escoger cuál priorizar. Facebook es casi siempre una opción con la que empiezan las marcas, e Instagram y Twitter son bastante habituales. Sin embargo, Pinterest ha subido en popularidad entre los expertos en marketing..

A continuación, le ofreceremos una sencilla guía paso a paso para usar Pinterest con todo lo que necesita saber para crear un contenido llamativo en la plataforma y hacer que sus Pines tengan más visibilidad.

¿Por qué usar Pinterest?

Cuando piense qué redes sociales usar para su negocio en general y su estrategia de marketing en particular, probablemente Pinterest no será la primera de su lista. Sin embargo, es una oportunidad perdida ya que esta red social está llena de contenido creativo, potenciales clientes y usuarios en busca de inspiración. Usar Pinterest para empresas es la iniciativa perfecta para que su producto o servicio sea descubierto por millones de personas que quieren planear, comprar o hacer algo.

En noviembre de 2023, Pinterest superó los 482 millones de usuarios que buscan información, consejos e inspiración. Por lo tanto, la red simplemente no puede ser ignorada. Como comparte Pinterest, alrededor del 77,1% de la audiencia de Pinterest son mujeres. El 32% de los usuarios de Pinterest tienen entre 18-29 años, el 34% tiene entre 30-49 años y el 38% tiene entre 50-64 años formando el grupo de edad con mayor número de usuarios de Pinterest. Aún más interesante es el hecho de que el 89% de los usuarios están en Pinterest para comprar inspiración.

Por ello, Pinterest influye en lo que las personas compran. Usar las redes sociales para buscar o guardar productos para su posterior compra es un elemento esencial del proceso de compra hoy en día y puede asegurar que su marca forme parte de ese proceso si decide usar Pinterest. Esto es así porque, según Pinterest, el 87% de los usuarios de Pinterest han comprado un producto gracias a Pinterest y el 93% han usado Pinterest para planear una futura compra.

Si su objetivo es aumentar el tráfico de su página web, Pinterest también es un fantástico trampolín ya que, como afirma la plataforma, cerca del 5% del tráfico total de referencias en la web viene de esta plataforma (solo por detrás de Facebook).

Pinterest funciona de forma distinta a otras redes sociales ya que no consiste tanto en difundir imágenes o ideas para los seguidores, sino en guardar ideas, productos o contenido para un futuro. Esto la convierte en la plataforma perfecta para una estrategia de marketing. Otra de sus diferencias es que Pinterest muestra contenido de forma diferente al resto de redes sociales. Los usuarios pueden ver sus Pines de las siguientes cuatro maneras (Gotter, 2016):

- En su página de inicio, si siguen su cuenta o si consideran de interés los pines de su empresa.
- Buscando una palabra relevante para sus Pines.
- En categorías relacionadas (como, por ejemplo, «Salud y Deporte»).
- En su propio perfil, bajo los tableros.

Esto significa que los usuarios interesados y relevantes pueden encontrar su contenido de manera natural, independientemente de que le sigan o conozcan. Por último, el punto fuerte de Pinterest son las herramientas integradas para las cuentas de empresa. Únase a las más de 500 000 empresas con cuentas en Pinterest y conseguirá herramientas de marketing adicionales para promocionar su marca en una de las plataformas de mayor crecimiento.

Configure su cuenta y perfil de empresa

Puede que ya esté usando Pinterest por razones personales, pero es hora de crear una cuenta de empresa. Estas cuentas tienen condiciones diferentes a las de una personal a las que se deberá acostumbrar. Cuando crea una cuenta, al final del formulario de registro verá la opción «Crear una cuenta de empresa». Si no lo ha visto, podrá convertir la cuenta en una de empresas más adelante, pero es más fácil hacerlo desde el principio.

Cuando cree su cuenta para empresas le pedirán rellenar campos adicionales con información sobre el nombre y tipo de la empresa y su página web, aunque esto último es opcional. Una vez creada la cuenta, le pedirán que siga cinco temas de interés. Esto no es de gran importancia ya que principalmente usará la aplicación para promocionar su contenido y no para seguir a otros, pero no está de más seleccionar temas que tengan relevancia para su negocio (Daley, 2015; Fontein, 2016; Gotter, 2016).

Al clicar en la chincheta de la esquina superior derecha entrará en su perfil. Edítelo a su gusto y proporcione toda la información que pueda. Es lo que los usuarios verán, así que cuanta más información pueda ofrecer, mejor. Elija la imagen que mejor represente a su marca, generalmente su logotipo. Asegúrese de añadir su página web para que los usuarios puedan visitarla. Las localizaciones son importantes si tiene una tienda física y siempre intente usar palabras clave en la sección «Acerca de». Cuando termine de configurar su perfil, puede empezar a crear tableros.

Crear tableros

Puede crear un tablero desde la página de su perfil. Tendrá que darle un nombre, describirlo, ponerle categorías, señalar si es secreto y si quiere invitar a otros colaboradores. Cuando le dé un nombre a un tablero, tenga en cuenta las palabras clave y asegúrese de que el título es relevante ya que podría ayudar a que otros usuarios lo encuentren. La descripción importa tanto como el título; debe usar palabras clave y describirlo apropiadamente. Cuando añada Pines al tablero, puede elegir qué imagen desea representar en su tablero. Diríjase a «editar tablero» y, a continuación, cambie la portada (Daley, 2015; Fontein, 2016; Gotter, 2016).

Estudiar las analíticas

Pinterest tiene su propia herramienta de analíticas, disponible solo para las cuentas de empresa. Puede ver las estadísticas clicando en su correspondiente pestaña en la barra de navegación en la esquina superior izquierda de la página. Las estadísticas de Pinterest pueden mostrarle cuántas visitas y participación reciben sus Pines y tableros, así como información sobre sus seguidores y los usuarios que han visto sus Pines.

Cuando acceda por primera vez a las estadísticas de Pinterest, será dirigido a la página de inicio de las estadísticas. En esta página tendrá una visión generalizada de lo que sucede en su perfil, lo cual incluye (Daley, 2015; Fontein, 2016; Gotter, 2016):

- La media de impresiones diarias.
- La media de visitas diarias.
- La media de visitas mensuales.
- La media de participación mensual.
- Las principales impresiones en los últimos 30 días, lo que mostrará el total de impresiones, repines, clics y cuántos «Me gusta» tienen los Pines.

En el lateral derecho de la página, encontrará un recuadro que dice «¿Quieres ver más?». Una vez confirme su página web instalando en la página de inicio un código que le proporcionan, podrá saber qué sucede con su contenido en Pinterest, no solo con los Pines realizados.

En cualquier caso, es fundamental conocer a su público y el rendimiento de su perfil con el mayor detalle posible. Al observar las analíticas de su público en esta plataforma y compararlas con a otras redes, puede conocer quién le falta. A veces la respuesta será que un gran porcentaje de ese segmento es demográficamente distinto y no usa Pinterest. En otras ocasiones, no llega a ellos por otras razones, en cuyo caso puede crear nuevos Pines, tableros y contenido para atraerlos.

Las estadísticas también le ayudan a dirigir más contenido al público que ya tiene en Pinterest. En muchos casos, el público de Pinterest no es igual al que le sigue en Facebook, Twitter o Youtube.

Cómo crear Pines populares

Aunque optimizar el perfil para que tenga éxito es importante, los Pines serán lo más importante. Sus Pines deben ser visualmente atractivos, de manera que destaquen por encima de los otros ya sea en los resultados de una búsqueda o en una categoría general. Hay varias fórmulas para hacer que sus Pines tengan una mayor visibilidad, además de escoger las palabras adecuadas para describirlos (Kawasaki y Fitzpatrick, 2014; Daley, 2015; Fontein, 2016; Gotter, 2016):

- **Optimizar el tamaño de la imagen**. Elegir el tamaño adecuado de la imagen en Pinterest puede ayudar a que su Pin destaque sobre los demás, independientemente de en qué dispositivo vea la imagen el usuario. El tamaño de las imágenes en Pinterest se escala para que encaje en la plataforma, con un ancho de 236 píxeles. Según recomendaciones de Pinterest, el mejor aspecto para los Pines está entre 2:3 y 1:3,5 (ancho y alto). El ancho mínimo recomendado es 600 píxeles. Los Pines con mayor altura que anchura destacan más; sin embargo, los Pines que parecen que no acaban nunca no reciben tanta atención.
- **Promocione su marca con buen gusto**. Según Pinterest, promocionar su marca con buenas imágenes puede ayudar a aumentar los repines y la participación, lo que se puede traducir en mayores ventas. También se recomienda incluir la marca si es posible, aunque sea simplemente con un pequeño logo o marca de agua.
- **Añadir imágenes de estilo de vida**. Aunque las imágenes de su producto puedan ser efectivas, añadir imágenes del día a día de los usuarios de su producto o servicio puede ayudar a llamar más la atención. No obstante, evite recurrir en exceso a las imágenes de usuarios.
- **Escoger el mejor momento para crear un Pin**. El mejor momento para crear un Pin depende de los hábitos de su público objetivo. Por ello debería buscar cuál es el mejor momento para publicar contenido. Pero, para su información general, según SocialFresh, en general, las mejores horas para publicar son las 14h-16h (horario EST) y las 20h-1h (horario EST); y la investigación de HubSpot dice que el sábado por la mañana es el mejor momento para publicar.
- **Facilite hacer Pines de su contenido web**. Inserte un botón de Pinterest en cualquier imagen de sus otras páginas web o su aplicación para móviles para que puedan acceder a su Pinterest

directamente. Si usa WordPress, existe un *plugin* para añadir un botón de Pinterest. Estos botones, fáciles de integrar, dirigen a los visitantes hacia su cuenta de Pinterest o directamente hacen pin del contenido web en su cuenta de Pinterest.

- **Vincule Pinterest con sus cuentas en otras plataformas**. No es recomendable empezar de cero con los seguidores al crear un perfil en una nueva red social. Es fácil vincular su cuenta de Twitter y Facebook a su cuenta de empresa en Pinterest. Esto le ayudará a conseguir más seguidores, partiendo de los que ya tiene en otras plataformas. También le ayudará a difundirlo en otras plataformas e incluso podrá añadir botones de Twitter y Facebook en su cuenta de Pinterest.
- **Comparta Pines en su *newsletter***. ¡Envíe directamente los Pines a sus seguidores! Su *newsletter* es el lugar perfecto para compartir sus últimos Pines y dirigir a sus suscriptores a su cuenta de Pinterest.
- **Estudie las categorías de Pinterest**. Los usuarios de Pinterest pueden buscar contenido por categorías. Debe saber qué categorías se aplican a su negocio para determinar en cuál encaja su contenido. Algunas de las categorías más buscadas son «decoración», «comida y bebida» «DIY» (Hágalo usted mismo) y «manualidades». Una vez descubra qué categorías se aplican a su negocio, no se olvide de categorizar sus tableros para que los usuarios encuentren con mayor facilidad el contenido.
- **Publique con frecuencia**. Para conseguir más seguidores en Pinterest debe publicar contenido con bastante frecuencia, al menos una vez al día. Asegúrese no solo de *repinear* contenido de otras personas, publique también sus propios Pines con contenido propio. Evite publicar todos los nuevos Pines en tan solo cinco minutos, siendo mejor distribuirlos a lo largo del día.
- **Cree un contenido atractivo**. Como en la mayoría de las redes sociales, es deseable que su perfil de Pinterest combine contenido original y contenido generado por usuarios, haciendo hincapié en Pines de su web. A los usuarios de Pinterest les gusta aprender

nuevas formas de hacer las cosas y usted tiene una oportunidad única para compartir sus conocimientos. Comparta tutoriales y guías para enseñar a los usuarios algo nuevo o use su propia experiencia para aconsejar. Otro tipo de contenido que suele ser popular son las infografías. Empiece buscando y *repineando* infografías de calidad sobre temas relevantes en su área. La cuenta de Mercedes es un gran ejemplo de contenido atractivo. Tienen decenas de tableros que cubren una gran cantidad de sus productos y servicios y una amplia cantidad de temáticas, como su tablero «Taste for Adventure», con un gran contenido y atractivos visuales dirigidos a sus SUV (utilitarios todoterreno) y coches deportivos.

- **Implíquese con sus seguidores y conteste sus comentarios**. Al igual que responde a los tweets, las publicaciones de Facebook y los comentarios de Instagram, implíquese con sus seguidores directamente respondiendo a sus preguntas y comentarios. Vaya un paso más allá y diríjase a ellos usando sus nombres de usuario, para llevar el servicio al cliente al siguiente nivel. La implicación es bidireccional. Necesita localizar los tableros de sus seguidores para dejar comentarios en sus Pines, de forma que se sientan atendidos. ¡De esta manera también sus seguidores verán su marca!
- **Siga e interactúe con tableros populares**. La mejor manera de poner en acción la estrategia en Pinterest es siguiendo tableros que sean muy seguidos e interactuar con ellos. Puede aprender mucho y ver qué tipos de Pines publican, qué tipos de tableros tienen y en qué grado buscan generar participación. ¡Su objetivo es estar a ese nivel! Si comenta en estos Pines populares, todas las personas que siguen esos tableros verán el nombre de su marca. Lo ideal es seguir tableros populares que sean relevantes para su sector. Otra característica útil de los tableros son los «Tableros de grupo», que permiten que otros usuarios publiquen Pines en su tablero. Lo único que debe hacer es darles permiso para *pinear* añadiendo su nombre de usuario o su dirección de correo electrónico. Esta característica es muy útil para las estrategias de marketing, ya que involucran personalmente a su público. ¡Invite a sus seguidores y

aumente su reconocimiento si consigue que expertos en el sector participen en sus tableros!

- **Genere relaciones con *influencers*.** Contacte con *influencers* de su sector para conseguir más seguidores y llegar a un público más amplio. Empiece siguiendo sus tableros, repineando sus Pines y escribiendo comentarios atractivos en ellos. Una vez se dé a conocer de esta manera, puede comenzar a colaborar con ellos, preguntarles si podrían participar en sus tableros u ofrecerse a contribuir en uno de los suyos. Aporte ideas para sus tableros y demuestre que está familiarizado con su contenido cuando comience una colaboración.
- **Encuentre amigos de otras redes sociales.** Como ya sabe, cuando crea una cuenta nueva en Instagram o cualquier otra red social, le preguntan si quiere «encontrar amigos» usando los contactos de su móvil o los amigos de Facebook. No malgaste todos los contactos de Twitter y Facebook que haya conseguido. ¡Sígalos y ellos mismos le encontrarán! La opción «Encontrar amigos» está en la esquina superior izquierda en la página de inicio de Pinterest.
- **Añada CTAs (por sus siglas en inglés, *Call To Actions, o* llamadas a la acción) en sus descripciones.** Animar a los usuarios a «pinchar en el siguiente enlace para más información» o «registrarse ahora» es suficiente para motivar una interacción. Los Pines que incluyan una llamada a la acción pueden aumentar considerablemente la participación.
- **Haga un sorteo.** Los sorteos son una gran manera de aumentar la participación, impulsar las ventas e involucrar a sus seguidores con su producto o servicio. Sin embargo, si publica un sorteo en Facebook con la intención de redirigir a sus seguidores hacia su cuenta de Pinterest, el concurso puede tener un mayor valor.
- **Haga uso de las palabras clave.** Si publica contenido relevante de un evento específico, festividad, etc., los usuarios podrían dirigirse a Pinterest para buscarlo. Debe asegurarse de que su Pin sea el que aparezca cuando alguien busque algo relacionado con ese evento.

Un uso intencionado de palabras clave apoyará este objetivo. Las palabras clave son igual de importantes en los Pines que en los blogs. Los usuarios de esta red que buscan un contenido específico suelen usar el motor de búsqueda de Pinterest. Usted debe asegurarse de que lo que encuentren sea su contenido. Disponer de un contenido relevante y pertinente es una buena manera de ayudarle a escalar posiciones en muchas de las búsquedas ya que, de este modo, tendrá un incremento de usuarios buscando su contenido en el momento exacto.

Los Pines promocionados (*Promoted Pins*)

Los Pines promocionados de Pinterest son su plataforma de publicidad de pago. Funciona bajo subasta, igual que otras plataformas publicitarias en redes sociales, donde se paga para posicionar un pin frente a la audiencia objetivo. Sus Pines se mostrarán en categorías y búsquedas relevantes, con el apoyo de las palabras clave que haya seleccionado (Daley, 2015; Fontein, 2016; Gotter, 2016).

Para acceder a la plataforma de Pines promocionados, haga clic en «Ads», a la izquierda de la pantalla. Esto le llevará a un tablero, donde podrá ver las cifras de impresiones, implicación, conversiones e inversión en publicidad en todas sus campañas durante la última semana. Esta información se puede desglosar por campañas de participación y de tráfico. Si desea crear una publicidad, primero debe decidir si quiere incrementar la implicación con sus pines, lo cual se enfocará (y se cobrará en base a ello) en obtener vistas en primer plano, repines y clics, o si desea enviar tráfico a su web, lo cual se cobrará por clics. Una vez escogido el objetivo de la campaña, se introducirá información relativa al nombre de la campaña, presupuesto diario y las fechas de inicio y final de la misma.

Una vez rellenada la información, debe seleccionar el pin que desee promocionar. A la hora de elegir un Pin, puede buscarlo mediante palabra clave o URL, o simplemente buscarlo entre todos sus pines. Puede ver el número de repines que cada uno tiene mientras los va pasando. Pinterest también le da la opción de ver sus Pines más cliqueados o repineados en los últimos 30 días (Daley, 2015; Fontein, 2016; Gotter, 2016).

En la siguiente pantalla, debe darle un nombre a su pin promocionado, que actuará como título del Pin que verán los usuarios. También puede especificar su URL.

Luego, podrá elegir una serie de criterios que serán usados como principios de posicionamiento. Estos criterios le ayudarán a alcanzar a una audiencia relevante y le posicionarán en las categorías correctas. De igual manera, se le solicitará que introduzca *keywords* (palabras clave) que serán usadas para posicionar su Pin en las búsquedas de usuarios. Le interesa conectar con usuarios que estén buscando activamente contenido como el suyo. Pinterest automáticamente sugiere búsquedas basadas en la información relativa a su Pin y proporciona una serie de palabras clave para cada búsqueda. Haga clic en las diferentes palabras clave para añadirlas a su campaña. Recomendamos usar un total de 20-30 palabras clave por Pin promocionado. A la hora de elegir estas palabras clave, debe ser ingenioso para que su Pin pueda aparecer en más búsquedas (Daley, 2015; Fontein, 2016; Gotter, 2016).

En la siguiente sección, puede hacer que sus pines solo se muestren bajo determinados criterios (Gotter, 2016):

- Lugares
- Idiomas
- Dispositivos de visualización
- Género

Acto seguido, podrá establecer su oferta máxima de CPC (coste por clic), la cual será el máximo que está dispuesto a pagar por cada clic hacia su web (o, en el caso de objetivos por implicación o contratación, por cada una de ellas). Esto debe ser al menos 0,10 dólares estadounidenses. En caso de que establezca una cifra muy superior o inferior a lo normal, Pinterest se lo hará saber.

Una vez enviada la campaña, quedará pendiente de aprobación. Puede ver el estado de sus campañas bajo la pestaña de campañas de implicación o de tráfico.

Tanto durante como al final de las campañas, es importante monitorearlas mediante la herramienta de analítica de pines promocionados.

FIGURA 4.14 Cuenta Omega Pinterest. Fuente: https://www.pinterest.de/omega. Visitada el 18 de abril de 2024.

Puede encontrar información sobre el rendimiento de sus campañas en la página de inicio de la plataforma publicitaria o encontrar información detallada de cada campaña pinchando en ellas (Gotter, 2016).

Los Pines adquiribles (*Buyable Pins*) de Pinterest

Los Pines promocionados tienen una excelente acogida y los pines adquiribles están fomentando importantes conversiones. Los Pines promocionados permiten a las empresas garantizar que los usuarios vean sus pines. Asimismo, los pines adquiribles posibilitan que los usuarios realicen una compra directamente desde un pin, sin tener que salir de Pinterest. Los pines adquiribles son una forma simple, rápida y segura de que los usuarios de Pinterest hagan compras. Los usuarios pueden identificar los pines adquiribles mediante el botón «comprar» (*Buy it*) que aparece al lado del botón «pinear» (*Pin it*). Los usuarios pueden ver el precio del producto y pasan por un proceso rápido de pago, sin salir de Pinterest. A medida que los usuarios navegan a través de Pinterest y crean sus listas de deseos mientras que se les ocurren ideas podrán ver su producto, el precio y comprarlo con tan solo un par de clics o toques en sus dispositivos móviles. Ni siquiera tienen que escribir repetidamente los datos de pago, lo que hace que el proceso funcione de forma rápida, antes de que tengan la posibilidad de arrepentirse (Gotter, 2016).

Los Pines detallados (*Rich Pins*) de Pinterest

Los Pines detallados de Pinterest son Pines que proporcionan información adicional en el propio Pin. Hay 6 tipos de Pines detallados: de *app*, de cine, de receta, de artículo, de producto y de lugar. Cuando solicite Pines detallados, obtendrá información en tiempo real, actualizada automáticamente, sobre sus pines y una mayor posibilidad de que las personas se dirijan a su sitio ya que estará enlazado a sus Pines detallados (Daley, 2015; Gotter, 2016).

Para que sus Pines detallados dispongan del potencial de dirigir el tráfico hacia su sitio, es imprescindible que sean validados en la propia plataforma de Pinterest (Daley, 2015; Gotter, 2016):

- Vaya a la página de los desarrolladores de Pinterest
- Decida qué clase de Pin detallado le interesa solicitar
- Lea la documentación para su tipo de Pin detallado
- Añada los *meta tags* (etiquetas) adecuados a su sitio
- Valide sus Pines detallados y solicite que se aprueben

Una vez sus Pines detallados sean aprobados, estarán disponibles para que todo el mundo de Pinterest los vea, los repinee y se dirija a su sitio.

SlideShare

SlideShare es una plataforma de uso compartido multimedia donde los usuarios pueden subir archivos de forma privada o pública en los siguientes formatos: presentaciones de PowerPoint, PDF, Keynote u OpenDocument. Lanzado el 4 de octubre de 2006, el sitio web es

FIGURA 4.15 Rich Pin de Ikea Canadá en Pinterest. Fuente: https://bit.ly/2KSihxj; visitada el 18 de enero de 2024.

parecido a YouTube, pero dirigido a presentaciones de diapositivas. Fue adquirido por LinkedIn en 2012 y luego por Scribd en 2020.

La plataforma también proporciona a los usuarios la capacidad de evaluar, comentar y compartir el contenido subido. Algunos de los usuarios más destacados incluyen La Casa Blanca, la NASA, el Foro Económico Mundial e IBM.

Según la empresa, se han subido a la plataforma más de 18 millones de archivos distribuidos en 40 categorías de contenido convirtiéndose en uno de los 100 sitios web más visitados del mundo. Como resultado, se le ha apodado «el gigante silencioso del marketing de contenidos» puesto que SlideShare es un sitio concurrido, orientado a un público muy demandado y con baja competencia, lo cual la convierte en una poderosa herramienta para que su negocio prospere. SlideShare puede usarse para muchos fines, como, por ejemplo (D'Andrea, 2012):

- Obtener tráfico
- Mejorar el posicionamiento en Google
- Aumentar el número de seguidores

- Obtener suscriptores de correo electrónico
- Fortalecer su marca
- Crear sus propios usuarios

Al usar SlideShare de forma correcta, comprobará que es una herramienta muy poderosa. Miremos más de cerca cómo puede aprovechar plenamente esta plataforma.

Crear su perfil

Cuando se registre en una cuenta, tómese su tiempo para proporcionar toda la información necesaria y utilice la misma información e imágenes que utiliza en otros sitios para reforzar su imagen de marca (Zarella, 2010).

Cómo hacer presentaciones asombrosas

Al igual que sucede con YouTube, ver una presentación es una tarea que exige mucha atención y, por tanto, no haga que su espectador pierda el tiempo. Asegúrese de que su presentación sea lo más breve posible, siempre incluyendo información que agregue valor. Tan solo basta un clic para que los usuarios pasen a otra presentación y, por consiguiente, si no logra atraer su atención rápidamente, no tendrá una segunda oportunidad. Sus presentaciones deben ser imanes para captar la atención del público desde el principio hasta el fin. Para hacer una presentación atractiva, siga los pasos que se detallan a continuación (Zarella, 2010; D'Andrea, 2012; Kawasaki y Fitzpatrick, 2014):

- **Trabaje su contenido**: El contenido siempre marcará la diferencia entre resultados buenos y grandes resultados. Así, inserte contenido interesante en sus diapositivas. Puede mostrar algo asombroso, explicar y proporcionar información útil o evocar emociones. Estos son los tres tipos de contenido que mejores resultados consiguen en SlideShare. Una vez que haya elegido el tema, piense en un título llamativo. El título debe seducir a la gente, para que vea la presentación, si no, enfocarán su atención en otra cosa. Además, el título se convertirá en la URL que los usuarios utilizarán para acceder a sus diapositivas. Evite un título largo y emplee palabras claves apropiadas. No olvide proporcionar un resumen de la presentación en la descripción.

- **Cree una estructura clara y lineal**: Es imprescindible que cree una estructura clara y lineal para su presentación. Debe pensar en su presentación como si de un motor se tratase: si una pieza se rompe, el motor no funcionará bien o dejará de funcionar. Olvídese de estructuras complejas y, en su lugar, piense en cómo puede presentar el contenido en forma de lista o historia. Esta es la mejor manera de transmitir su mensaje.
- **Crear dispositivas dinámicas**: La mayoría de la gente no invierte suficiente atención y tiempo en el diseño a la hora de hacer sus presentaciones. Este es el motivo por el que se ven muchas presentaciones en SlideShare que no son atractivas.

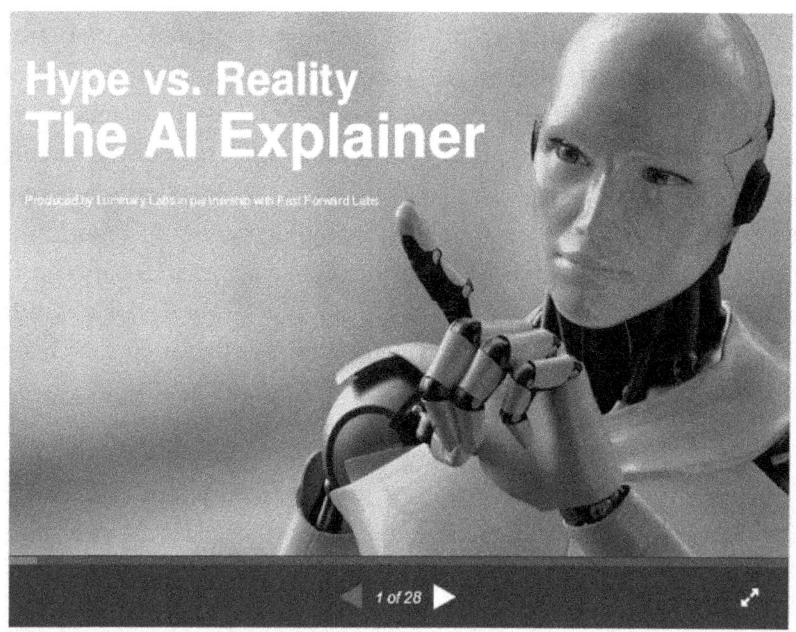

FIGURA 4.16 Un título y unas imágenes atractivas valen la pena en SlideShare. Fuente: https://bit.ly/2Yc0vg9; visitada el 18 de enero de 2024.

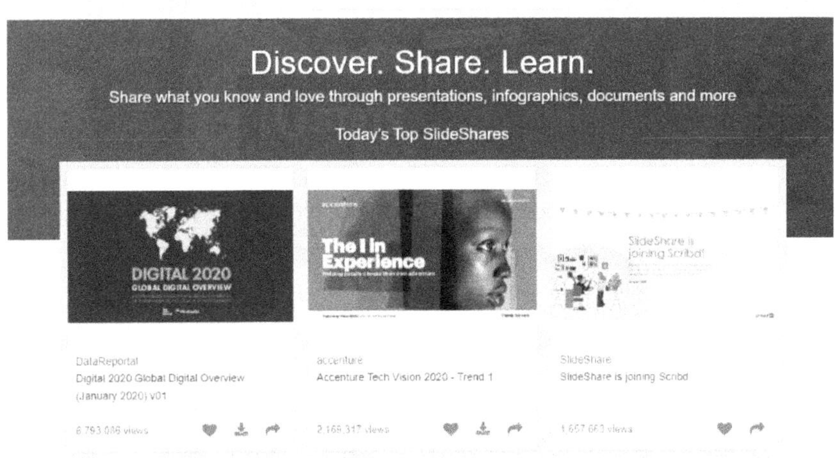

FIGURA 4.17 Sección «Top SlideShares de hoy» en SlideShare. Fuente: https://www.slideshare.net/; visitada el 18 de enero de 2024.

Cómo aumentar su alcance en SlideShare

Una vez que haya diseñado su presentación, debe subirla a Slideshare y promocionarla. A continuación, ofrecemos algunas sugerencias para que su presentación se promueva de forma eficaz y su alcance aumente (Zarella, 2010; D'Andrea, 2012, Kawasaki y Fitzpatrick, 2014):

- **Compártalo en su blog**: También le conviene poner la presentación en su blog para aumentar el número de vistas que recibe.
- **Inserte una URL**: Introduzca una URL en su llamada a la acción. Dado que la gente se compromete cuando ve una gran presentación, el mejor lugar en el que puede insertar su enlace y seguir recibiendo clics es la última diapositiva. Si su presentación tiene resonancia en la gente, muchos de ellos harán clic en su enlace. Además, si quiere aumentar el número de seguidores, pídales que le sigan en Twitter o en otras plataformas de redes sociales insertando la correspondiente llamada a la acción al final de la presentación.

- **Inserte un texto autoexplicativo**: Aunque el formato óptimo para PowerPoint consiste en unas diapositivas con un mínimo de texto acompañadas por una exposición oral, el formato óptimo para SlideShare son unas diapositivas con un texto autoexplicativo ya que es la única explicación que la mayoría de los usuarios de SlideShare van a ver.
- **Cree una portada atractiva**: Otra diferencia entre SlideShare y PowerPoint que debe tener en cuenta a fin de aumentar su alcance en SlideShare es que una presentación de SlideShare requiere una portada mucho más llamativa que una presentación de PowerPoint. Mientras que casi nadie presta atención a la portada de una presentación de PowerPoint, la portada de una presentación de SlideShare debe motivar a la gente a seguir avanzando.
- **Compártala en otras redes sociales**: Tienes una buena razón para compartir tus presentaciones en otras plataformas de medios sociales como Facebook, Twitter y LinkedIn: Si obtiene suficientes puntos de vista sobre ella, su presentación se mostrará en la parte superior de la página principal de SlideShare (Figura 4.17).

Los foros de internet

Los foros pueden considerarse las más antiguas de las redes sociales y una versión moderna de los tableros de anuncios comunitarios. Estos tipos de redes se centran en el diálogo. Los usuarios hacen publicaciones en ellos y otros les contestan. El marketing en foros es una excelente forma de destacar su negocio en la red. Los usuarios de los foros suelen mostrarse dispuestos a comprar en línea. Además, suelen ser expertos respetados y blogueros en los temas específicos tratados en el foro. Ante esta situación, es fundamental que se convierta en un integrante valorado y respetado en las comunidades correspondientes, respondiendo a preguntas y proporcionando información útil. El marketing en foros es una estrategia con alta rentabilidad de la inversión (ROI), dado que causar una buena impresión ante este público influyente puede ayudar a que su mensaje se difunda de forma muy amplia

(Zarella, 2010). A diferencia de otros tipos de redes sociales, donde son pocos los sitios importantes, hay miles de foros populares en la Web, cada uno enfocado en un tema de interés o en una comunidad. Como resultado, es clave que encuentre aquellos relevantes para su negocio y se relacione con ellos.

Siga esta guía paso a paso para utilizar el marketing en foros como parte de su estrategia global de marketing en las redes sociales y evitar los errores más comunes (Go, 2016).

Encuentre el foro adecuado para su nicho de mercado

No todos los foros le interesan en términos de tiempo y dinero. Un marketing en foros fructífero implica, ante todo, encontrar la comunidad adecuada para su negocio. Busque los foros más populares que aborden su tema específico. Empiece por preguntar a sus empleados, proveedores y clientes en cuáles de las comunidades en línea, si las hay, les gusta navegar.

Además, pruebe a hacer una búsqueda sencilla en Google de una palabra clave relacionada con su segmento y teclee también «foro». Si bien es probable que encuentre cientos, quizá miles, de foros, debe reducir su lista a los 5-10 foros que mejor se ajusten a sus objetivos teniendo en cuenta los siguientes criterios (Go 2016):

- Lo ideal es buscar foros que cuenten con un mínimo de 1000 miembros y 10 000 publicaciones.
- Asegúrese de que el foro cuente con un mínimo de diez a quince publicaciones nuevas al día.
- Descarte aquellos foros repletos de spam.
- A fin de analizar la competencia, incluya foros gestionados por sus competidores directos.

Para valorar y analizar los distintos foros y obtener una visión sólida, puede consultar sitios web pertinentes, como, por ejemplo, Alexa. Este sitio proporciona un análisis profundo de miles de foros por los que se puede navegar por categoría. Además, se proporcionan estadísticas de tráfico, como, por ejemplo, métricas mensuales de visitantes, geografía de los usuarios, visitas diarias de una página web y también qué palabras claves mandan tráfico a este sitio.

Cree su cuenta en un foro en línea

Una vez haya identificado los foros que le puedan resultar interesantes para su marketing en línea, debería registrarse. En un foro, su perfil es una representación de quién es. La antigüedad tiene peso en determinadas comunidades de foros. Los usuarios con fechas de registro más antiguas suelen gozar de más deferencia que los usuarios registrados recientemente. Algunos foros, incluso, impiden que los usuarios nuevos hagan publicaciones durante los primeros días tras su registro inicial. Dado que registrarse temprano es una gran ventaja, debería crear sus cuentas de foro lo antes posible. Un marketing en foros eficaz es parte de su estrategia a largo plazo. Debería considerar los foros como un canal permanente de marketing para su negocio, no solo una alternativa más para impulsar su nueva campaña publicitaria. La clave a la hora de configurar su perfil es el avatar, una imagen que aparecerá al lado de cada publicación que realice. Por tanto, elíjalo de forma inteligente y en consonancia con los avatares que ha seleccionado para las demás redes sociales. Si su cuenta le representa personalmente, debería usar la misma foto personal (presentable) que tiene en YouTube, Twitter y otras plataformas. Si no, debe hacer que su avatar sea una extensión de la marca que está promocionando, como, por ejemplo, mediante el uso de un logo. Incluya una URL y enlaces a las otras redes sociales y, si procede, explique en unas frases breves qué hace su negocio (Go, 2016).

Su nombre de usuario y avatar son los primeros aspectos que los demás usuarios verán sobre usted, por tanto, elija un nombre de usuario que sea fácil de recordar y pronunciar. Usar su nombre verdadero puede ser apropiado, sobre todo si está estrechamente vinculado a su marca. Evite el uso de una combinación numérica o faltas de ortografía. Un perfil completo puede ayudarle a ganar credibilidad en el foro, así que le conviene proporcionar una descripción precisa de sus conocimientos y experiencia. Evite compartir información que podría, eventualmente, despertar divisiones, como, por ejemplo, la afiliación política. Proporcione información de contacto para que los demás usuarios puedan comunicarse con usted si tienen interés en saber más de su negocio. Muchos *spammers* buscan información personal a través de los foros y, por tanto, solo debería compartir la información que no le importe que se haga pública. La mayoría de los foros hoy en día le permiten publicar enlaces a su página de Facebook, perfil de LinkedIn y cuenta de Twitter al igual que a las demás cuentas de las redes sociales, como, por ejemplo, las de Pinterest o Instagram. ¡No olvide usar estas plataformas y enlazarlas!

Antes de publicar, consulte las pautas de la comunidad

Durante el proceso de registro, se le pedirá que acepte el acuerdo de usuario y las pautas para publicar. Revise atentamente estas normas y pautas. Algunas de las cuestiones más importantes que debe tener en cuenta incluyen (Go, 2016):

- ¿Se permite a los usuarios colocar enlaces en sus publicaciones?
- ¿Se permite a los usuarios promocionar su propio negocio?
- ¿Se permite a los usuarios compartir mensajes publicitarios?
- ¿Se permite a los usuarios contactar con otros miembros para fines comerciales?
- ¿Qué restricciones se imponen a los usuarios nuevos?
- ¿Qué privilegios especiales se otorgan a los usuarios experimentados?

Incumplir alguna de estas condiciones podría dar lugar rápidamente a un desacuerdo con los integrantes de la comunidad e invalidar sus esfuerzos para desarrollar relaciones auténticas y para fomentar la confianza y la credibilidad dentro de la comunidad del foro.

Preséntese ante la comunidad

Muchos foros animan a sus usuarios nuevos a que se presenten ante la comunidad mediante un mensaje introductorio que se suele realizar en hilos especialmente diseñados para dar la bienvenida a los integrantes nuevos. Estos hilos suelen llamarse algo parecido a «Saluda aquí», «¿Cómo nos encontraste?» o «Miembros nuevos, dense de alta aquí».

Su presentación debería incluir un repaso breve de sus conocimientos y por qué ha acudido al foro. Explique a los demás usuarios que su objetivo principal es contribuir a la comunidad y aprender de ella. No haga ningún discurso promocional en su publicación inicial. Si intenta vender algo en su primera publicación, es muy probable que le expulsen o ignoren. Tenga siempre en cuenta que se trata de unirse a la comunidad, ser de ayuda y añadir valor, no vender (Go, 2016).

Pase algún tiempo como participante sigiloso (*lurker*)

Resista la tentación de empezar a publicar enseguida. Los foros son comunidades fuertes que pueden tender a empujar a los recién llegados a dedicar algún tiempo a leer el foro para hacerse una idea del tono y las normas culturales de la comunidad. Averigüe quiénes son los usuarios más influyentes y observe cuáles son los temas populares. Si asimila esta información, será más fácil integrarse de forma eficaz y eficiente. Además, obtendrá una perspectiva valiosa en cuanto a las preguntas más comunes de su mercado, los problemas que tiene la gente y cuáles son los tipos de soluciones más habituales. Desde un punto de vista de investigación de mercado, el valor de estos datos es incalculable (Go, 2016).

Haga contribuciones útiles y de valor en los foros a través de sus publicaciones

Típicamente, una publicación consiste en aportar contenido en la forma de un texto breve, pero algunos foros también permiten subir y adjuntar imágenes. Sus publicaciones aparecen con la fecha y hora de creación, al igual que el nombre del usuario, el avatar y quizás alguna referencia a su reputación. Por encima de todo, céntrese en que sus publicaciones sean contribuciones importantes y útiles para la comunidad. Cuando alguien le haga una pregunta relacionada con sus productos o servicios, conteste rápidamente con información que aporte valor. Estas situaciones son oportunidades para que pueda mostrar sus conocimientos, consolidar su reputación y ganar la confianza de los demás usuarios. Si procede, respalde sus consejos con enlaces a fuentes fiables y conteste a las preguntas sucesivas cuanto antes (Zarella, 2010; Kawaski y Fitzpatrick, 2014; Go, 2016).

Como ya hemos señalado, al principio, deje de lado cualquier argumento comercial ya que cierto sesgo en las publicaciones iniciales hará que todo su trabajo sea en vano. Al guardar la objetividad en sus respuestas, la comunidad le considerará un experto fiable y los integrantes empezarán a solicitarle recomendaciones. Cuando reciba solicitudes de recomendaciones, entonces podrá pasar a hablar de su negocio sin parecer parcial. Las conversaciones en los foros se organizan en hilos y las publicaciones aparecen en orden cronológico desde la más antigua hasta la más reciente.

La primera publicación suele llamarse la publicación original (PO, OP en inglés) y se encuentra en la parte superior del hilo, con las respuestas debajo. Los foros se dividen en categorías y los hilos se enumeran en la página de cada categoría, ordenados cronológicamente según la última respuesta. Cuando responda a un hilo, no se desvíe de la publicación original. Cambiar de tema o el sentido de un hilo se conoce por «secuestro de hilos» y está mal visto (Zarella, 2010; Kawasaki y Fitzpatrick, 2014; Go, 2016).

Con esto en mente, busque publicaciones similares en el foro a fin de asegurarse de que no esté duplicando un hilo ya existente.

Coloque la URL de su sitio web en el archivo de firma

Las firmas de los foros son bloques de texto o imágenes que se adjuntan al final de las publicaciones y la mayoría de las personas las utilizan para proporcionar enlaces a sus sitios web preferidos. Algunos foros también permiten que los usuarios utilicen sus firmas para promocionar sus propios sitios web.

De ser así, asegúrese de aprovechar al máximo esta oportunidad y cree una firma que funcione bien. No malgaste esta oportunidad colocando imágenes llamativas o largos mensajes publicitarios en su firma: una descripción corta y precisa de su negocio y un enlace a su sitio web son la mejor opción. Conforme pase el tiempo, a medida que vaya enviando mensajes, tendrá más posibilidades de que la gente vea su firma y su sitio web atraiga más tráfico. (Zarella, 2010; Kawasaki y Fitzpatrick, 2014; Go, 2016).

Evite la controversia en los foros en línea

No se preste a discusiones sobre política, religión u otros temas polémicos. Tenga estos asuntos en cuenta antes de publicar o contestar a las publicaciones de los demás. (Zarella, 2010; Kawasaki y Fitzpatrick, 2014; Go, 2016):

- Nunca olvide que su misión es generar un acercamiento a su empresa y negocio.
- Aléjese de temas delicados como la política o la religión.
- Resista el impulso inmediato a responder a las críticas. Si debe contestar, espere por lo menos un par de horas para tranquilizarse antes de responder.
- No utilice emoticonos a menos que estén en la línea de su estrategia comunicativa habitual.
- Ponga fin al debate en cuanto se dé cuenta de que este se está volviendo conflictivo. Reconozca que es natural tener diferencias de opinión y diga que desea pasar a otros temas más agradables.

Cree campañas de *marketing* ventajosas para todos

Una vez se haya ganado el respeto de los demás usuarios, puede centrarse en las técnicas de marketing que proporcionan un beneficio para la comunidad. Por ejemplo, ofrezca un descuento especial o una muestra gratuita a los integrantes del foro u organice concursos. No olvide obtener el permiso de los moderadores del foro antes de empezar con estas campañas (Zarella, 2010; Kawasaki y Fitzpatrick, 2014; Go, 2016).

Tenga cuidado al subcontratar el *marketing* en foros

Muchas empresas utilizan *bots* sociales o personal externo para realizar el marketing en foros. Esto puede conllevar problemas y ser contraproducente ya que pueden hacer *spam* que luego haga mucho daño a su reputación en línea. Cuando contrate a un gestor de marketing en red, asegúrese de que entienda que solo aceptará prácticas éticas de marketing que mejoren su imagen (Go, 2016).

YouTube

YouTube es un sitio web dedicado a compartir vídeos, con sede en California. El 14 de febrero de 2005, Steve Chen, Chad Hurley y Jawed Karim pusieron en marcha YouTube. En febrero de 2023, Susan Wojcicki dejó el puesto de CEO y Neal Mohan fue su sucesor en el cargo. YouTube fue adquirido por Google en noviembre de 2006 por 1,65 mil millones de dólares estadounidenses. Ahora youTube opera como una de las filiales de Google. Permite a los usuarios subir, ver, reseñar, compartir y comentar vídeos, así como añadirlos a favoritos. El contenido disponible incluye vídeo clips, vídeos de música, cortometrajes y documentales, grabaciones de audio, tráiler de películas y otros contenidos, como, por ejemplo, blogs de vídeo, vídeos cortos originales y vídeos didácticos (Agrawal, 2017).

La mayoría del contenido de YouTube ha sido subido por individuos, pero algunas grandes corporaciones, como, por ejemplo, Movistar, BBC, CBS y VEVO ofrecen parte de su material a través de YouTube bajo un programa de colaboración. YouTube obtiene ingresos publicitarios procedentes de Google AdSense, un programa que dirige la publicidad según el contenido y el público del sitio. Una amplia mayoría de sus vídeos pueden verse gratuitamente, pero hay excepciones, entre las que se incluyen los canales premium de abono, el alquiler de películas, así como YouTube Red, un servicio de suscripción que ofrece acceso al sitio web sin anuncios publicitarios, así como a contenido exclusivo realizado en colaboración con los usuarios existentes (Young, 2013).

En el trascurso de sus primeros 12 años YouTube ha cambiado rápidamente. Al principio, apoyaba a músicos y reemplazó a MySpace como plataforma donde artistas aspirantes compartían sus composiciones nuevas en busca de seguidores y un contrato discográfico. Por ejemplo, en enero de 2007, la madre de Justin Bieber compartió el primero de muchos vídeos de YouTube de su hijo de 12 años cantando éxitos de R&B. Ese mismo año, fue descubierto por una discográfica y firmó el contrato de un disco.

Hoy en día youTube es una plataforma enorme que tiene de todo, desde entretenimiento hasta charlas informativas sobre diversos temas. Como media, un tercio de los usuarios de internet miran vídeos en línea a diario. La plataforma abrió el camino a un nuevo tipo de famoso: el *YouTuber* y nuevos formatos de entretenimiento. Los famosos tradicionales transmitían en masa desde un plató de televisión, pero solían permanecer distantes. Los *YouTubers*, por el contrario, buscan un diálogo íntimo transmitiendo desde sus propias casas. Los *YouTubers* intentan establecer su negocio como empresarios de los medios de comunicación. Como integrantes del programa de colaboración o alianza de YouTube, pueden ganar dinero en función del número de veces que se vean las cuñas publicitarias previas a sus vídeos. Algunos hacen mucho dinero tanto por ingresos publicitarios como promociones. Sin embargo, para la mayoría, los ingresos son modestos y apenas cubren gastos y poco más.

YouTube ha sido clave en el cambio de la cultura de los medios de comunicación y, por ello, también ha generado bastante competencia. Así, por ejemplo, tanto Facebook como Snapchat o Instagram han implementado su oferta de vídeo en línea. No obstante youTube se ha convertido en algo más que «los últimos vídeos en línea». Hoy en día, es la biblioteca cultural más extensa y actualizada del mundo. También se ha inventado un nuevo tipo de entretenimiento. Los *Youtubers* superestrellas, como, por ejemplo, PewDiePie, se graban jugando a vídeojuegos y dan consejos a sus seguidores para tener éxito en los vídeojuegos. Además youTube representa un archivo enorme de películas y vídeos antiguos y se está convirtiendo en un archivo de extensión aparentemente ilimitada y un canal global «de todo». Sigue innovando y evolucionando. Asimismo youTube ha enriquecido la cultura de búsqueda a través de la creciente expectativa de que contiene un vídeo instructivo sobre casi todo: cómo preparar guacamole, cómo maquillarse o cómo llevar a cabo determinadas tareas por ti mismo (DIY, *Do It Yourself*), cómo cambiar el termostato en una nevera... Los productos nuevos se reseñan en YouTube en cuestión de días, tras su lanzamiento. Gestionar su propio canal de YouTube es un compromiso importante, requiere inversión y tiempo. A continuación, se enumeran algunas de las marcas y empresas que deberían evaluar la oportunidad de incorporar YouTube como una vía para influir en sus clientes.

No deje de recordar que su misión es fomentar la buena imagen de su empresa y negocio (Young, 2013; Siu, 2016; Saunders, 2016; Agrawal, 2017):

- **Marcas en categorías de alto interés (como el automovilismo, los viajes, la gastronomía, el lujo, la tecnología y la moda)**: Estas, por supuesto, gozan de un público deseoso de recibir información y, por tanto, las marcas pueden fomentar la confianza y su credibilidad al proporcionar conocimiento. Por ejemplo, un vistazo entre bastidores a uno de los grandes desfiles de moda (París, Madrid, Milán, Nueva York o Londres) fascina a un gran número de mujeres jóvenes. Vídeos populares y bien hechos dan buenos resultados en las búsquedas, lo que puede incrementar el compromiso con una marca por todos sus grupos de interés (como, por ejemplo, la plantilla o los clientes) así como la «disponibilidad mental» de los compradores potenciales y de aquellos que están sopesando realizar una compra.
- **Marcas de vídeojuegos y nuevas tecnologías**: YouTube alberga a muchos *influencers* de tecnología y vídeojuegos: una reseña positiva por parte de personas como PewDiePie puede ayudar a lanzar y popularizar un juego nuevo. PewDiePie es el seudónimo de Felix Arvid Ulf Kjellber, un comediante virtual y productor de vídeos sueco. Desde agosto de 2013, PewDiePie ha sido uno de los *YouTubers* con más suscriptores en la plataforma (en marzo de 2017, el canal gozaba de 54 millones de suscriptores). El enfoque de los vídeos de PewDiePie se centra en sus comentarios y reacciones a los diferentes juegos mientras los prueba. Por ello, sus vídeos se encuadran en la categoría de «Juguemos» (*Let's Play*).
- **Las marcas orientadas a los *millennials* y a la generación Z**: YouTube dispone de una amplia base de usuarios, pero los que más intensamente lo usan son los *millennials*. Los *YouTubers* se ven y se sienten como representantes de los *millennials* y de la generación Z: «conectan» con ellos de una forma que pocas marcas pueden emular. Es «su» canal, no el de sus padres.

- **Marcas que quieran ser vistas como expertas**: En algunas categorías (por ejemplo, decoración del hogar, tecnología y belleza) existe una importante intención de obtener consejos e información. YouTube se ha convertido en un motor de búsqueda y, cada vez más, la gente se dirige a él para ver un vídeo instructivo, como, por ejemplo, «cómo peinarme al estilo de Juegos de Tronos». Las marcas pueden ser fuentes de respuestas expertas e incrementar su credibilidad y fiabilidad entre los compradores potenciales.
- **Los vendedores B2B – especialmente en los servicios profesionales**: Muchas empresas de servicios profesionales ganan su reputación mediante un «liderazgo intelectual» al ser percibidas como una autoridad en un campo determinado. Las empresas de alta tecnología a menudo publican documentos con un análisis de los beneficios económicos de sus productos como estrategia de marketing. YouTube ayuda a estas empresas B2B a transmitir el liderazgo intelectual a través de vídeos que hacen el tema más accesible. Por ejemplo, al grabar conferencias y *webcasts*, las empresas pueden generar vídeos informativos cortos sobre cuestiones técnicas que pueden llegar a una audiencia más amplia. Suele ser recomendable subir los momentos más relevantes, en lugar de compartir la versión completa.
- **Las empresas que se crean afectadas negativamente por el bloqueo de anuncios**: Cada vez más, los consumidores eligen no ver los anuncios publicitarios y son los más jóvenes los que más optan por bloquear la publicidad. De esta forma, el contenido de los vídeos (si se considera útil o entretenido) puede ser una manera eficaz de implicarse con el público en línea. «Esquiva» los programas de bloqueo de anuncios ya que el público elige mirarlo y así lo aprecia más.
- **Las empresas que realmente buscan centrarse en el cliente**: Las empresas deberán mantenerse informadas sobre las necesidades diarias e intereses de sus clientes si quieren ganar público en el competitivo y cambiante mercado del vídeo. Tienen que crear contenidos continuamente (en vez de realizar campañas esporádicas),

dado que la puesta en marcha de un canal de YouTube crea la expectativa de que se subirán vídeos nuevos de forma regular.

En el futuro, es probable que veamos aún más marcas creadas y comercializadas por grupos de *YouTubers* y gestionadas por sus representantes, quienes comprenden el valor de los seguidores fieles y suscriptores de un canal de YouTube.

Ejemplo 4.5

Orabrush – cómo la estrategia «*pull*» de *marketing* B2C de Procter & Gamble en YouTube ayudó a los consumidores a darse cuenta del problema del mal aliento

Hay miles de millones de bacterias en nuestra lengua. Estos microbios que viven en la boca (o en la lengua) son el principal motivo de la halitosis (mal aliento) en aproximadamente el 80-90% de los casos. El segmento de cepillos y raspadores para la lengua supone menos del 1% del mercado mundial del cuidado bucal, el cual está dominado por grandes multinacionales como Procter & Gamble (p. ej. Oral-B), Colgate-Palmolive, GlaxoSmithKline, Unilever, Johnson & Johnson (p. ej. Listerine) y Church & Dwight.

Con el fin de hacer más completa la rutina de cuidado bucal de los clientes, algunas empresas han lanzado novedosos productos para intentar llenar los nichos de mercado no cubiertos por las grandes empresas como las citadas. Una de las empresas que ha tenido éxito con esta estrategia es Orabrush (https://www.orabrush.com/), que ha combinado de manera inteligente sus productos con una clara estrategia en redes sociales.

Con esta estrategia, han podido ocupar un hueco en el mercado (lavado de lengua) que no recibía hasta ahora mucha atención por parte de las multinacionales. Usando las redes sociales, sobre todo YouTube y Facebook, Orabrush ha convertido la limpieza de la lengua en otro paso más para lograr el total cuidado bucal de sus clientes. Sobre finales de 2008, el inventor de Orabrush, de 75 años y antiguo bioquímico, el Dr. Bob Wagstaff, había pasado ocho años intentando llevar Orabrush al mercado. Había gastado más de 40 000 dólares en un publirreportaje,

FIGURA 4.18 El producto Orabrush. Fuente: https://www.orabrush.com/orabrush/; visitada el 4 de mayo de 2020.

pero solo había conseguido unos 100 pedidos. Consultó con Walmart, Walgreens y muchos otros, pero nadie estaba interesado en su limpiador de lengua. Habló con Oral-B y Colgate-Palmolive y les preguntó si querían comprar su patente, pero no estaban interesados.

En un último intento en 2009, el Dr. Bob fue a la Marriott School of Management en la Universidad de Brigham Young (BYU), Utah y preguntó a alumnos de una clase de investigación de mercado si se les ocurría alguna manera de vender el producto por internet. El grupo de alumnos expuso sus conclusiones y afirmó que «el 92% de la gente a la que le gustaría probar Orabrush no lo compraría por internet, por lo que le recomendamos que descarte la idea de promocionarlo por ese medio». Un estudiante, Jeffrey Harmon, que no formaba parte del proyecto levantó la mano y comentó «eso quiere decir que un 8% probablemente compraría Orabrush. Eso son millones de personas, ¿por qué no se centra en ellas?». El Dr. B se acercó a Jeffrey tras la clase ya que estaba interesado en lo que había dicho y este respondió «me encanta su producto y lo vendería por Internet». El Dr. Bob ofreció a Jeffrey su vieja moto (con 75 años ya no podía conducirla mucho más) a cambio de ayudarle a vender Orabrush.

Jeffrey estaba encantado y comenzó trabajando en Orabrush por las mañanas y noches antes y después de su trabajo a tiempo completo. Se acordó de un compañero de trabajo, Austin Craig, quien se acababa de graduar en Comunicación Audiovisual y estaba trabajando de becario. Jeffrey le preguntó «¿cuánto debería pagarte para que aparecieras en un vídeo mío quejándote del mal aliento?». Austin respondió que «cien pavos». Jeffrey llevó su idea a su buen amigo Joel Ackerman, un talentoso guionista local y le preguntó si podía hacer algo de magia con

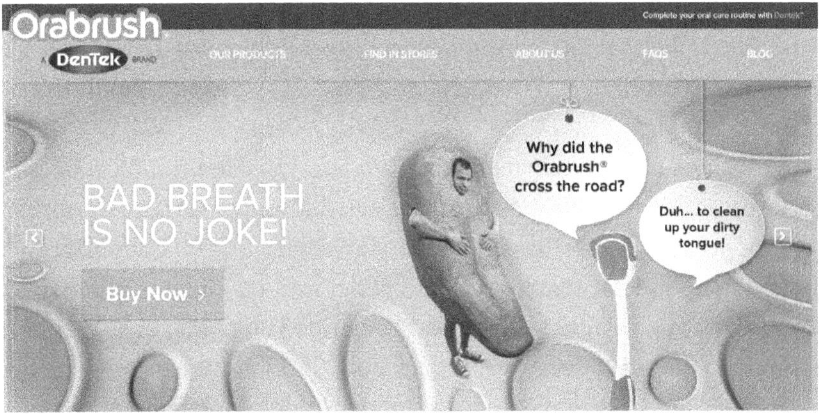

FIGURA 4.19 Sitio web de Orabrush. Fuente: https://www.orabrush.com/; visitada el 4 de abril de 2024.

esta idea en YouTube. Para hacerle el favor a su amigo, Joel redactó rápidamente un guion entretenido. Tras esto, Austin, Jeffrey, el Dr. Bob y el antiguo compañero de piso de Jeffrey, Devin Graham (graduado en cine), grabaron el primer anuncio de Orabrush en un club piscina.

El Dr. Bob sujetó el micrófono mientras Austin actuaba y Jeffrey dirigía su primer vídeo lo mejor que pudo. En total, el vídeo (cuyo título original en inglés es «*Bad Breath Test – How to Tell When Your Breath Stinks*») costó al Dr. Bob unos 500 dólares y promocionaba Orabrush y su venta por internet. El vídeo fue un enorme éxito y, a finales de febrero de 2017, tenía casi 27 millones de visitas, lo que ayudó a que Orabrush captara la atención de consumidores, principales distribuidores y tiendas. El estrafalario vídeo, que simulaba ser un anuncio, explicaba que el 90% del mal aliento se origina por las bacterias de la lengua y de ahí la solución: el limpiador de lengua Orabrush. El precio en internet de un paquete (un Orabrush y un botellín de espuma para la lengua) es de 10 dólares.

Tras la viral reacción a su primer vídeo, Harmon ocupó el cargo de jefe de marketing y comenzó a desarrollar episodios para internet de manera regular, creando personajes como Morgan, una enorme lengua sucia. Así, Harmon usaba anuncios en vídeos de YouTube para llegar a más gente y aumentar su base de seguidores. Los vídeos de su canal «*Cure Bad Breath*» consiguieron unos aficionados fieles y, desde entonces, su canal de YouTube ha crecido hasta casi los 50 millones de visionados.

A los dos años, Orabrush había vendido más de un millón de limpiadores de lenguas en más de 40 países. La marca Orabrush obtuvo tanta popularidad que los gerentes de farmacias locales comenzaron a contactarles directamente, a raíz de peticiones de clientes que habían visto la marca en internet. Gracias a la campaña de YouTube, Walmart se interesó en el producto y a finales de 2011 lo comenzaron a vender en sus más de 3500 tiendas en los Estados Unidos. Unos meses después, las farmacias CVS, la mayor cadena en Estados Unidos, con más de 7400 establecimientos, comenzaron a vender Orabrush.

Orabrush siempre ha seguido un enfoque innovador a la hora de mezclar los nuevos tipos de medios; por ejemplo, creando una aplicación que detecta el mal aliento para el iPhone. El vídeo promocional de la aplicación tiene más de 1,9 millones de visitas y generó más de 300 000 descargas (https://www.youtube.com/watch?v=SVvFD5JFnP4).

Tras ello, en octubre de 2012, Orabrush anunció su nuevo producto: el Orapup, un novedoso limpiador de lenguas para eliminar el mal aliento de los perros. La compañía también lanzó una campaña en el sitio de micromecenazgo Indiegogo.com para intentar llevar el pionero Orapup al mercado lo más rápido posible.

El objetivo de la empresa era recaudar 40 000 dólares y en el tiempo estipulado alcanzaron 62 572 dólares. En marzo de 2015 Orabrush fue comprada por una de sus competidoras, DenTek, la cual crea y vende productos para el cuidado bucal, como palillos y cepillos interdentales, palillos desechables, limpiadores de lenguas y fundas. DenTek fue fundada en 1984 por John E. Jansheski y es líder de ventas de herramientas y accesorios dentales en el mercado estadounidense.

Fuente: Adaptado de Hollensen (2015: 541-543).

En los siguientes apartados resumiremos los aspectos más importantes a considerar al integrar YouTube en su comunicación de marketing.

Cree un icono y una cabecera para el canal

Cuando cree su propio canal de YouTube, primero deberá establecer un icono de canal. Piense en él como si fuera su foto de perfil. Tanto puede subir una imagen como elegir una captura de uno de sus vídeos. Si sube una imagen (lo cual recomendamos), considere las siguientes especificaciones:

- JPG, GIF, BMP, o PNG (pero no GIF animados).
- 800x800 px imagen (recomendado)
- Imagen cuadrada o redonda que se renderiza a un mínimo de 98x98 px

Para la cabecera de su canal youTube recomienda que suba una sola imagen de 2560px por 1440px. Esto le dará el mejor resultado en todo tipo de pantallas y dispositivos, incluyendo ordenadores de sobremesa, portátiles, teléfonos, tabletas, televisiones o cualquier otro aparato que disponga de píxeles.

Cree un tráiler del canal para nuevos espectadores

Puede mostrar un tráiler para que lo vean los nuevos visitantes del canal. El tráiler del canal es como el de una película: úselo para ofrecer un adelanto de lo que ofrece su perfil, para procurar que al verlo se suscriban. Por defecto, no se mostrarán anuncios cuando el tráiler se esté reproduciendo en el espacio habilitado para su página del canal (a menos que el vídeo que haya elegido incluya contenido propiedad de un tercero). Esto facilita que el usuario se centre en conocer su canal y en suscribirse a él. Si el espectador ya está suscrito, verá en su lugar un vídeo bajo el apartado «Qué ver ahora» (Young, 2013).

Trucos sencillos para crear tráileres del canal (Young, 2013):

- Dé por sentado que el nuevo espectador no le conoce.
- Sea breve.
- Enganche a los espectadores desde los primeros segundos.
- Enseñe, pero no revele.
- Pida en su vídeo, tanto oralmente como en el texto que inserte, que se suscriban a su canal.

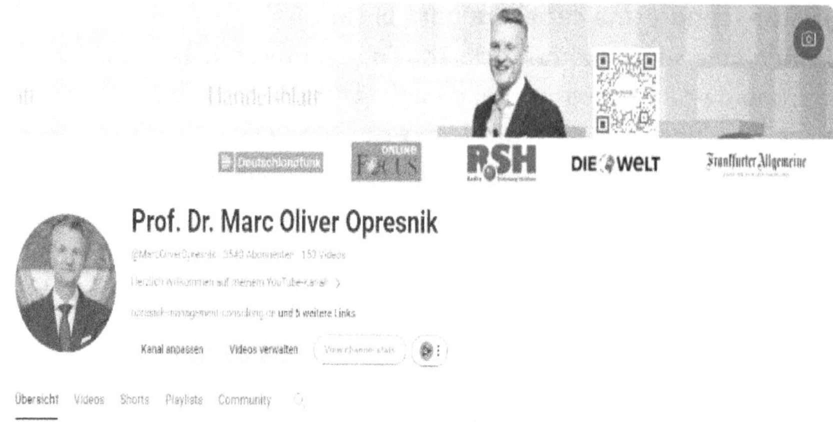

FIGURA 4.20 Canal de YouTube de Marc Oliver Opresnik. Fuente: https://www.youtube.com/c/OpresnikManagementConsulting/; visitada el 4 de abril de 2024.

Gestione su canal

1. Su canal es el lugar en el que puede organizar su contenido. Como propietario, puede añadir vídeos, listas de reproducción o información sobre usted o su canal para que lo consulten los visitantes (Young, 2013; Siu, 2016; Agrawal, 2017).
2. Inicie sesión en su cuenta de YouTube.
3. A la izquierda, elija «Mi canal».
4. Use el menú desplegable situado al lado de su nombre para ver su canal como «Propietario», «Nuevo usuario» o «Suscriptor recurrente». Cuando quiera volver a verse como usted mismo, haga clic en «Listo» en la parte superior de la pantalla.
5. Use las pestañas para navegar en la previsualización de su canal:
   a. Inicio: esto verá su público al visitar el canal. Pueden ver las actualizaciones de sus actividades o visualizar los diferentes apartados de su diseño.
   b. Vídeos: use esto para ver todo el contenido subido o los vídeos a los que ha dado «Me gusta». Puede ordenarlos por más popular o por la fecha de subida.

c. Listas de reproducción: aquí se mostrarán las listas de reproducción que haya creado.

d. Comentarios: si ha activado esta pestaña, se mostrarán los comentarios que se dejen en su canal.

e. Más información: añada aquí una descripción de su canal, indique el país de su canal, añada un email de contacto profesional y enlaces a redes sociales u otras webs. Los enlaces que ponga aquí aparecerán justo debajo de su descripción y usarán el icono de la correspondiente red social cuando se muestren. Puede añadir hasta cinco de estos enlaces en la cabecera de su canal como iconos de acceso directo. Para editar su pestaña de «Más información», mueva el ratón por el contenido y clique en «Editar».

Trucos para mejorar su estrategia de marketing en YouTube

A la hora de promocionarse en YouTube, no hay una única regla de oro que deba conocer.

Dicho esto, entendemos que estos son los aspectos más importantes que debe tener en cuenta para mejorar considerablemente su estrategia de marketing en YouTube (Young, 2013; Siu, 2016; Agrawal, 2017).

- **Investigue**: uno de los aspectos más infravalorados al promocionar contenido es tener un profundo conocimiento de la situación actual. Antes de comenzar a publicar su propio contenido, debería tomarse algo de tiempo para observar a competidores de su mercado y fijarse en qué hacen para tener éxito.
- **Haga una lista de posibles áreas o temas de contenido**: el marketing en YouTube se reduce a elegir una serie de áreas clave donde crea que pueda transmitir auténtico liderazgo intelectual, entretenimiento o cualquier tipo de valor y luego producir contenido en cantidad que encaje dentro de esos ámbitos. Por ejemplo, supongamos que es un fabricante de jabón que quiere usar YouTube para aumentar sus ventas. Un ámbito podría ser el de la educación ya que quiere educar a la gente en la importancia del jabón para evitar enfermedades, por ejemplo. Otro ámbito podría ser el de los

análisis ya que podría analizar los mejores jabones del mercado y decirle a la gente dónde puede comprarlos. Tan pronto como empiece a pensar de esta manera, le será mucho más fácil generar no solo contenido de calidad, sino también contenido que entre dentro de su estrategia general.

- **Produzca contenido con valor añadido y despierte la curiosidad**: varios estudios han concluido que los espectadores deciden durante los primeros 15 segundos de un vídeo si lo van a seguir viendo o no. Por ello, procure generar confianza o curiosidad durante esos 15 primeros segundos. Los usuarios no clicarán en su vídeo para ver un publirreportaje aburrido, no obstante, probablemente estarán dispuestos a tolerar un tutorial monótono si ofrece consejos únicos que no pueden encontrar en cualquier otra parte. Aun así, los vídeos más exitosos de YouTube son los que cuentan una historia original e interesante. Es más fácil generar excelentes contenidos si no se limita a ver vídeos que estén directamente relacionados con su producto o negocio. Esto es especialmente importante si trabaja en un sector que carezca de capacidad para emocionar a la gente. Su objetivo es el de entretener a sus espectadores lo suficiente para convencerles de que visiten la URL al final del vídeo y conozcan más sobre su producto o empresa. Asegúrese de que sus vídeos evoquen aquellas emociones que desea transmitir a sus clientes, incluso si no hay una conexión directa entre el contenido del vídeo y el producto promocionado.
- **Elija palabras clave**: al promocionarse en YouTube, es importante reconocer y tener en cuenta la situación de su público en el proceso de compra. Algunos vendedores tratan de vender de forma directa a los clientes que puedan estar interesados en sus bienes y servicios. No obstante, el problema es que la gente que visualiza sus vídeos en YouTube suele estar en una etapa de descubrimiento y no siempre están listos para comprometerse con una compra. Por este motivo, es importante elegir palabras clave que sean relevantes para aquellas personas que estén buscando información nueva y generar contenido que eduque en base a esas palabras clave. ¿Qué tipo de palabras clave debe elegir? Considere palabras y frases que

sean relevantes tanto para su sector como sus bienes y servicios. Por ejemplo, si tiene un taller de reparación de coches, puede elegir palabras orientadas a un objetivo como «cómo cambiar el aceite» y «mecánico de coches».

- **Optimice la página de su canal para generar tráfico**: muchos anunciantes se centran exclusivamente en dirigir el tráfico hacia sus vídeos. Aunque la mayoría de los espectadores encontrarán primero sus vídeos también mirarán la página de su canal de YouTube. Aproveche esas visitas para llevar el tráfico hacia sus otras páginas. Como se mencionó anteriormente, debería gestionar su canal de manera adecuada y optimizar la página añadiendo información relevante sobre su empresa, además de incluir enlaces a su web y a sus otros perfiles en redes sociales. También debe hacer buen uso de la cabecera de su canal, donde puede insertar enlaces *clicables*. Asegúrese de hacer ahí las llamadas a la acción apropiadas.
- **Cree sus llamadas a la acción**: la clave del éxito de cualquier campaña de marketing en YouTube es crear llamadas a la acción claras y concisas. Dependiendo del mensaje, puede usar el principio, mitad o final de un vídeo para invocar acciones en sus espectadores. Abusar de ello puede causar confusión, así que hágalo de manera simple y solo cuando sea necesario. El objetivo es el de facilitar al máximo que sus espectadores den el paso. Estas son algunas de las acciones más importantes que puede impulsar en sus vídeos:
    - **Suscribir**: dele a su espectador una razón para suscribirse (p. ej. nuevos vídeos cada semana o no perderse nunca un episodio).
    - **«Me gusta» / Añadir a favoritos/ Compartir**: pida a sus espectadores que den «Me gusta» o compartan el vídeo para que su contenido aparezca en más lugares en YouTube.
    - **Comentarios**: anime a su público a participar haciendo una pregunta concreta o preguntándoles qué tema quieren ver cubierto en un futuro vídeo.
    - **Gráficos visuales**: cree una imagen que aparezca al final del vídeo y dirija a sus espectadores a su sitio web.

- **Cree contenido regular**: actualizar el canal de forma regular con nuevo contenido mantendrá su canal activo, incrementará su presencia en YouTube y le ayudará a potenciar su público. Lo ideal sería subir un vídeo por semana, pero la cantidad adecuada depende de sus espectadores, objetivos y contenido. Una forma simple de crear un flujo constante de contenido es producir versiones breves (parciales) de un material más largo. Elija un tema y luego suba fragmentos reducidos de dicho tema semanalmente. Esto mantendrá involucrado a su público, el cual volverá a por más.
- **Añada descripciones bien elaboradas**: mejore las primeras una o dos líneas de la descripción con un enlace a su página web o sitio principal. Esto es de vital importancia, ya que YouTube corta la descripción y solo muestra las dos primeras frases cuando los espectadores ven el vídeo. También es interesante añadir palabras clave relevantes, como ya se ha comentado. Una vez más, intente encontrar el equilibrio entre un contenido intrigante y un contenido que facilite el posicionamiento a la hora de optimizar en motores de búsqueda (SEO). Para terminar, debería acabar la descripción con enlaces a otros sitios importantes, como sus redes sociales, blogs, sitio web, etc.
- **Diseñe miniaturas a medida**: junto con el título, las miniaturas actúan como un pequeño anuncio de su vídeo. Si tiene activadas las miniaturas personalizadas en su cuenta, debería siempre hacer uso de ellas. Usar la miniatura adecuada en YouTube puede atraer un enorme público. Cuando esté grabando un vídeo, medite sobre cuál sería la mejor miniatura, para así poder tomar fotos o planos que le sirvan cuando esté editando.
- **Colabore con *influencers***: una de las maneras más efectivas para que su contenido sea compartido y visto es colaborando con otra gente que tenga su propio público. Los mayores *YouTubers* y las marcas más exitosas tienen fama de hacer colaboraciones eficaces. Se trata de una situación donde todos salen ganando. Cuando colabore con alguien que tenga la misma audiencia que la suya, el colaborador consigue mostrarse a su público y usted hacia el suyo. Esto supone una alternativa muy viable a comprar visitas a través de

anuncios, por ejemplo. Las colaboraciones son más naturales y, si lo hace bien, puede trabajar con canales mayores y más conocidos para incrementar así su credibilidad. Buena parte de la gente está dispuesta a colaborar: lo único que hay que hacer es proponerles una idea, decirles lo que posiblemente necesitaría de ellos y, a partir de ahí, crearlo juntos.

YouTube Analytics

No puede gestionar lo que no puede medir. La herramienta de estadísticas de YouTube aporta datos y análisis valiosos sobre su contenido y público.

Aunque YouTube ofrece toda una gama de información (suite), hablaremos de tres de las secciones principales: visualizaciones, tiempo de visualización y fuente del tráfico (Young, 2013; Siu, 2016).

- **Visualizaciones**: YouTube le da recuentos de visitas de cada vídeo y canal. Estudie los días, semanas o vídeos más vistos para comprender por qué tienen éxito. También debería investigar las causas o catalizadores de ese incremento de visionados y aprovecharlo. ¿Fue el título? ¿Hubo alguna noticia que causó el pico de visitas? Además, eche un vistazo a los comentarios del vídeo para ver si puede encontrar información útil. No se olvide de mencionar o mostrar un icono de sus vídeos más vistos, con la finalidad de atraer suscriptores, más comentarios y más visualizaciones de sus otros vídeos.
- **Tiempo de visualización**: las estadísticas de YouTube también ofrecen datos del tiempo de visualización de los espectadores en su canal y sus vídeos. Aunque tener visitas es importante, saber durante cuánto tiempo ven sus vídeos es un indicador de rendimiento aún más fuerte. Recuerde: YouTube está optimizando su búsqueda y algoritmo de sugerencias en base, sobre todo, al tiempo de visualización, así que es un aspecto al que debe prestar atención. Busque los vídeos con mayor porcentaje de visualización y tiempos totales de visionado más largos. Es en estos vídeos donde debería insertar anotaciones para promocionar su canal u otros vídeos.

- **Fuentes de tráfico**: las fuentes de tráfico le ayudan a entender cómo descubren los espectadores el contenido de su canal y sus vídeos. Al examinar el tráfico de un vídeo individual, puede ver qué otros vídeos en particular están derivando tráfico a través de los vídeos sugeridos o relacionados. Use estos datos para optimizar sus metadatos, miniaturas y etiquetas. En sus vídeos con mayor rendimiento, analice las primeras semanas tras su publicación, para descubrir qué causó el pico de visitas.

Reddit

Fundado en 2005, **Reddit** es un sitio web estadounidense que funciona como agregador de noticias, web de contenido y lugar de discusión. Reddit es muy distinta a otras redes sociales como Facebook e Instagram ya que estas dan mayor importancia a un marketing visual, a crear eventos y a enfocarse en grupos determinados. Al promocionarse en Reddit, un vendedor debe usar contenido, promocionar las URL y centrarse en una comunidad en particular. El sitio no solo es conocido a la hora de promocionar marcas ya que, de hecho, puede mejorar las actividades SEO que influyen directamente en el posicionamiento en los resultados de búsqueda. Mientras grandes marcas gastan enormes cantidades de dinero para mejorar su posición en los buscadores, los pequeños emprendedores pueden hacerlo mediante Reddit sin que suponga un gran desembolso o esfuerzo. La comunidad registrada en Reddit puede publicar contenido, como publicaciones de texto o enlaces directos y luego puede votar esas publicaciones de manera positiva (hacia arriba) o negativa (hacia abajo) para organizar los mensajes y determinar su posición en la página. Las entradas con el mayor número de votos positivos aparecen en la página principal o al inicio de una categoría. Las publicaciones de contenido están organizadas por áreas de interés llamadas «*subreddits*», que incluyen temas como noticias, ciencia, vídeojuegos, películas, música, libros, deporte, comida o publicación de imágenes, entre muchos otros. La característica principal de una cuenta en Reddit es que cada uno puede promocionar los enlaces

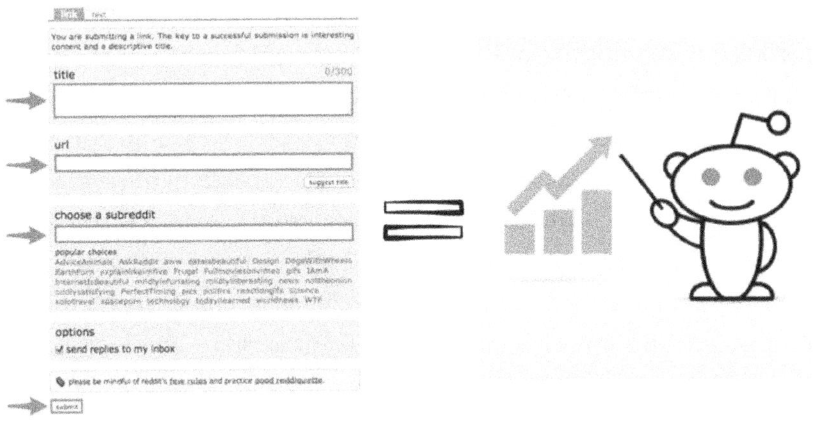

FIGURA 4.21 Promoción de enlaces a través de Reddit. Fuente: https://bit.ly/3eXNtsu/; visitada el 4 de mayo de 2020.

de su propio contenido o escribir en otras publicaciones. El contenido es el aspecto clave de toda estrategia de marketing digital, por lo que en Reddit el contenido también será el ingrediente principal. Si el contenido es fresco y novedoso, obtendrá más votos, menciones y comentarios.

Al vendedor también se le podrá preguntar por la URL de su contenido y así mejorará su posicionamiento en buscadores. Reddit ha evolucionado rápidamente durante los años hasta ser uno de los lugares más grandes y diversos de internet.

Al cubrir prácticamente todos los gustos, los usuarios deciden qué tipo de contenido es popular. Al usar este modelo generado por su comunidad, Reddit ofrece una cantidad de contenido extraordinaria, que va desde lo informativo y divertido, hasta lo motivador y útil. Un gran poder social conlleva una gran responsabilidad y Reddit tiene la reputación de excluir el contenido pobre y asegurarse de que el mejor consiga publicidad (la mayor parte del tiempo).

No obstante, ganar esa publicidad no es tan simple como publicar algo en Facebook o Twitter, donde ya goza de un público. Estos cinco pasos le ayudarán a comprender qué es realmente «*redditear*» y cómo hacerlo bien (Aaron, 2013).

Paso 1: observe y tome notas

Aquellos que son nuevos en Reddit deben entender cómo funciona su organización comunitaria. En pocas palabras, el contenido se divide en categorías apropiadas denominadas «*subreddits*» y cada uno de ellos tiene una serie de reglas propias que deben ser estrictamente seguidas.

Si estamos en el *subreddit* llamado «marketing» y leemos la columna lateral derecha, veremos que es un lugar exclusivo para artículos y discusión. Si queremos hacer preguntas relacionadas con el marketing o pedir *feedback*, debemos ir al *subreddit* «*Ask*Marketing». También deberíamos tener en cuenta el número de lectores (suscriptores) y usuarios actualmente en línea (Aaron, 2013).

Tras entender las reglas, navegue por los artículos más populares y ordene los mensajes por los más vistos; así tendrá una idea perfecta de qué tipo de contenido funciona mejor. Fíjese en ellos y preste atención a temas que se repitan y apunte formas de crear contenido similar. Cuando haya cubierto estos aspectos básicos, busque el nombre de su empresa. Si obtiene algún resultado, léalo y anote lo más importante que vea.

Paso 2: adopte las normas sociales

Hemos comenzado hablando de la estructura de un *subreddit*, pero ha llegado el momento de socializarse. Las secciones de comentarios de Reddit son una mina de oro y están llenas de opiniones, sugerencias, comentarios, deseos y quejas. De hecho, puede llegar a ser un lugar en el que el ambiente esté caldeado. Intente observar y adaptarse a las normas sociales, comprobando cómo empiezan y acaban las conversaciones.

Aprenda los acrónimos importantes, como tl;dr (*too long, didn't read*; el texto es demasiado largo como para leerlo). Algunos *subreddits*, generalmente los más pequeños, con miles de lectores, han creado una comunidad tremendamente útil. Si vemos a usuarios regulares aportando recursos y demostrando profesionalidad y madurez, ellos son un gran objetivo potencial (Aaron, 2013).

Paso 3: planifique su mensaje

Hemos identificado los *subreddits* más relevantes para nuestro sector y comprendido las reglas, apuntado el contenido con más éxito y nos hemos familiarizado con el comportamiento habitual. Ahora debemos crear algo basado en todo lo que hemos aprendido. Hay que fijarse una meta como aumentar la conversión del producto «x» o generar conciencia de algún servicio. Este proceso puede ser sencillo.

Paso 4: lo más importante, involucre a los usuarios de Reddit

Este paso puede ser complicado si no medimos nuestras palabras. Como decíamos antes, los usuarios de Reddit dirán lo que deseen y la mayoría de las veces no tendremos a seguidores de nuestra marca para defendernos. Si comenzamos una conversación, debemos continuarla (Aaron, 2013).

Dependiendo del *subreddit*, hay distintos modos de comunicación. Por ejemplo, en ocasiones estaremos resolviendo simples cuestiones técnicas mientras que en otras haremos frente a críticas. Si podemos responder a preguntas difíciles y en ocasiones muy duras, ofreciendo contestaciones honestas y dignas de una marca estable, los usuarios generalmente nos votarán positivamente como muestra de aprecio.

Paso 5: analice y mida los resultados

Si nuestro mensaje tiene una buena acogida, la gente comentará, preguntará y nosotros daremos respuestas convincentes. Será tiempo, por última vez, de analizar y medir. Aquí es donde entran en juego las herramientas de medición. Por ejemplo, podemos usar Google Analytics, que lleva el recuento de visitas, clics, demografías, etc., desde el mensaje inicial hasta que la sección de comentarios llega a su fin (Aaron, 2013).

Un caso exitoso de *marketing* en Reddit

Uno de los mejores ejemplos de una marca que usa Reddit ha sido el de Nissan, cuando usó a dos *community managers* para preguntar a la gente las cosas más descabelladas que podrían comprar en Amazon (y

FIGURA 4.22 Nissan aplica con éxito la comercialización de Reddit.
Fuente: https://bit.ly/2YaXZqn; visitado el 4 de abril de 2024.

que posteriormente compraron). En una de las respuestas, un usuario publicó una imagen de una gigantesca caja de Amazon en un camión, la cual contenía un Nissan Versa Note. La imagen se volvió viral, Nissan tuvo buena publicidad y los usuarios de Reddit, buen contenido.

Un caso fallido de marketing en Reddit

Las marcas que apuestan por los memes suelen fracasar. Cuando Pilot publicó una imagen de su bolígrafo G2 calificándolo como «el único bolígrafo que importa», los usuarios de Reddit reaccionaron negativamente.

Como escribió «prosthetic4head»: «Incluso si no le paga la compañía o la agencia de publicidad, realmente no me gusta ver a gente que es fan de una marca creando cuentas para hablar de un producto. ¿Qué sería de Reddit entonces?»

Blogging

El término **blog** surge de la combinación de las palabras «web» y «log» o «weblog» y apareció por primera vez en la década de 1990 como un diario digital. En aquel tiempo, los blogs constituían páginas webs que se actualizaban y subían manualmente. No fue hasta finales de los 90 cuando surgieron las plataformas de blogs, las cuales facilitaron su uso sin necesidad de conocer código o diseño web. A principios de los 2000 nació **WordPress**, que creció rápidamente hasta ser una de las plataformas de blogs más usadas (Zarella, 2010; Duermyer, 2016).

Hoy en día, los programas de blogs ofrecen una enorme variedad de características sociales, como los comentarios, los *blogroll*, retroenlaces (*trackbacks*) y suscripciones, siendo idóneos para hacer marketing. Los blogs son una buena puerta de entrada hacia sus otros proyectos de marketing en redes sociales ya que se pueden integrar fácilmente con prácticamente cualquier otra herramienta o plataforma.

Marketing en blogs y ventajas de usar blogs profesionales

El ***marketing* en blogs** consiste en el proceso de llegar a su mercado objetivo a través de un blog. Muchas empresas usan una plataforma de blogs, como WordPress, tanto para su web como para su blog (Duermyer, 2016). Hoy en día, prácticamente todas las empresas importantes con una página web tienen un blog dirigido a sus clientes actuales y potenciales. Al igual que las publicaciones en otras plataformas sociales, los blogs deben tener un tono coloquial. Puede usar el marketing en blogs para informar y comentar con sus lectores los cambios que afectan a su sector, como el internet de las cosas (IOT, por sus siglas en inglés).

Los blogs ofrecen nuevo contenido a clientes y son una vía de interactuación entre empresas y consumidores. Estos son algunos de los beneficios más importantes (Duermyer, 2016):

- **Bajo coste de apertura y mantenimiento**: aunque hay plataformas de blogs gratuitas que pueden tener un diseño profesional, es recomendable usar una solución elaborada por usted mismo para tener una estrategia de marketing a medida de su empresa.

- **Herramienta útil para atraer tanto nuevo como antiguo tráfico hacia su sitio**: al ofrecer consejos, novedades y otros contenidos nuevos, da a sus usuarios una razón para volver a su web.
- **Facilidad de uso**: la mayoría de las plataformas de blog son fáciles de usar gracias al uso de comandos como «copiar» y «pegar» y funciones como «arrastrar y soltar».
- **Mejora el marketing en motores de búsqueda**: los motores de búsqueda como Google suelen encontrar y clasificar contenido nuevo y mucha gente escribe en su blog para mejorar su posición en los resultados de búsqueda. Cada vez que escribe una entrada, esta es una página más indexada en su web, lo que supone una oportunidad más para aparecer bien posicionado en los motores de búsqueda y llevar tráfico hacia su web a través de ellos.
- **Le permite demostrar experiencia y ganar confianza**: los mejores blogs profesionales responden a preguntas comunes planteadas por sus clientes. Si está constantemente creando contenido de utilidad para sus clientes objetivo, le ayudará a establecerse como una autoridad ante ellos. Con un blog puede demostrar que es un experto aportando información interesante que tenga valor.
- **Le conecta con sus clientes**: aunque la mayor parte de empresas usan Facebook y otras redes sociales en lugar de blogs para interactuar con sus clientes, los blogs le pueden ayudar a tener conversaciones más profundas. Así, podrá establecer una relación, conocer su opinión y mejorar su atención al cliente.
- **Puede generarle dinero (aparte de la venta de sus bienes o servicios)**: puede permitir anuncios, promocionar productos patrocinados y conseguir patrocinadores, lo cual conllevará otras fuentes de ingreso y tráfico.
- **Ayuda a llevar tráfico hacia su web**: los blogs también pueden darle a conocer en redes sociales. Cada vez que escribe una entrada en su blog, está creando contenido que la gente puede compartir en las redes y ayudar a promocionar su empresa a un nuevo público que, quizás, no le conozca.

Cómo hacer marketing en blogs efectivo

Como ya hemos señalado, los blogs pueden ayudarle a mejorar sustancialmente su estrategia de marketing en redes sociales. En las siguientes líneas detallaremos los consejos más importantes para optimizar sus esfuerzos cuando decida usar blogs (Zarella, 2010; Kawasaki y Fitzpatrick, 2014; Scott, 2015; Duermyer, 2016):

- **Establezca un plan de marketing en blogs**: establecer un objetivo y estructurarlo como un plan de marketing ayudará a que el gestor de su estrategia de marketing en redes sociales sea consistente. Debe aclarar qué compartir en su blog ya sean noticias, consejos, recursos, etc. Además, debería especificar cada cuánto tiempo actualizar el blog (esto es, diariamente, semanalmente, etc.).
- **Configure su plataforma de blogs**: seleccione su plataforma de blogs y configúrela con un diseño que se adecúe a su negocio. Asegúrese de usar el mismo logo tanto en su blog como en su página web para mantener cierta consistencia. Si usa una plataforma de blogs gratuita, algo poco recomendable para una empresa, cree un nombre de dominio que lleve a su blog para que los consumidores puedan acceder más fácilmente a su sitio.
- **Al comienzo, haga rápidamente varias entradas**: a los lectores no les gusta un blog con solo una o dos entradas, así que al comienzo añada rápidamente unas diez o más entradas y publique según la frecuencia contemplada en su plan de marketing en blogs.
- **Comparta sus entradas de blog en redes sociales**: puede enlazar sus entradas a otros perfiles en redes sociales como Facebook y Twitter. Sin embargo, tenga en cuenta que la mayoría de sus entradas no deben servir como promoción. Asegúrese de dar a sus seguidores algo más valioso para leer que una página de ventas o de un producto. Al compartir el contenido de su blog en redes sociales demuestra el conocimiento de su sector, lo que le posiciona como un líder informativo. Convertirse en una autoridad en su negocio terminará aumentando la exposición de su empresa y las cifras de ingresos. Si desea obtener una mayor interacción al

crear contenido, use distintas formas de publicación en sus actualizaciones de estado; por ejemplo, en Facebook, publique una foto en su muro y enlace a su contenido ya que las fotos suelen tener una mayor interacción que las publicaciones con solo un enlace. Asegúrese de encontrar la fórmula idónea para su público. Al mencionar a gente, productos o servicios en su blog, asegúrese de volver a mencionarlos en sus redes sociales cuando comparta sus publicaciones. Puede usar los @usuario en Twitter o etiquetar a personas relevantes en Facebook. Esto aumentará la posibilidad de que aquellos usuarios involucrados compartan el contenido con sus seguidores, pudiendo abrir las puertas de su negocio a un nuevo público.

- **Facilite el compartir el contenido**: una forma adecuada de atraer aún más tráfico hacia su blog es permitir que su público comparta el contenido de forma cómoda. ¿Por qué le interesa que los visitantes compartan su contenido? Una de las principales razones es que su contenido gane aprobación social. También empezará a ganar más lectores y suscriptores gracias a los seguidores de aquellos que compartan sus publicaciones. La forma óptima de fomentar que otros compartan su contenido es incluyendo botones de redes sociales, preferiblemente situados al principio y al final de sus publicaciones. Entre los *plugins* que le pueden ayudar están Add This (para múltiples plataformas de blogs; http://www.addthis.com/), Share This (http://www.sharethis.com/) y Sociable (almacenada por WordPress; https://wordpress.org/plugins/sociable/). Otro excelente método puede ser pedir a sus lectores que compartan su contenido. Considérelo una gran llamada a la acción que puede añadir a todas sus publicaciones.

  Asimismo, debería publicar un mensaje en Pinterest por cada entrada en su blog. Cuando la gente «repinea» una publicación en Pinterest, vuelve a aparecer en la línea temporal pública. Por ello, los «pines» tienen una mayor vida ya que vuelven a nacer y llevan más tráfico hacia su blog. Mucha gente guarda artículos para leerlos más tarde o para disponer de ellos en el futuro; facilite esto añadiendo un enlace en su publicación en el que pida guardarlo para más tarde y que apunte hacia el «pin» de su blog.

Para concluir, debería facilitar el iniciar sesión mediante redes sociales, lo que permite a los lectores iniciar sesión en su web o servicio usando su cuenta deX, Facebook y otras plataformas. Esto posibilita un registro más rápido y sencillo, una integración de los avatares existentes, muestra la información de contacto y reduce el *spam*, ya que los usuarios están identificados.

- **Haga un esfuerzo por responder al mayor número de comentarios posibles**: muchos blogs tienen una sección de comentarios que los usuarios pueden utilizar. Este apartado es excelente para construir una comunidad fuerte y obtener *feedback*. Intente comprometerse a responder a tantos comentarios como pueda, sobre todo en los inicios de su blog. Si alguien deja un comentario negativo, pero bien argumentado, nunca lo borre y responda al comentario. Debe ser positivo y amable ya que siempre hay alguien mirando. Si no es posible ser positivo, siempre puede aceptar que haya más de un punto de vista ya que esto ahuyentará a los *trolls*, aquellos que solo buscan peleas y conflictos. Si todo falla, no dude en ignorar, borrar, bloquear o denunciar a estos individuos ya que no tiene ninguna obligación moral de hablar con ellos y no hay ningún beneficio si se rebaja a su nivel.

  Cada día, reserve algo de tiempo para realizar comentarios interesantes en otros blogs de su sector. Seleccione algunas páginas conocidas y relevantes de su entorno y conviértase en un miembro respetable de la comunidad. Esta es una forma inestimable de conectar con otra gente, aunque deberá compaginarlo con el tiempo y recursos necesarios para crear su propio contenido individual de calidad.

  Además, use menciones y no *hashtags*. El propósito de estos últimos es el de ayudar a la gente a compartir un tema, por lo que no es lo mismo que una respuesta. Por ejemplo, cuando Mercedes presenta un nuevo coche y lo quiere comentar con otra gente, debería utilizar #Mercedes. Cuando haga un comentario acerca de

Mercedes o los mencione directamente y quiere asegurarse de que la compañía lo ve, debería usar @Mercedes.

- **Elija un tema en el que pueda influir o incluso dominar**: céntrese en dar su propio punto de vista y opiniones y seleccione temas para sus blogs y comentarios en los que demuestre tener un conocimiento profundo o una experiencia que denoten profesionalidad y aporten valor.
- **Reaccione a las noticias y publique rápidamente**: el contenido más popular que podrá publicar son las noticias exclusivas y de última hora. El problema, por supuesto, es que son difíciles de hallar, por lo que la mejor solución es la de establecer conexiones con agentes de su sector. En caso de enterarse de una noticia que dé pie a una entrada, actúe rápido; ser el segundo o tercero en publicarlo no supone una ventaja. Intente reaccionar ante noticias importantes y obtenga tantos detalles y contenido como pueda (fotos, vídeos o audio, por ejemplo) antes de publicar.
- **Maximice el impacto de su blog**: además de noticias de última hora e información exclusiva, debería también centrarse en contenido que pueda generar más comentarios.

  Un ejemplo son las listas ya que los lectores encuentran el contenido dividido en fragmentos más fáciles e interesantes de leer. Clasifique los diez mejores o peores elementos de un determinado ámbito y, si es posible, añada imágenes y vídeos para cada entrada y muéstrelas en orden descendiente.

  Otra importante fuente de impacto para su blog pueden ser los tutoriales, los cuales son una buena idea si sabe hacer algo mejor que otros. Aporte vídeos o imágenes y organice los pasos en una lista numerada. Cuanto más simple haga una tarea aparentemente compleja, más lo apreciarán sus lectores. La información útil es uno de los tipos de contenido más compartidos en la web, así que los blogs de este tipo suelen propagarse más rápido.

  Otro campo fructífero, pero también peligroso, es la controversia. Si puede desaprobar o criticar algo que la mayoría aprecia (o no), puede tener un enorme número de comentarios y visibilidad. No obstante, debe tener cuidado en no caldear demasiado el ambiente. Asimismo, no haga ataques personales y siempre preste atención a los hechos reales.

- **Escriba artículos como colaborador**: publicar entradas como colaborador en webs como 'HubSpot' (https://www.hubspot.com/), 'Huffington Post' (https://www.huffpost.com/) o 'MarketingProfs' (https://www.marketingprofs.com/) puede exponerle a un nuevo público.

  Son una herramienta poderosa para hacer crecer su visibilidad y popularidad en línea. Teniendo esto en cuenta, debería ponerse en contacto con otras páginas y blogs que puedan estar interesados en sus colaboraciones. Le sorprenderá saber que muchas estarán muy interesadas en conseguir contenido adicional.

- **Aumente sus seguidores a través de su blog**: su blog es una plataforma que le permite involucrar a sus seguidores para que conecten con usted en sus redes sociales. ¿Por qué le interesa atraer seguidores relevantes mediante su blog? Este es el mejor tipo de seguidor para su negocio, ya que es el más leal e interesado en su sector y su contenido. Un público relevante y al que tenga como objetivo puede convertirse en un mayor beneficio para su negocio, a través de las redes sociales. A medida que su público objetivo vaya creciendo en las redes, también podrá esperar obtener un mayor compromiso por su parte cuando comparta contenido.

  Si desea aumentar sus seguidores en Twitter, asegúrese de usar el botón oficial de retuiteo. Esto le permite añadir su nombre de usuario al tuit y fomenta que su público siga su cuenta al publicar sus entradas. Incluya llamadas a la acción al final de sus entradas como, por ejemplo, «si te ha gustado, por favor, síguenos en Twitter y hazte seguidor nuestro en Facebook». Esto le ayudará a aumentar su base de seguidores. Preste atención y promocione solo sus principales cuentas, ya que si da muchas opciones la gente puede terminar no siguiendo ninguna de ellas. El diseño de su blog profesional seguramente tendrá una barra lateral incluya ahí botones para que los visitantes puedan seguirle fácilmente en las redes sociales.

- **Envíe enlaces de anuncios en redes hacia su blog**: si ve que los anuncios en redes sociales que llevan a sus páginas principales, de productos y de servicios no generan el suficiente tráfico, debería valorar promocionar enlaces a su blog. Si su contenido es lo suficientemente valioso y orientado hacia su clientela objetivo, podría obtener conversiones de las entradas de blog que promociona. Si su meta es involucrar a sus seguidores, el contenido en blogs suele conseguir más «Me gusta», comentarios y se comparte más que las páginas de venta. Esto hará que sus entradas promocionadas en Facebook sean más llamativas ya que los anuncios en esta página pueden impulsar su número de seguidores en la plataforma. Para crear un gran anuncio, comience con un título potente, una descripción detallada y una imagen de su publicación. Asimismo, cree distintas versiones del anuncio para probar la respuesta e interacción de su público utilizando distintas imágenes, títulos y descripciones. Para asegurarse de que sus anuncios están teniendo un impacto positivo, asegúrese de finalizar cada entrada del blog con una llamada a la acción relativa a sus bienes o servicios. Esto dará a sus anuncios un mayor potencial de generar conversiones y ventas. Para concluir, estudie los datos de analítica de ventas de cada red social, así como la información de Google Analytics sobre su página para comprobar que sus anuncios reciben clics y que su contenido en blogs transforma a sus lectores en conversiones.

TikTok

TikTok es un servicio de red social de intercambio de vídeos en China, propiedad de ByteDance, una empresa con sede en Beijing fundada en 2012 por el empresario chino Zhang Yiming. Ha demostrado que una empresa china, como ByteDance, puede tener éxito en un mercado abiertamente competitivo a nivel internacional, en lugar de solo en

China, donde el Gran Cortafuegos regula internet y bloquea el acceso a varios sitios de medios sociales de Estados Unidos. Su estrategia de versiones duales de TikTok -una para el mercado chino censurado en internet (Douyin) y otra para el resto del mundo (TikTok)- podría ser un nuevo modelo para otras empresas de contenidos digitales que aspiran a un alcance tan global.

ByteDance lanzó por primera vez Douyin para el mercado chino en septiembre de 2016. TikTok fue lanzado en 2017 para iOS y Android en mercados fuera de China. Estuvo disponible en los Estados Unidos después de fusionarse con musical.ly el 2 de agosto de 2018. TikTok y Douyin son similares entre sí y son esencialmente la misma aplicación, sin embargo se ejecutan en servidores separados para cumplir con las restricciones de la censura china. En mayo de 2021, TikTok nombró a Shou Zi Chew como nuevo CEO. En septiembre de 2021, TikTok llegó a los mil millones de usuarios.

La aplicación móvil de TikTok permite a los usuarios crear un vídeo corto (vídeos de baile, sincronización de labios, comedia y talento) de sí mismos. Para crear un vídeo musical con la aplicación, los usuarios pueden elegir música de fondo de una amplia variedad de géneros musicales, editar con un filtro y grabar un vídeo de 15 segundos con ajustes de velocidad antes de subirlo para compartirlo con otros en TikTok u otras plataformas sociales. También pueden grabar vídeos cortos de sincronización de labios con canciones populares. En enero de 2024, TikTok superó los mil millones de usuarios activos al mes y su presencia alcanzó más de 160 mercados y 80 idiomas. Los usuarios de TikTok pasan una media de 95 minutos al día en la aplicación.

Además, los creadores de TikTok tienen hasta 100 millones de seguidores y ganan hasta 5 millones de dólares al año. Las categorías más populares de contenido son las de entretenimiento, baile, bromas, fitness/deportes y bricolaje. De los 4 800 millones de usuarios de Internet en todo el mundo, el 20,83% utiliza TikTok.

En este contexto, recomendamos que se evalúe la posibilidad de construir una presencia allí. Como TikTok ha añadido la posibilidad de incluir enlaces y URL de comercio en los perfiles y vídeos, también puedes dirigir valioso tráfico a tu sitio web.

Ejemplo 4.6
La historia de éxito de Chipotle en TikTok

Chipotle es una cadena americana de restaurantes informales rápidos especializados en tacos y burritos. En octubre de 2019, Chipotle lanzó con éxito una campaña para promocionar sus burritos de 4 dólares en Halloween. En un post, el mago digital y estrella de vídeo Zach King se acerca al mostrador de Chipotle para recibir un cuenco de burritos con papas fritas. Después de pagar, salta y su vestuario se convierte en un instante en un traje de astronauta. Pronto, todo en la tienda está flotando en gravedad cero.

Otra estrella, Brittany Broski, posteó en la aplicación para compartir vídeos en la misma época mordiendo un burrito de Chipotle y luego, de repente, llevaba una peluca de científico loco. Todos estos vídeos de TikTok fueron etiquetados como #boorito, para una campaña publicitaria estadounidense que es una de las campañas más virales de TikTok basada en una medida: el hashtag tiene 3,9 mil millones de vistas en TikTok.

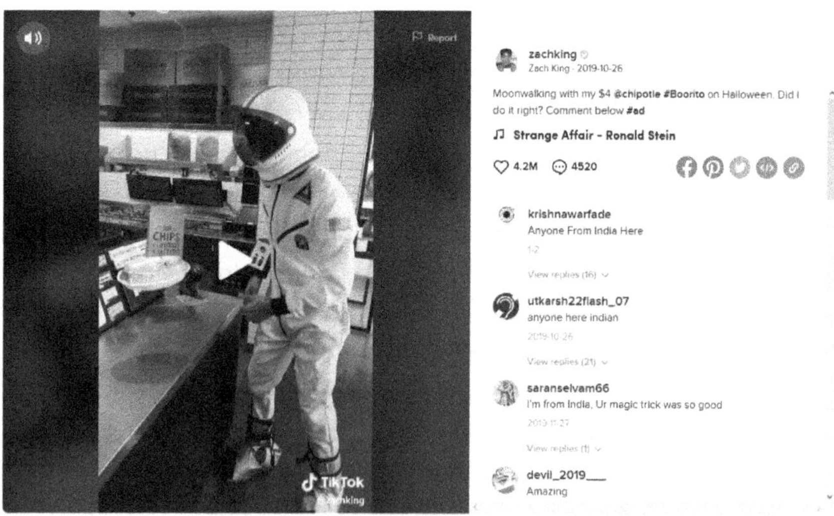

FIGURA 4.23 El vídeo de Zach King's Chipotle en TikTok. Fuente: https://bit.ly/3eXTzt4; visitada el 18 de enero de 2022.

Área de entretenimiento social

Área 3: El entretenimiento social abarca canales y vehículos mediáticos que ofrecen oportunidades para jugar y entretenerse. Estos incluyen juegos de consola, juegos sociales y plataformas de juegos, así como comunidades de entretenimiento.

La zona de entretenimiento social es un lugar lleno de vida que permite participar en una miríada de experiencias de juego y oportunidades de entretenimiento. En este dinámico espacio, nos encontraremos con juegos de consola que permiten socializar: grupos de amigos se pueden juntar para vivir aventuras virtuales, jugar a videojuegos sociales y entrar en plataformas de gaming que ofrecen experiencias interactivas y conjuntas, además de formar parte de comunidades de entretenimiento donde los fans pueden conectar y disfrutar de las aficiones que tienen en común con los demás.

La zona de entretenimiento social es un patio de juegos digital sin límites: nos podemos sumergir en los apasionantes mundos de los juegos de consola, participar en animados videojuegos sociales o unirnos a comunidades muy activas. Es un mundo donde se unen la alegría del juego y la emoción de las experiencias compartidas: una fusión de entretenimiento que encaja a la perfección en esta sociedad digital de hoy.

Estos son **algunos ejemplos de cada categoría de entretenimiento social**:

- **Juegos de consola para socializar:**
  - **Fortnite**: un juego multijugador en línea muy popular en el que los jugadores luchan en el estilo battle royale, construyen estructuras y socializan con amigos.
  - **Minecraft**: si bien está disponible en varias plataformas, donde más fuerza social tiene es en las consolas, que permiten a los jugadores colaborar en la construcción y en explorar mundos virtuales.
- **Videojuegos sociales y webs gaming:**

    - **AmongUs**: un juego multijugador que ha ganado mucha popularidad por su factor de deducción social, ya que requiere que los jugadores trabajen en equipo para completar tareas mientras identifican al impostor.
    - **Pogo**: una plataforma en línea de gaming que presenta una variedad de juegos sociales, entre ellos juegos de cartas, juegos de mesa y puzles.
- **Comunidades de entretenimiento:**
    - **Twitch**: una plataforma de streaming en vivo donde los usuarios pueden ver e interactuar con gamers, lo que crea comunidades de distintos géneros de juegos y creadores de contenido.
    - **Reddit Gaming Community**: subreddits como r/gaming son espacios que permiten a los entusiastas del gaming compartir noticias, debatir sobre juegos y relacionarse mientras comparten su pasión por la cultura gaming.

Las empresas pueden aprovechar el entretenimiento social para conectar con sus audiencias de maneras innovadoras y entretenidas, aumentar el reconocimiento de su marca y construir relaciones duraderas. He aquí cómo hacerlo en cada plataforma:

- **Juegos de consola para socializar:**
    - **Colaboraciones in-game**: colaborar con los desarrolladores del juego para tener contenido de la marca dentro del propio juego o características exclusivas puede ayudar a aumentar el reconocimiento de la marca.
    - **Torneos y retos**: organizar torneos o retos patrocinados en juegos de consola populares da pie a entrar en contacto directamente con la comunidad de jugadores.
- **Videojuegos sociales y webs gaming:**
    - **Incorporación de juegos de la marca**: crear juegos personalizados que vayan acorde con los valores o productos de la marca permite tener experiencias interactivas con la marca.

- **Publicidad in-game**: la publicidad estratégicamente colocada dentro de juegos sociales o en plataformas de gaming puede llegar a una audiencia receptiva y diversa.

- **Comunidades de entretenimiento:**
  - **Patrocinios y colaboraciones**: trabajar con streamers populares en plataformas como Twitch para que muestren contenido patrocinado o establecer colaboraciones con ellos puede extender el alcance de la marca a los seguidores de los creadores de contenido.
  - **Encuentros con la comunidad**: participar de manera activa en los foros y comunidades de gamers, siempre con interacciones meditadas que sean auténticas, puede ayudar a crear una afinidad de marca entre los participantes.

Para llevar a cabo todas estas estrategias es vital demostrar autenticidad y un profundo conocimiento de la cultura específica del mundo gaming y de los espacios de entretenimiento social. El objetivo de las empresas tiene que ser formar parte de la comunidad, no imponer su marca, para garantizar que la participación parezca orgánica y vaya acorde a los intereses de la audiencia.

Las empresas sagaces van a poder establecer conexiones significativas y desarrollar nuevos medios para la promoción de su marca en este medio digital tan dinámico que sigue al alza.

eSports

Especialmente los **eSports** están experimentando un fuerte crecimiento. El fenómeno eSports constituye una forma de competición facilitada por sistemas electrónicos, en concreto, los vídeojuegos.

Etiquetar a los vídeojuegos como deportes genera un controvertido debate, pero la realidad es en que, cada vez, vemos más equipos profesionales. Los torneos de eSports son, por lo general, eventos de carácter presencial, que tienen lugar frente a una audiencia que lo sigue en directo. Entre los sitios web de transmisión en vivo más populares para tales torneos eSports se encuentra Twitch, que fue adquirida por Amazon en 2014. En 2022, eSports generó una facturación mundial de 145 mil millones de dólares. Se espera que los ingresos de eSports aumenten en más de un 50% hasta 2025. eSports llega a decenas de millones de personas de forma regular y a más de cien millones, de forma ocasional, en algunos grandes eventos.

Por consiguiente, esto podría compararse a muchos deportes tradicionales con grandes audiencias e importantes contratos de patrocinadores. Los consumidores de los mercados asiáticos aportan las mayores contribuciones, pues continúan liderando el sector de la industria. La mayor parte de esta aportación proviene de Corea y China. League of Legends, que se ha consagrado como uno de los juegos de PC con mayor crecimiento, tiene sus mejores equipos en Corea.

En Asia, los mejores jugadores de eSports son famosos y jugar constituye un trabajo a tiempo completo. En China, los eSports se encuentran reconocidos por la Administración General del Deporte y los jugadores residen en centros de juego destinados a su entrenamiento. Dichos jugadores disponen de los mejores entrenadores, representantes, especialistas en coordinación óculo-motora y psicólogos a su disposición. Corea del Sur cuenta con sus propios estadios dedicados a los eSports y, en este país, los jugadores de eSports atraen audiencias de millones de personas y pueden ganar grandes premios de los patrocinadores.

Aparte de Dota 2 y League of Legends en 2012 se lanzó Counter-Strike: Global Offensive que sigue siendo uno de los vídeojuegos más populares entre los equipos de eSports en 2023. Aquí los equipos juegan como Terroristas o Contraterroristas. El objetivo es eliminar al equipo enemigo en varias rondas de juego. El juego consta de objetivos como colocar la bomba (realizado por los terroristas) o desactivar la bomba (contraterroristas) en un tiempo determinado.

eSports, el mundo de los videojuegos competitivos, ha ido evolucionando hasta convertirse en un fenómeno mundial con una gran afición muy entregada. Las empresas pueden entrar en este dinámico panorama de distintas maneras para mejorar la visibilidad de la marca y el compromiso. Esta es una guía sobre cómo pueden utilizar las empresas los eSports de manera eficaz:

- **Patrocinios y colaboraciones:**
    - **Patrocinar equipos**: apoyar a equipos de eSports profesionales permite exponer la marca a su audiencia. Las empresas pueden poner sus logos en la equipación, mostrarlos en streamings en directo y en materiales promocionales.
    - **Patrocinar torneos**: patrocinar torneos de eSports, sean locales o internacionales, permite una visibilidad significativa. Las empresas pueden convertirse en los patrocinadores oficiales de actividades específicas, lo que les permite publicitarse durante las retransmisiones y en distintos medios promocionales.
- **Creación de contenido y streaming:**
    - **Contenido promocional con influencers**: colaborar con influencers de eSports y con jugadores para que incluyan contenido promocional en streamings en directo o vídeos de YouTube permite un contacto real con la audiencia.
    - **Torneos patrocinados**: organizar o patrocinar torneos y ligas de eSports puede ayudar a unir la marca y la comunidad deportiva.
- **Publicidad in-game:**
    - **Colocación de producto**: integrar productos o marcas en los títulos de eSports populares puede mejorar la visibilidad de la marca. Puede hacerse mediante publicidad dentro del propio juego, elementos patrocinados o incluso skins personalizadas.
    - **Patrocinio de productos virtuales**: apoyar la creación de productos virtuales dentro de los propios juegos, como skins u objetos patrocinados, es una manera específica de conectar con los jugadores.
- **Compromiso en las redes sociales:**
    - **Campañas sociales interactivas**: interactuar con la audiencia de eSports mediante plataformas de redes sociales, como X, Instagram y TikTok, permite una comunicación a tiempo real

y participar en las conversaciones.

- **Campañas de hashtags**: una manera de ampliar el alcance de la marca en redes sociales es animar a los usuarios a compartir contenido relacionado con la empresa y relativo a la comunidad de eSports mediante hashtags publicitarios.

- **Construcción de comunidad:**
  - **Zonas de fans publicitadas**: crear espacios o eventos específicos para los fans durante los torneos aporta una presencia física y fomenta que se sientan parte de una comunidad.
  - **Contenido exclusivo para suscriptores**: ofrecer contenido exclusivo o ventajas para suscriptores en plataformas como Twitch o Patreon puede reforzar la relación entre la marca y la audiencia de eSports.
- **Uso de datos y analíticas:**
  - **Información de la audiencia**: utilizar el análisis de datos para comprender la demografía y las preferencias de las audiencias de eSport ayuda a crear estrategias de marketing específicas.
  - **Medición del rendimiento**: medir el éxito de las campañas mediante métricas como el compromiso, las impresiones y las conversiones ofrece información muy importante para iniciativas futuras.

Como con toda estrategia de marketing, la autenticidad y el conocimiento profundo de la comunidad de eSports son vitales.

Algunas técnicas de éxito en el marketing de eSports son la participación activa en la cultura, el respeto por la pasión de la audiencia, y el fomento de las relaciones a largo plazo con esta industria dinámica y de rápido crecimiento.

Realidad aumentada (RA)

La realidad aumentada (RA) es el entorno del mundo real cuyos elementos están aumentados (o complementados) por entradas sensoriales generadas por ordenador tales como sonido, vídeo, gráficos o datos de GPS. Está relacionado con un concepto más general denominado realidad mediada en el que un ordenador, una tableta o un teléfono inteligente modifica la visión de la realidad. Consiguientemente, la tecnología funciona mejorando la percepción actual de la realidad.

La RA es un medio dinámico e inmersivo para que las empresas entren en contacto con las audiencias, poniendo en contacto el mundo digital y el físico. He aquí varias estrategias mediante las que las empresas pueden emplear la RA:

- **Experiencias de producto interactivas:**
  - Crear experiencias de RA que permitan a los consumidores visualizar e interactuar con los productos antes de comprarlo. Por ejemplo, las tiendas de muebles pueden ofrecer aplicaciones de RA para que los clientes puedan ver cómo quedaría un mueble en su propia vivienda.
- **Campañas publicitarias de RA:**
  - Desarrollar anuncios interactivos y atractivos en RA. Por ejemplo, los usuarios pueden escanear un anuncio con sus móviles para ver contenido adicional, como vídeos, modelos en 3D o promociones especiales.
- **Navegación e información in-store:**
  - Poner en marcha navegación e información mediante RA en la propia tienda. Los vendedores pueden guiar a los clientes en las tiendas, ofrecer más detalles sobre los productos o promociones exclusivas al escanear productos con instrumentos que emplean RA.
- **Pruebas virtuales:**
  - Permitir a los clientes probarse los productos de manera virtual, como por ejemplo prendas, accesorios o maquillaje, usando aplicaciones de RA. De esta manera, se mejora la experiencia de la compra online y se reduce la inseguridad de comprar virtualmente.

- **RA en lugares específicos:**
  - Desarrollar experiencias de RA para ubicaciones geográficas específicas. Algunos ejemplos son búsquedas del tesoro, información adicional sobre la historia del lugar o contenido promocional que se activa mediante la localización de GPS del usuario.
- **Empaquetado interactivo:**
  - Mejorar el empaquetado del producto con RA. Cuando los clientes escanean el paquete con sus móviles, pueden acceder a información adicional, vídeos de instrucciones o incluso contenido de entretenimiento relacionado con el producto.
- **Juegos de RA publicitarios:**
  - Crear juegos de RA publicitarios para atraer a los usuarios. Se pueden crear experiencias gamificadas relacionadas con la marca o el producto, para animar a los usuarios a interactuar y participar.
- **RA en redes sociales:**
  - Emplear RA en plataformas de redes sociales populares. Por ejemplo, desarrollar filtros o efectos de RA que los usuarios puedan aplicar a sus fotos o vídeos, que incorporen elementos publicitarios.
- **Activación para eventos:**
  - Incorporar RA en estrategias de marketing en eventos. Los asistentes a eventos en vivo pueden emplear aplicaciones de RA para acceder al horario de las actividades, a mapas interactivos o a contenido exclusivo en lugares concretos.
- **Contenido educativo:**
  - Desarrollar RA que eduque a los consumidores sobre productos o servicios. Por ejemplo, mediante guías interactivas, tours virtuales o información sobre la historia de la empresa o su misión.

Pokémon Go

Parece ser que **Pokémon Go** pasará a la historia como el juego que verdaderamente lanzó la RA al público en general. En este juego los jugadores deben interactuar con la realidad para jugar. Por eso en el verano de 2016 fuimos testigos de los millones de personas que corrían por los parques y otras zonas peatonales con sus móviles «buscando un Pokémon».

Se trata de una tecnología que interactúa directamente con los entornos del mundo real y los complementa con nuevos contenidos. Pokémon Go alcanzó este logro al conseguir que millones de personas recorrieran los alrededores en busca de pequeños monstruos adorables que únicamente podían ver a través de sus móviles o tabletas.

Muchos pensaron que la situación actual con el coronavirus y la mayoría de países en confinamiento disminuiría la popularidad de este juego, pero sucedió todo lo contrario ya que la base de fans está aumentando y se ha alcanzado el mismo número de jugadores activos que en 2016.

La empresa detrás de esta aplicación era consciente de que la mayoría de la gente se quedaría en sus casas y, por ello, editaron la estructura del juego e hicieron posible coleccionar Pokémon cerca de casa o en los patios traseros. Además, los usuarios pueden utilizar la localización virtual para sustituir el paseo físico.

McDonald's fue la primera multinacional que se asoció con Pokémon Go con el fin de impulsar sus ventas en Japón. McDonald's fue la primera marca en promocionarse a través de Pokémon Go, pagando para que 3000 de sus restaurantes de comida rápida en Japón se convirtieran en «gimnasios Pokémon» en el juego de realidad virtual. Los jugadores deben visitar estos lugares para progresar en el juego para poder convertirse en campeones del gimnasio.

Los gimnasios son generalmente lugares públicos de especial importancia como las estaciones de tren. La ventaja para McDonald's es evidente: los jugadores de Pokémon GO entran a McDonald's para luchar y es entonces cuando deciden comprar una hamburguesa mientras permanecen en el establecimiento.

Área de comercio social

Área 4: Comercio social se refiere al uso de las redes sociales con la finalidad de ayudar en la compra y venta digital de productos y servicios. Se trata de un subconjunto del comercio electrónico que se ocupa de la práctica de comprar y vender productos o servicios a través de internet.

Ejemplo 4.7
Amazon: deleitando a los clientes y satisfaciendo sus experiencias en línea

Cuando piensa en las compras digitales, es posible que lo primero que se le pase por la cabeza sea Amazon.com. Esta empresa pionera abrió sus puertas por primera vez en 1995 vendiendo libros en el garaje del fundador Jeff Bezos en Seattle. Amazon sigue vendiendo libros, pero, en la actualidad, también vende todo tipo de elementos, desde música, electrónica, herramientas, artículos para el hogar y comida, hasta moda, diamantes y un largo etcétera. Muchos profesionales del marketing consideran a Amazon como el modelo de marketing directo en la era digital.

Amazon ha experimentado un crecimiento espectacular desde sus inicios. Las ventas anuales aumentaron desde los 150 millones de dólares en 1997 hasta más de 157,16 mil millones de dólares en 2017, convirtiéndose en la empresa más joven de la historia en alcanzar la cifra de 100 mil millones de dólares en ingresos. Walmart, por ejemplo, tardó 34 años en alcanzarla.

¿Qué ha hecho Amazon para tener un éxito tan asombroso? Bezos, su fundador y CEO, lo explica en pocas palabras al hacer hincapié en que la empresa se centra en los clientes y que Amazon está orientada inexorablemente hacia estos. Bezos destaca que crear un valor real para los clientes es lo que impulsa todo. El objetivo prioritario consiste en constituirse como la empresa mejor centrada en los clientes a nivel mundial, en la que estos puedan encontrar y descubrir todo aquello que deseen comprar digitalmente. Amazon considera que si se lleva a cabo lo que es adecuado para los clientes y se satisfacen sus necesidades, los beneficios estarán garantizados.

En Amazon, cada decisión se toma con miras a mejorar la experiencia del cliente. De hecho, en las reuniones de Amazon, la figura más influyente en la sala es «la silla vacía»: literalmente, se trata de una silla vacía en la mesa que representa al cliente.

Quizás más importante que lo que Amazon vende es cómo lo vende realmente. La empresa desea ofrecer una experiencia especial a cada uno de los clientes. Amazon se obsesiona con que la experiencia personal de cada cliente sea única. Por ejemplo, el sitio web recibe a los clientes con sus propias páginas de inicio personalizadas. Asimismo, la función «Recomendaciones para ti» ofrece recomendaciones personalizadas sobre productos. Amazon fue la primera empresa en usar la tecnología de «filtrado colaborativo» que analiza las compras anteriores de cada cliente, así como los patrones de compra de clientes con perfiles similares con el objetivo de crear contenido personalizado.

Los visitantes de Amazon reciben una combinación de beneficios: una selección amplia de productos, buena relación calidad-precio, precios bajos y comodidad. Sin embargo, es el factor «descubrimiento» el que crea una experiencia de compra especial. Una vez en la página web de Amazon, los usuarios se ven obligados a quedarse un tiempo, mirando, aprendiendo y descubriendo. Amazon.com se ha convertido en una especie de comunidad virtual en la que los usuarios pueden explorar productos, buscar alternativas de compra, compartir opiniones, comentarlas con otros usuarios y chatear con escritores y expertos. De este modo, la compañía hace mucho más que simplemente vender productos por internet ya que crea y fomenta relaciones directas y personalizadas con el cliente y experiencias satisfactorias por internet. Para crear incluso una mayor selección para sus clientes, Amazon ha permitido a los minoristas competidores, desde pequeños negocios familiares hasta Marks & Spencer, ofrecer sus productos en Amazon creando así un centro comercial virtual de proporciones increíbles. Amazon incluso alienta a los usuarios a vender artículos usados en su página. Cuanto más amplia sea la selección, más clientes atraerá y, de esta manera, todos se benefician. Año tras año, Amazon se ubica en la cima, o cerca de ella, en casi todos los *rankings* de satisfacción del cliente independientemente del sector que se trate.

Hasta la fecha, Amazon se ha convertido en el modelo a seguir para empresas centradas de manera obsesiva en ofrecer valor al cliente virtual. Jeff Bezos ha sabido desde el principio que, si Amazon crea un valor superior para los clientes, ganará su confianza, se realizarán más transacciones y el éxito estará asegurado en términos de beneficios e ingresos.

Fuente: Adaptado de Kotler, Armstrong y Opresnik (2016).

Alibaba Group Holding Limited es otro gigante en el área de comercio social. Se trata de una empresa china de comercio electrónico que proporciona portales de ventas entre consumidores de venta al por menor y de venta entre empresas a través de sitios web. Asimismo, Alibaba ofrece servicios de pago electrónico, un motor de búsqueda de compras y servicios de computación en la nube centrados en datos. El grupo comenzó en 1999 cuando Jack Ma fundó la página web Alibaba.com, un portal entre empresas destinado a conectar a los fabricantes chinos con compradores extranjeros.

El comercio social emplea aplicaciones de medios sociales que permiten a los compradores en línea interactuar y colaborar durante la experiencia de compra y ayudar a los minoristas durante este proceso. Es evidente que, al igual que ocurre en el mundo físico, esto puede cambiar la dinámica de compra, a medida que se abre para que otros influyan en nuestras decisiones de compra.

Los canales de comercio social incluyen reseñas y calificaciones de sitios de reseñas o marcas de comercio electrónico como, por ejemplo, hotels.com, booking.com, Cabify o Airbnb.

Uber

Para **Uber** es importante garantizar una experiencia de alta calidad. Por lo tanto, los pasajeros califican su experiencia al final de cada viaje y los conductores hacen lo mismo. Estas empresas revisan con regularidad estas valoraciones y, a través de este proceso, pueden crear y mantener un entorno seguro y respetuoso con los pasajeros y conductores en 900 ciudades alrededor del mundo. Las valoraciones de los pasajeros pueden hacer que se elimine a un socio del sistema o servir como validación de que el conductor está brindando un gran servicio. Un usuario de Cabify o Uber puede ver la calificación de un conductor después de que este haya aceptado su solicitud de viaje. Dicha calificación, que oscila entre una y cinco estrellas, se muestra al lado de su foto, tipo de coche y número de matrícula en la parte inferior de la aplicación.

Airbnb

De forma similar, **Airbnb** es una comunidad basada en la confianza. Airbnb es un mercado digital y servicio de alojamiento, que permite a las personas ofrecer o alquilar alojamientos a corto plazo, lo cual incluye el alquiler de apartamentos, alojamientos familiares, camas de albergues, alojamiento en hostales o habitaciones de hotel.

El origen del nombre puede encontrarse en la historia de los fundadores: una combinación de «*Airbed*» (la solución rudimentaria que Brian Chesky y Jo Gebbia se vieron obligados a adoptar a fin de albergar a sus primeros huéspedes) y «*Bed and Breakfast*» (o BnB, una forma de hospedaje en la que los huéspedes reciben una acogida más cálida que en los hoteles).

La compañía no posee ningún alojamiento. Se trata simplemente de un intermediario que recibe comisiones porcentuales por servicio (por lo general, una comisión del 15% de cada reserva por parte de los huéspedes y anfitriones sobre el precio total pagado) tanto de los huéspedes como de los anfitriones en cada reserva. Cuenta con más de 5,6 millones de listados globales en 100 000 ciudades y más de 200 000 países y regiones y el coste del alojamiento lo fija el anfitrión. Al igual que todos los servicios de hostelería, Airbnb constituye una forma de «economía colaborativa (o compartida)». Una de las principales ventajas de esta «casa compartida» se basa en reducir los costes para los viajeros y ayudar a los anfitriones a obtener algunos ingresos adicionales. La ventaja económica para los viajeros implica que Airbnb está compitiendo cada vez más con los grupos hoteleros tradicionales. Todas las reseñas están escritas por anfitriones y usuarios pertenecientes a la comunidad Airbnb, por lo que estas se basan en la estancia que un huésped tuvo en el alojamiento de un anfitrión. El huésped dispone de 14 días tras la salida para escribir una reseña sobre su estancia. Las reseñas se limitan a 500 palabras y el huésped tiene la opción de editar la reseña durante el plazo máximo de 48 horas o hasta que el anfitrión complete su reseña.

Calificaciones y reseñas: Yelp

La forma más fiable de publicidad viene directamente de la gente que conocemos y confiamos. Los usuarios ya están hablando de sus productos, servicios y marca en internet, tanto si usted participa en la conversación como si no. Por lo tanto, es fundamental unirse a las conversaciones y estar presente en los sitios de reseñas adecuados. En comparación con otras formas de publicidad en línea, participar en los sitios de reseñas requiere una menor inversión de tiempo y de otros recursos, por lo que es una de las cosas más rentables que puede hacer. Al principio, muchos sitios de valoraciones y reseñas permitían a los usuarios publicar de forma anónima. Con el tiempo, la mayoría de los sitios han incorporado un sistema de reputación en el que los usuarios o sus reseñas individuales pueden ser calificados en una escala de utilidad y ha surgido un nuevo tipo de sitios de reseñas que combina la calificación local con las características de las redes sociales. El popular sitio Yelp.com, que se lanzó en 2004 y describiremos con más detalle a continuación, es un ejemplo de este tipo de sitio.

A continuación, vamos a ver algunos rasgos comunes presentes en muchos sitios web de reseñas antes de proceder a tratar en mayor detalle Yelp.com como el más popular de ellos (Zarella, 2010):

- **Listado de los mejores (*Top lists*)**: Los sitios de reseñas, especialmente los locales, a menudo disponen de listas de las principales empresas por categorías (o sectores).

- **Búsqueda**: La forma más habitual de que los usuarios encuentren listados en los sitios de reseñas es mediante la búsqueda. El orden en estas es tradicionalmente una combinación de la relevancia y el número de reseñas obtenidas. Por esta razón, resulta importante incluir las palabras clave y frases que las personas puedan emplear para buscar una empresa como la suya.
- **Respuesta**: Los sitios web generalmente disponen de un mecanismo que le permite, como representante de la empresa, responder a las reseñas. Como se indica en el apartado referente a los blogs, es de suma importancia responder a tantos comentarios como sea posible, incluyendo también los positivos. Si una reseña crítica le resulta molesta, no responda de inmediato; por el contrario, es mejor que respire hondo y mantenga la calma. En el caso de que un usuario haya publicado información incorrecta o engañosa, en consecuencia, deberá corregirlo, pero sin resultar ofensivo.

  Educadamente pregunte a quien realizó esos comentarios negativos si puede hacer algo específico para mejorar la situación, trate de enmendar el problema de forma inmediata si es posible y, finalmente, ofrezca un descuento para retener al cliente. Como ya hemos mencionado anteriormente su respuesta estará disponible en la web para que la lea todo el mundo y, probablemente, durante mucho tiempo, así que asegúrese de que tanto usted como su empresa gocen de una buena imagen, pues la mayoría de las reseñas negativas son el resultado de una comunicación deficiente entre el cliente y la empresa.

Yelp

Yelp es el mayor directorio de reseñas locales de la web. Este permite a las personas buscar empresas locales en función de las calificaciones y reseñas de los clientes.

Abarca una amplia gama de sectores incluyendo la alimentación, belleza y spas, medicina, salud y hogar entre muchos otros. Como vendedor, puede utilizar Yelp para mostrar sus productos y servicios, además de conectar con los clientes actuales y potenciales en su área local (Zarella, 2010). A continuación, se muestran las claves para utilizar Yelp que, si se entienden y adoptan, pueden convertir la plataforma en un activo positivo que ayude a su negocio (Zarella, 2010; Chaney, 2015; Patterson, 2016).

- **Reclame su página de negocio Yelp**: El primer paso consiste en solicitar su página de negocio en Yelp. De este modo, podrá subir fotos, agregar un enlace a su sitio web, ofrecer oportunidades especiales y exclusivas, responder a las reseñas de los clientes y asegurarse de que la información de su negocio esté actualizada. En primer lugar, use la función de búsqueda en la página para empresas de Yelp (https://biz.yelp.es/) para encontrar la suya. A continuación, búsquela en el menú desplegable que aparece. Cuando la encuentre, clique sobre el botón «Reclamar negocio». En el caso de que su negocio no se encuentre en el listado, clique sobre el enlace «Añade tu negocio» y complete el formulario para agregar su entrada. Rellene un formulario con el nombre de su negocio, su dirección de correo electrónico y contraseña y luego clique en el botón «Continuar» y ejecute el proceso de autentificación de Yelp. Yelp utiliza un proceso de verificación telefónica para autentificar su negocio. Asegúrese de permanecer cerca del teléfono que figura en el formulario. Se llamará al teléfono de su negocio para solicitar el código de cuatro dígitos que se muestra en la página web; introdúzcalo en el teléfono y Yelp desbloqueará su cuenta y le dará acceso a su página de negocio (Chaney, 2015).
- **Verifique la información de su negocio**: Asegúrese de que la información de su negocio es correcta. Esto incluye el nombre del negocio, la dirección, el número de teléfono y el horario. Proporcione la mayor cantidad de información posible para ayudar a aquellas personas que puedan estar buscando empresas como la suya. Tener actualizada la información también ayuda a Google a mostrar la información correcta cuando las personas realizan búsquedas relacionadas con su categoría empresarial (Chaney, 2015).

- **Lea y responda a las reseñas de los clientes**: Leer las reseñas le ayudará a obtener una mejor comprensión de la valoración de los clientes sobre su negocio, productos y servicios. Cuantos más comentarios positivos reciba, mayor será su calificación en Yelp. Considere las reseñas negativas como valoraciones sobre cómo mejorar sus procesos y su negocio. Puede responder a las reseñas de los clientes, tanto positivas como negativas, por medio de un mensaje privado o mediante la publicación de un comentario público. La función de mensaje privado puede resultar útil para responder a aquellas personas que hayan realizado una reseña negativa. Los comentarios públicos, por su parte, le permitirán corregir la información errónea que pueda aparecer en una reseña o agradecer a un cliente por escribir una reseña positiva. Desde luego yelp no permite eliminar o editar una reseña negativa. También le pide que no solicite a los clientes escribir reseñas (Zarella, 2010; Chaney, 2015; Patterson, 2016).
- **Publique fotos en su página de negocio**: Las fotos constituyen una forma útil de mostrar su negocio a los clientes potenciales, así como añadir algo de interés visual a su página. Por ejemplo, un hotel podría publicar fotos de su spa y otras instalaciones como

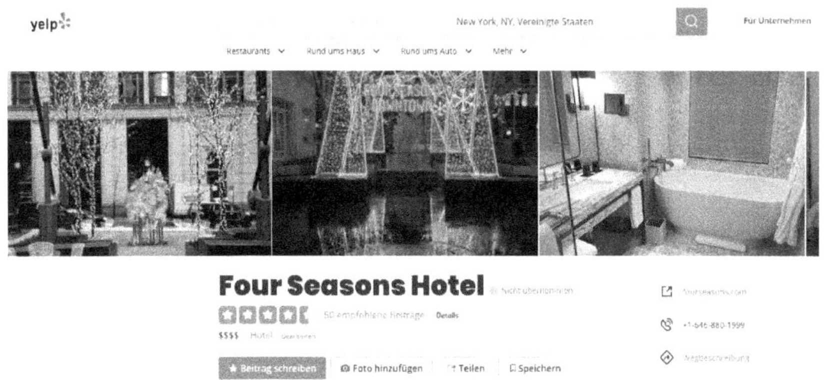

FIGURA 4.24 Ejemplo de una página de negocios de Yelp. Fuente: https://bit.ly/2VHMp4t consultada el 18 de abril de 2024.

restaurantes, añadiendo los platos más relevantes o las especialidades del día (Zarella, 2010; Kawasaki y Fitzpatrick, 2014; Chaney, 2015; Patterson, 2016).

- **Ofrezca ofertas especiales**: Incentive a los clientes potenciales para que visiten su empresa mediante ofertas exclusivas y bonos de regalo en su página. Las «ofertas de Yelp» son cupones prepagos que ofrecen a los clientes un descuento en su negocio. Cuando los clientes compran su oferta o bono de regalo yelp recibe el pago del comprador y se lleva una comisión. El resto de los pagos hechos por los clientes se le abonará cada mes. Yelp mantiene un registro en el panel de administración de la página de todas las transacciones realizadas por los usuarios que canjean las ofertas (Chaney, 2015).
- **Solicite recomendaciones**: Puede solicitar reseñas a los clientes. Cuando sepa que un cliente está feliz, no dude en solicitarle una reseña de Yelp (Zarella, 2010; Chaney, 2015).
- **«Señalar» funciona y puede solicitar una nueva reseña**: Cuando se presenta una reseña negativa para un negocio, debe evaluar el contenido con el objetivo de verificar si este infringe las directrices de contenido de Yelp. No todas las reseñas las infringen, pero si existe algo cuestionable, merece la pena intentarlo. Las directrices son breves y conviene entenderlas de forma adecuada. Si efectivamente se produce una infracción de las directrices, debería señalarla y dejar que sea eliminado por Yelp (Patterson, 2016).
- **Use las insignias y pegatinas de la página web**: Para fomentar las reseñas de su negocio, puede publicar insignias de Yelp en su sitio web e infomar a sus visitantes de que está en esta plataforma y dirigirlos así hacia sus reseñas. Las empresas que ganen un determinado número de reseñas positivas conseguirán pegatinas de la plataforma que dicen «La gente nos adora en Yelp». En caso de que su negocio consiga estas pegatinas, ¡debería mostrarlas! (Zarella, 2010; Kawasaki y Fitzpatrick, 2014; Chaney, 2015; Patterson, 2016).
- **Pelotón de Élite de Yelp**: Yelp ha creado una comunidad para sus miembros más activos, el denominado «Pelotón de Élite de Yelp».

El estatus de miembro de élite se basa en varios criterios incluyendo: reseñas bien escritas, buenos consejos, un perfil personal detallado, un registro activo de votos y elogios y un buen trato hacia los demás. Los miembros del Pelotón Élite están designados por una colorida insignia en el perfil de su cuenta. Yelp organiza eventos en lugares locales para los miembros del pelotón élite a través de sus *community managers*. La organización de estos eventos podría ser un poderoso incentivo para su negocio. Por lo tanto, en caso de que su negocio obtenga comentarios positivos, puede ponerse en contacto con el *community manager* correspondiente y ofrecerle su empresa como posible lugar para realizar un evento con este grupo. Usted mismo se puede nominar en cualquier momento para formar parte del Pelotón de Élite de Yelp (Zarella, 2010).

Expedia.com

En 1996, una pequeña división dentro de Microsoft lanzó un sitio de reserva de viajes, **Expedia.com**, que se convirtió en la compañía pionera dentro de esta categoría. Expedia se separó de Microsoft en 1999 y fue comprada por TicketMaster en 2001. Desde entonces, Expedia se ha convertido en una de las principales compañías de viajes en línea del mundo, con una cartera que incluye algunas de las marcas de viaje más conocidas, como Trivago, Hotels.com y Travelocity. En 2022, los ingresos de esta empresa ascendieron a unos 11.670 millones de dólares estadounidenses, mientras que los ingresos cayeron a unos 5 200 billones de dólares estadounidenses en 2020 debido a la pandemia de Coronavirus.

En el sector de agencias de viajes en línea (OTA, por sus siglas en inglés) se han desarrollado varios modelos de negocio que han cambiado el modo en el que históricamente funcionaba. Básicamente, hay dos modelos de negocio diferentes:

- **Modelo de comercio**: En este modelo, los hoteles venden habitaciones a las agencias de viajes en línea, a granel, bajo descuento o al por mayor. Las OTA se las venden a los clientes con un margen de beneficio. Este es el modelo más usado y beneficia a ambas partes.

- **Modelo de agencia**: Este es un modelo basado en comisiones en el que los hoteles otorgan a las agencias de viajes en línea comisiones basadas en las ventas. En este modelo, los hoteles ofrecen sus servicios y las agencias de viajes en línea no compran nada por adelantado. Esto resulta beneficioso para los hoteles, en tanto que les proporciona libertad para establecer el precio de sus habitaciones, de acuerdo con el desarrollo de la demanda real y el escenario de la demanda basado en ventas pasadas.

Expedia utiliza tanto el modelo de comercio como el modelo de agencia. Tradicionalmente, la compañía siguió el primer modelo, pero, dada la popularidad adquirida por el modelo de agencia en lugares como Europa, Oriente Medio y África, la empresa también ha adoptado este último.

La empresa dispone de un programa denominado *Expedia Traveler Preference* que permite a los usuarios decidir cómo realizar la reserva ya sea pagando por adelantado (como en el modelo de comercio) o en el hotel (como en el modelo de agencia).

El modelo de comercio resulta, generalmente, más rentable para las OTA, puesto que, en términos generales, proporciona mayores beneficios, pero también tiene un riesgo mayor.

En este panorama, el comercio social, que es un subconjunto integral del comercio en línea, fusiona las redes sociales y las transacciones en línea, y transforma la manera en la que los consumidores descubren, evalúan y adquieren productos y servicios. He aquí una lista de cómo las empresas pueden emplear el comercio social, incluyendo ejemplos:

- **Shoppable posts y anuncios:**
  - **Estrategia**: integrar la opción de compra directa en publicaciones y anuncios en redes sociales.
  - **Ejemplo**: los Shoppable Posts de Instagram permite a los usuarios explorar y comprar productos a través de la propia plataforma.

- **Marketing con influencers:**
  - **Estrategia**: colaborar con influencers para que muestren y apoyen productos, apoyándose en su audiencia.
  - **Ejemplo**: las marcas de ropa suelen colaborar con influencers para promocionar sus colecciones, con enlaces directos de compra en redes sociales.
- **Contenido generado por el usuario:**
  - **Estrategia**: animar a los clientes a compartir su experiencia con el producto, lo que aporta una imagen de autenticidad y confianza.
  - **Ejemplo**: GoPro emplea el contenido generado por el usuario en Instagram, donde los usuarios comparten fotos y vídeos de sus aventuras que han obtenido gracias a sus cámaras GoPro.
- **Eventos de compra en directo:**
  - **Estrategia**: ofrecer videosesiones en directo para enseñar los productos, lo que permite tener interacciones y compras a tiempo real.
  - **Ejemplo**: Taobao Live, de Alibaba, permite a las empresas streamear en directo sus productos y cómo funcionan, además de interactuar con los espectadores, que pueden hacer compras al instante.
- **Tiendas en redes sociales:**
  - **Estrategia**: poner escaparates directamente en las plataformas de redes sociales para que la experiencia de compra sea muy sencilla.
  - **Ejemplo**: Facebook Shops permite a las empresas crear tiendas online personalizadas en sus perfiles de Facebook e Instagram.
- **Chats comerciales:**
  - **Estrategia**: permite la comunicación directa entre los clientes y las empresas para responder a preguntas sobre el producto o la compra.

- **Ejemplo**: WhatsApp Business ofrece una plataforma para que las empresas se pongan en contacto con los clientes y facilitar las transacciones mediante chat.

- **Probar productos mediante Realidad Aumentada (RA):**
  - **Estrategia**: poner en marcha servicios de RA para poder probar productos de manera virtual, lo que mejora la experiencia de compra online.
  - **Ejemplo**: la herramienta Virtual Try-On de Warby Parker permite que los clientes se prueben gafas de manera virtual mediante la cámara de su móvil.
- **Recomendaciones sociales:**
  - **Estrategia**: emplear algoritmos y datos de usuarios para proporcional recomendaciones personalizadas de productos.
  - **Ejemplo**: la función «Los clientes que compraron esto también compraron» de Amazon ofrece productos relacionados con la compra del cliente, valiéndose de los datos de comportamiento de usuarios.
- **Ofertas por un tiempo limitado y ventas flash:**
  - **Estrategia**: crear una sensación de urgencia mediante promociones de duración limitada para lograr conversiones rápidas.
  - **Ejemplo**: en plataformas como X o Instagram, las marcas suelen usar las ventas flash con descuentos exclusivos durante un periodo breve.
- **Integrar sistemas de pago en redes sociales:**
  - **Estrategia**: habilitar opciones de pago seguras y convenientes directamente en las plataformas de redes sociales.
  - **Ejemplo**: Instagram Checkout permite a los usuarios hacer compras sin salir de la aplicación, optimizando el proceso de pago.

Al valerse de la naturaleza social e interactiva de las plataformas online, las empresas pueden beneficiarse del inmenso potencial del comercio social, logrando ofrecer experiencias de compra más atractivas y sencillas. A medida que la tecnología vaya evolucionando, el panorama del comercio social irá ofreciendo opciones cada vez más innovadoras para que las marcas conecten con su audiencia y puedan crecer.

CAPÍTULO 5

Control del marketing en las redes sociales

Objetivos de comunicación de marketing en las redes sociales

Los profesionales del marketing se ven abrumados por las actividades de las redes sociales, pero existe un débil consenso en cuanto a qué se debe medir. Esta sección pretende esclarecer la situación al profundizar en las métricas en redes sociales desde el punto de vista de las comunicaciones de marketing integrada.

Las métricas de comunicación constituyen un elemento necesario para el desarrollo y la evaluación de programas de marketing. En el marketing en redes sociales existen desafíos especiales para elegir las métricas más adecuadas.

En el núcleo de un programa integrado de comunicaciones de marketing se encuentran los objetivos de comunicación que en el marketing de redes sociales pueden ser: (Barger y Labrecque, 2013):

- **Crear conciencia**: una de las funciones principales de las redes sociales es el intercambio de contenido. Cuando se comparte un mensaje de forma amplia en un período de tiempo relativamente corto, se vuelve viral y esto conduce a un rápido incremento en el conocimiento tanto del mensaje como de su creador.

- **Obtener consideración**: Cada vez más, los consumidores recurren a las redes sociales para obtener recomendaciones sobre productos y servicios. Esto puede tener implicaciones en el seguimiento de las redes sociales en busca de problemas que los productos o servicios de una empresa puedan resolver.
- **Estimular la prueba**: Por lo general, la promoción de ventas se utiliza para estimular la prueba de productos y servicios. Las formas comunes de promoción de ventas en internet incluyen cupones imprimibles, códigos de descuento, concursos y juegos.
- **Fomentar la recompra**: Este método busca mantener a los clientes existentes y fomentar la recompra a través de planes de incentivos, enfocados en disuadir a los clientes de pasarse a la competencia. Por ejemplo, las empresas pueden ofrecer un descuento por la recompra de los productos. Otro método consiste en la emisión de cupones que se acumulan en la cuenta web personal y pueden intercambiarse por otro bien o servicio. Por ejemplo, Hotels.com proporciona a sus clientes una habitación de hotel gratuita por cada 10 habitaciones de hotel que estos reserven a través de su compañía.
- **Mejorar la satisfacción del cliente**: La empresa puede mejorar la satisfacción del cliente al proporcionar soporte de productos y servicios a través de las redes sociales. Por ejemplo, los desarrolladores de software a menudo reciben y responden a las solicitudes de soporte técnico en Facebook o Twitter. Cuando se trata de una insatisfacción, los clientes pueden ponerse en contacto directamente con la empresa a través de las redes sociales. Si la empresa atiende tales quejas con prontitud y eficacia, los clientes insatisfechos serán menos propensos a comunicar sus insatisfacciones a los demás. Además, al monitorear las redes sociales en busca de publicaciones de clientes recientes, las empresas pueden asegurarles que hicieron una buena elección y, por tanto, reducir su disonancia cognitiva o indecisión.
- **Construir relaciones de marca**: Las relaciones de marca se desarrollan debido a las interacciones positivas entre la marca y el

cliente. Las compañías pueden estimular la interacción con sus clientes a través de la publicación de contenido relevante como noticias, artículos, fotos, vídeos y juegos.

- **Construir comunidades de marca**: Siguiendo este objetivo, los clientes no solo interactúan con la marca, sino también entre ellos, mediante, por ejemplo, foros de discusión. Las comunidades de marca puede organizarlas la empresa propietaria de la marca o bien pueden formarse de manera autónoma. Estas pueden servir como un recurso para la generación de ideas (por ejemplo, a través de la colaboración masiva) y la investigación de mercados.

Los siguientes apartados tratan de identificar las métricas de redes sociales que resultan más útiles para el profesional de marketing, en relación a la consecución de los objetivos de comunicación mencionados anteriormente. Esta lista de métricas diferencia entre las métricas no financieras y las métricas financieras (Barger y Labrecque, 2013; Minot y Currim, 2013). Algunas de las métricas de redes sociales más importantes serán analizadas con mayor detalle en los siguientes apartados.

Métricas no financieras de redes sociales

Las métricas no financieras incluyen medidas de actitud y comportamiento del consumidor. Por ejemplo, el modelo de publicidad denominado «jerarquía de efectos» (conciencia, conocimiento, preferencia de gustos, convicción y compra) es un enfoque actitudinal, mientras que las medidas de comportamiento se basan, en mayor medida, en las acciones. Las métricas más importantes que se engloban en esta categoría se explican a continuación:

Volumen de menciones

Este es el recuento del número total de menciones de la marca en los canales de redes sociales durante un período de tiempo determinado.

Esta simple métrica puede ser un buen indicador del «conocimiento». Así, las menciones se pueden clasificar en función del tono de cada mención: positivo, neutro o negativo.

Cuota de Voz (*Share of Voice*, SoV)

Dado que las menciones negativas no suelen percibirse como una ventaja competitiva, la métrica SoV realiza los cálculos usando únicamente las menciones positivas de una marca, como se demuestra en esta definición:

SoV (%) = Volumen positivo de la marca / Volumen positivo de todas las marcas en la categoría x 100

A menudo, con el SoV se compara con la métrica de la competencia para proporcionar una indicación de la eficiencia con la que la empresa está generando interés.

Compromiso

Este término se refiere a los clientes potenciales que hacen algo más que ver o leer la información en una página web. El «compromiso» se mide a través de actividades como: dar a «Me gusta», comentar o responder o compartir la publicación de una marca.

Por consiguiente, utilizamos la siguiente definición para el término general:

Compromiso (%) = Número de actividades de compromiso en el momento *t* con todas las publicaciones hasta la fecha / número de visitas en el momento *t* de todas las publicaciones hasta la fecha x 100

Dado que puede resultar difícil medir el «número de visitas» por publicación, algunos utilizan el «número de seguidores» como una estimación aproximada.

Defensores de la marca

La interacción es una condición necesaria para alcanzar la fase final del compromiso con la marca: ser un «defensor» de la marca. Esto se caracteriza por crear y subir contenido que promueva de manera activa dicha marca como, por ejemplo, publicando una actualización del estado en Facebook que recomiende o hable en términos positivos sobre una marca.

Para esto utilizamos la siguiente definición:

Defensores = Número total de participantes en las redes sociales que, de manera activa, escriben comentarios positivos de una marca durante un periodo de tiempo específico

Esta métrica es especialmente importante cuando el objetivo de una empresa se basa en obtener reconocimiento y fomentar la prueba de su producto o servicio. Cuando los defensores de una marca hablan de ella de manera positiva, es probable que sus familiares y amigos la tengan en cuenta.

Las siguientes métricas sociales no financieras, «operativas», están más relacionadas con acciones específicas de las páginas web; no obstante, resulta extremadamente importante monitorearlas.

Ratio de clics (*Click-Through Rate*, CTR)

El propósito de esta métrica, basada en el número de clics, consiste en capturar la respuesta inicial del cliente ante las páginas web.

El CTR de un anuncio se define como el número de clics de un anuncio dividido entre el número de veces que se muestra el anuncio:

Ratio de clics (%) = Número de clics de un anuncio / Número de veces que se muestra el anuncio x 100

Los CTR de *banners* publicitarios han disminuido con el paso del tiempo. Cuando se introdujeron los *banners*, era frecuente que las tarifas fueran superiores al 5%. Desde entonces, estas tarifas han descendido y, en la actualidad, se sitúan en un promedio cercano al 0,2 o 0,3%. El CTR representa, a menudo, el nivel superior del embudo de conversión donde el cliente navega a través de una página web y, finalmente, acaba realizando una compra (una venta).

Ratio de conversión

Esta métrica se utiliza para describir el acto de «convertir» a usuarios de una página web en clientes que generan un pago. A veces, se considera la «conversión» como un resultado posiblemente distinto a una venta. Sin embargo, en este caso el término se define como:

Ratio de conversión (%): número de clientes que realizan una compra real / número de usuarios que visitan la página web x 100

De esta manera, el tipo de conversión mide la relación entre el nivel superior (número de usuarios de páginas web) y el nivel inferior (venta real) del embudo de conversión.

La mejora del tipo de conversión supone una inversión a largo plazo que resulta en actividades como:

- Mejorar el tránsito en la página web
- Mejorar la atención al cliente
- Mejoras en la satisfacción y experiencia de los clientes

Métricas financieras de redes sociales

Las medidas financieras se centran en los ingresos generados por las actividades de comunicación de marketing.

Retorno de la inversión (ROI):

En este contexto, el ROI se utiliza principalmente para evaluar los objetivos de las redes sociales a corto plazo, tales como la creación de conciencia de marca, la estimulación de la prueba y el fomento de la recompra. Por ejemplo, una empresa puede ofrecer un cupón imprimible o comunicar un código de descuento como parte de su campaña digital para estimular la prueba entre los clientes potenciales. Aquí, el ROI se define de la siguiente manera:

Retorno de la inversión (ROI): (ingresos adicionales obtenidos de la campaña – Coste de la campaña) / Coste de la campaña x 100

Es evidente que la atribución de ingresos adicionales a las redes sociales resulta algo problemática, especialmente para las campañas digitales que no ofrecen un incentivo. De hecho, incluso con campañas que ofrecen un incentivo, el cálculo del ROI ignora las sinergias potenciales entre las campañas basadas en incentivos y aquellas que no están basadas en incentivos. Por consiguiente, una alternativa para el ROI tradicional podría ser considerar el retorno de la inversión desde la perspectiva del cliente; concretamente, lo que el cliente obtiene por invertir su tiempo en colaborar con una marca a través de las redes sociales.

Existen otras métricas más relacionadas con acciones específicas de las páginas web, pero aun así es extremadamente necesario que sean monitorizadas.

Coste Por Clic (CPC o Pago Por Clic)

La métrica de Coste Por Clic se utiliza para evaluar la eficacia y la rentabilidad del marketing en línea. Es una forma de medir la conciencia y el interés entre los usuarios potenciales.

Coste Por Clic = coste de publicidad / número de veces que se ha hecho clic en el anuncio.

Existen dos modelos principales para determinar el CPC:

- **Precio fijo**: en este caso, la empresa y el propietario de la página web acuerdan una cantidad fija que se pagará por cada clic. Es evidente que, en muchos casos, las empresas (anunciantes) pueden reducir las tarifas (precios), en especial cuando se comprometen con un contrato a largo plazo o de alto valor.

- **Basado en la oferta (subasta)**: en este caso, la empresa (anunciante) firma un contrato que le permite competir con otros anunciantes en una subasta privada «organizada» por el propietario de la página web. Cada empresa informa al anfitrión sobre el precio máximo que está dispuesto a pagar por un anuncio determinado de una página. Entonces, el propietario de la página web elige al mejor postor.

Conclusiones

La Web 1.0 suministró un fácil acceso a la información, el entretenimiento y las herramientas de comunicación. La Web 2.0 fundamentalmente cambió el rol del consumidor hacia un proveedor activo de información (por ejemplo, a través de YouTube). Al involucrarse en una conversación continua con otras personas y empresas, aumenta la importancia del consumidor en el proceso derivando en un resultado más satisfactorio para productores y consumidores. En la Web 2.0 cada consumidor añade valor a todos los consumidores, lo cual se conoce como el efecto red.

A la hora de planificar una estrategia de marketing en redes sociales que alcance los objetivos deseados, se debe entender cómo los consumidores buscan e interactúan con otros en internet, para tomar decisiones de compra acertadas. Las decisiones de marketing de la empresa estarán basadas en lo que sabe de su público objetivo. En este contexto, obtener información de mercado e inteligencia competitiva son pasos clave a la hora de desarrollar una estrategia correcta de marketing en redes sociales. Los expertos de marketing tienen en cuenta diversas variantes de la investigación de mercados para tomar estas decisiones. En este contexto, la investigación en redes sociales puede incluir tanto investigación secundaria como primaria. Conforme los consumidores participan en los medios sociales (véase debajo), dejarán su huella digital, de forma que se puede seguir su proceso de decisión de compra hasta la decisión final de compra en línea.

Todas las redes sociales giran en torno a las relaciones, son tecnológicamente avanzadas y se basan en los principios de la participación colectiva. Hemos clasificado las redes sociales en cuatro áreas, entre las que hay ciertos solapamientos:

- **Zona 1**: Las comunidades sociales incluyen canales de redes sociales que se centran en relaciones y actividades comunes, en las que la gente interactúa con otras personas con intereses similares. De esta forma, las comunidades sociales cuentan con una comunicación bidireccional y multidireccional: conversaciones, colaboraciones y el compartir experiencias y recursos. Todos los canales de redes sociales se construyen a partir de redes relacionales, pero en las comunidades sociales la interacción y colaboración para crear y mantener relaciones es la razón principal por la cual la gente participa en estas actividades. Todos los canales enfatizan las contribuciones individuales en el contexto de la comunidad, la comunicación, la conversación y la colaboración.
- **Zona 2:** Las plataformas de publicación social ayudan a difundir contenido a una audiencia. Los canales de publicación social incluyen blogs, plataformas de microblogging, webs para compartir archivos multimedia, marcadores sociales y webs de noticias.
- **Zona 3**: El entretenimiento social engloba canales que ofrecen oportunidades para jugar y divertirse. Estos incluyen juegos sociales y plataformas de juego (por ejemplo, los eSports), vídeojuegos, mundos virtuales y comunidades de entretenimiento. En esta etapa de desarrollo de los medios sociales, los juegos sociales y plataformas de juego son, con diferencia, el canal más avanzado en la zona de entretenimiento social. Otro aspecto del entretenimiento social son las comunidades de entretenimiento social, las cuales, en un futuro cercano, se desarrollarán alrededor de otras áreas tradicionales de entretenimiento como el cine, el arte y el deporte.
- **Zona 4**: El comercio social hace referencia al uso de medios sociales como ayuda en el proceso de compra y venta en línea de productos y servicios. El comercio social refuerza las conductas de compra cuando los compradores en línea interactúan y colaboran durante su experiencia de compra.

El mundo del comercio evoluciona constantemente, y a través de las páginas de este libro hemos extraído una verdad fundamental:

Las redes sociales no son un mero canal: son un pilar indispensable para las empresas que navegan el mundo digital.

Si reflexionamos sobre la información que hemos obtenido y las estrategias que hemos descubierto, llegaremos a una firme conclusión: la importancia de las redes sociales para las empresas no tiene parangón.

Las redes sociales han superado ampliamente su papel como simples plataformas para facilitar la conexión entre personas: se han convertido en el corazón de las estrategias contemporáneas de marketing. La habilidad de unir de manera sencilla el storytelling, el compromiso y el comercio ha transformado la manera en la que las marcas interactúan con su audiencia. Desde el nacimiento del marketing con influencers al dinámico mundo del comercio social, cada capítulo pone de relevo el importante papel que tienen las redes sociales a la hora de definir las narrativas de las marcas y de dirigir las acciones de los consumidores.

El poder de las redes sociales no radica únicamente en la amplitud de su alcance, sino también en su capacidad para lograr conexiones auténticas. Las redes sociales constituyen un escenario en el que las marcas pueden mostrar su personalidad, responder en tiempo real y forjar relaciones que van más allá de las transacciones. En este paisaje interconectado, donde las modas surgen a la velocidad de un clic y las conversaciones se extienden por todo el mundo, las empresas expertas saben reconocer la necesidad de establecer una buena estrategia en redes sociales.

Ahora que cerramos este capítulo, confiamos en que anime a las empresas no solo a que se adapten a la esfera social, sino a que prosperen en ella. El recorrido no acaba aquí, sino que evoluciona con cada actualización del algoritmo, con cada nueva plataforma y las cambiantes dinámicas de la cultura virtual. Aprovechen las conversaciones, detallen historias persuasivas y naveguen las corrientes del cambio, pues en la era digital, las redes sociales no son una herramienta más: son el lienzo en el que se pintan las obras maestras del marketing. El futuro es de quienes comprenden el arte de la conexión, y en el mundo de las redes sociales, son las empresas quienes tienen los pinceles con los que pueden dar los brochazos más brillantes del éxito.

Referencias

Aaker, D. A. (1990) «Brand extensions: The good, the Bad and the Ugly», Sloan Management Review, Summer, págs. 47-56

Aaker, D. A. (1991) «Managing Brand Equity», The Free Press, New York, NY

Aaker, D. A. (1996) «Measuring brand equity across products and mar-kets», California Management Review, vol. 38, no. 3, págs. 102-20

Aaron, J. (2013) «How to incorporate Reddit into your Marketing Strate-gy in 5 easy steps», https://www.inboundnow.com/how-to-incorporate-reddit-into-your-marketing-strategy-in-5-easy-steps/, último acceso 24 de febrero del 2017

Adcock, A. (2000) «Marketing strategies for competitive advantage», Wiley

Agrawal, AJ (2017) «5 Tips To Improve Your YouTube Marketing Strate-gy», https://www.forbes.com/sites/ajagrawal/2017/01/12/5-tips-to-improve-your-youtube-marketing-strategy/#3210aac3494f, último acceso 7 de marzo del 2017

Aïmeur, E., Amri, S., & Brassard, G. (2023) «Fake news, disinformation and misinformation in social media: a review.», Social Network Analysis and Mining, 13(1), pág. 30, Springer.

Allal-Chérif, O., Puertas, R., & Carracedo, P. (2024) «Intelligent influencer marketing: how AI-powered virtual influencers outperform human influencers», Technological Forecasting and Social Change, 200, 123113, págs. 1-14

ANA (2018), «Survey Report – How ANA members are using influencer marketing», Association of National Advertisers, New York

Anderson, J. C. y Narus, J. A. (2004) «Business Market Management: Un-derstanding, Creating and Delivering Value», Prentice Hall, New Jersey

Andreasen, A. R. (1994) «Social marketing: Its definition and domain». Journal of Public Policy and Marketing 13 (1), págs. 108-14.

Ansoff, H. I. (1965) «Corporate Strategy: An Analytical Approach to Business Policy for Growth and Expansion», McGraw-Hill, New York

Bagozzi, R. P. (1974) «Marketing as an Organized Behavioural System of Exchanges», Journal of Marketing, Vol. 38, October, págs. 77-81

Bainbridge, J. (2005) «Third Dimension, Marketing», 8, June, pág. 36

Baker, M. y Hart, S. (1999) «Product Strategy and Management», Pearson: Education, Prentice Hall

Balis. J. (2022) «How brands can enter the Metaverse», Published on HBR.org, 3rd January 2022, https://hbr.org/2022/01/how-brands-can-enter-the-metaverse, visitado el 18 de Enero de 2022

Ball, M. (2022) «Framework for the Metaverse», https://www.matthewball.vc/all/forwardtothemetaverseprimer, visitado el 18 de Enero de 2022

Barger, V.A. y Labrecque, L.I. (2013) «An Integrated Marketing Commu-nications Perspective on Social Media Metrics». International Journal of Integrated Marketing Communications, Spring, págs. 64-76

Barnes, J. G. (1994) «Close to the Customer: but is it really a rela-tion-ship?», Journal of Marketing Management, 10, págs. 561-570

Barnes, J. G. y Howlett, D. M. (1998) «Predictors of equity in rela-tion-ships between service providers and retail customers», International Journal of Bank Marketing, 16 (1), págs. 5-23

Bartlett, C. y Ghoshal, S. (1989) «Managing Across Borders: The transna-tional solution», Harvard University Press, Boston, MA.

Berman, B. (2016) «Planning and implementing effective mobile mar-keting programs, Business Horizons», Vol. 59, July–August 2016, págs. 431–439

Berry, L. L. (1983) «Relationship Marketing», in Berry, L.L., Shostack, G.L., Upah, G.D. (Eds.) Emerging Perspectives on Service Marketing, Chicago, IL: American Marketing Association, págs. 25-28

Berry, L. L. (1995) «Relationship Marketing of Services Growing Interest, Emerging Perspectives», Journal of the Academy of Marketing Science, 23 (Fall), págs. 236-45

Berry, L. L. (2000) «Relationship Marketing of services: growing interest, emerging perspectives», en Shet, J. N. y Parvakiyar, A. (eds) «Handbook of Relationship Marketing», Thousand Oaks, págs. 149-170

Best, R. J. (2000) «Market-Based Management», 2nd edition, prentice Hall, Inc

Bitner, M. J. (1995) «Building Service Relationships: It's All about Prom-ises», Journal of the Academy of Marketing Science, 23 (Fall), págs. 246-51

Bosworth, A. and Clegg, N. (2021) «Building the Metaverse Responsibly», https://about.fb.com/news/2021/09/building-the-metaverse-responsibly/, visitado el 18 de Enero de 2022

Brennan, R. (1997) «Buyer/supplier partnering in British industry: the automotive and telecommunications sectors», Journal of Marketing Management, 13 (8), págs. 758-776

Brodie, R. J., Coviello, N. E., Brookes, R. W. y Little, V. (1997) «Towards a paradigm shift in marketing: an examination of current marketing practices», Journal of Marketing Management, 13 (5), págs. 367-382

Bulygo, Z (2010) «Facebook Marketing: A Comprehensive Guide for Beginners», https://blog.kissmetrics.com/facebook-marketing/, último acceso 27 de febrero del 2017

Buttle, F. B. (1996) «Relationship Marketing: Theory and Practice», Paul Chapman, London

Cannie, J. K. y Caplin, D. (1991) «Keeping Customers for Life». Ameri-can Management Association, New York.

Carlzon, J. (1985) «Moments Of Truth», Albert Bonniers Förlag Ab, Stockholm

Carroll, A. B. y Buchholtz, A. K. (2000) «Business and society: ethics and stakeholder management», South-Western College, Cincinnati

Chandy, R. K. y Tellis, G. J. (1998) «Organizing for Radical Product Innovation», MSI Report, No. 98-102

Chaney, P. (2015) «How to Use Yelp for Local Market-ing», http://www.practicalecommerce.com/articles/114853-how-to-use-yelp-for-local-marketing, último acceso 27 de febrero del 2017

Charter, M. K., Peattie, K., Ottman, J. y Polonsky, M. J. (2002) «Marketing and Sustainability», BRASS, Cardiff

Chartered Institute of Marketing (2005) «Marketing and the 7Ps», Cookham, Chartered Institute of Marketing

Chaston, I. (1998) «Evolving 'new marketing' philosophies by merging existing concepts: application of process within small high-technology firms», Journal of Marketing Management, 14, págs. 273-291

Christopher, M., Payne, A. y Ballantyne, D. (1991) «Relationship Market-ing», Butterworth Heinemann, London

Chu, S. C., Yim, M. Y. C., & Mundel, J. (2024) «Artificial intelligence, virtual and augmented reality, social media, online reviews, and influencers: a review of how service businesses use promotional devices and future research directions», International Journal of Advertising, págs. 1-31

Churchill, H. L. (1942) «How to Measure Brand Loyalty, Advertising and Selling». Vol. 35, págs. 24 sig.

Collins, J. y Porras, J. I. (2002) «Built to last – Successful habits of vi-sionary companies», HarperCollins, New York

Crie, D. y Micheaux, A. (2006) «From Customer Data to value: What is lacking in the information chain», The Journal of Database Marketing & Customer Strategy Management, 13 (4), 282-299

Croft, M. (2003) «Mind your language», Marketing, June 19, págs. 48-49

Crosby, L. A. y Stephens, N. (1987) «Effects of Relationship Marketing on Satisfaction, Retention, and Prices in the Life Insurance Industry», Journal of Marketing Research. Vol. 24, November, págs. 404-411

Daley, R. (2015) «The Ultimate Pinterest Marketing Guide: How to Im-prove Your Reach and Promote Your Brand», https://blog.kissmetrics.com/ultimate-pinterest-marketing-guide/, último acceso 15 de febrero del 2017

D'Andrea, M. (2012) «The Marketer's Guide To SlideSha-re», https://blog.kissmetrics.com/marketers-guide-to-slideshare/, último acceso 17 de febrero del 2017

Daneshkhu, S. (2014) «Make-up enters age of selfie», Financial Times Europe, 29 de julio, pág. 8

Davenport, H. (2001) «How do they know their customers so well?», MIT Sloan Management Review, Winter, págs. 63-73

Davis, S. (2000) «Brand asset management: Driving profitable growth through your brands», Jossey-Bass, San Francisco

Day, G. S. (2002) «Managing the market learning process», Journal of Business & Industrial Marketing, 17 (4), págs. 240-252

Deloitte (2016), «e-Sports: Bigger and smaller than you think», Deloitte Global www2.deloitte.com/global/en/pages/technology-media-and-telecommunications/articles/tmt-pred16-media-esports-bigger-smaller-than-you-think.html

DeMers, J. (2014): «Your Guide To Using Snapchat For Marketing», http://www.forbes.com/sites/jaysondemers/2014/08/04/your-guide-to-using-snapchat-for-marketing/#635635c60f82

Dewsnap, B. y Jobber, D. (2002) «A social psychological model of rela-tions between marketing and sales», European Journal of Marketing, 36(7/8), págs. 874-894

Dibb, S. (2002) «Marketing Planning best practices», The Marketing Re-view, No. 2, págs. 441-459

Dibb, S. y Simkin, L. (2001) «Market Segmentation – Diagnosing and Treating the Barriers». Industrial Marketing Management, 30, 609-625

Douglas, S. P. y Craig, C. S. (2006) «Collaborative and iterative transla-tion: an alternative approach to back translation», Journal of Interna-tional Marketing, 15(1): 30–43.

Doyle, P. (1989) «Building successful brands: The strategic options», Journal of Marketing Management, 5(1), págs. 77-95

Doyle, P. (1995) «Marketing in the new millennium», European Journal of Marketing, 29 (12), págs. 23-41

Drucker, P. F. (1993) «Management Tasks, Responsibilities, Practices», Harper and Row, New York

Dube, A. y Helkkula, A., (2015) «Service experiences beyond the direct use: indirect customer use experiences of smartphone apps», Journal of Service Management, Vol. 26 Iss 2 págs. 224 - 248

Duermyer, R. (2016) «Blog Marketing: What It Is and How to Do It», https://www.thebalance.com/blog-marketing-1794404, último ac-ceso 20 de febrero del 2017

Dwyer, F. R., Schurr, P. H. y Oh, S. (1987) «Developing buyer-seller rela-tionships», Journal of Marketing, 51, págs. 11-27

Edelman, D.C. y Singer, M. (2015) «Competing on Customer Jour-ney», Harvard Business Review, 93(11), págs. 88-100

Egan, J. (2008) «Relationship Marketing», Pearson Educa-tion, Harlow

Ehrenberg, A. S. C. (1992) «Comments on how advertisement works, Marketing and Research Today», August, págs. 167-169

Ehrenberg, A. S. C. y Goodhart, G. J. (1980) «How advertising works», J. Walter Thompson/MRCA

Emiliani, M. L. (2000) «Business-to-Business online auctions. Key issues for purchasing process improvement». Supply Chain Manage-ment: An International Journal. Vol. 5, No. 4, págs. 176-186

Evans, P. B. y Wurster, T. S. (1999) «Getting Real About Virtual Com-merce», Harvard Business Review, Vol. 77, No. 6, (November-De-cember), págs. 85-94

Evans, P. B. y Wurster, T. S. (2000) «Blown to Bits: How the new eco-nomics of information transforms strategy», Boston, Harvard Business School Press

Fanning, J. (1999) «Tell me a story: The future of branding». Irish Mar-keting Review, vol. 12, no. 2, págs. 3-15

Faris, P. W., Bendle, N. T., Pfeifer, P. E. y Reibstein, D. J. (2006) «Key Marketing Metrics», Pearson, Harlow

Fletcher, R., Bell, J. y McNaughton, R. (2004) «International e-Busi-ness Marketing», Thomson Learning

Fontein, D. (2016) «Pinterest for Business: The Definitive Marke-ting Guide», https://blog.hootsuite.com/how-to-use-pinterest-for-bu-siness/, último acceso 15 de febrero del 2017

Francis, T. (2000) «Divine Intervention», Marketing Business, May, págs. 20-22

Frazier, G. L., Spekman, R. E. y O'Neal, C.R. (1988) «Just-In-Time Ex-change Relationships in Industrial Markets», Journal of Marketing, Vol. 52, October, págs. 52-67

Gilmore, A., Carsons, D. y Grant, K. (2001) SME «Marketing In Prac-tice», Marketing Intelligence & Planning, 19 (1), págs. 6-11

Go, G. (2016) «Steps to Successful Fo-rum Marketing», https://www.thebalance.com/successful-forum-marketing-2531792, último acceso 17 de febrero del 2017

Gobe, M. (2001) «Emotional branding», Allworth Press, New York

Gordon, I. H. (1998) «Relationship Marketing», Etobicoke, John Wiley & Sons

Gotter, A. (2016) «A Step-by-Step Guide to Pinter-est Marketing», https://adespresso.com/academy/blog/step-step-guide-pinterest-marketing/, último acceso 15 de febrero del 2017

Griffin, T. (1993) «International Marketing Communications», Butter-worth Heinemann, Oxford

Grönroos, C. (1990) «Relationship approach to the marketing function in service contexts: the marketing and organization behaviour inter-face», Journal of Business Research, 20, págs. 3-11

Grönroos, C. (1994) «From marketing mix to relationship marketing: towards a paradigm shift in marketing», Management Decisions, 32, págs. 4-20

Grönroos, C. (1995) «Relationship marketing: the strategy continuum», Journal of Marketing Science, 23 (4), págs. 252-254

Grossmann, R. P. (1998) «Developing and managing effective customer relationships», Journal of Product and Brand Management, 7 (1), págs. 27-40

Grossnickle, J. y Raskin, O. (2001) «What's ahead on the Internet: new tools, sampling methods, and applications help simplify Web research», Market Research, Summer: 9–13

Gummer, M. (2022) «What opportunities does the Metaverse hold for Luxury brands in 2022», 12th January 2022, https://jingdaily.com/metaverse2022-china-5g-baidu/, visitado el 18 de Enero de 2022.

Habibi, M.R., Davidson, A. y Michel Laroche (2017) «What managers should know about the sharing economy», Business Horizons, Vol 60, January-February, págs. 113—121

Haenlein, M. y Libai, B. (2018) «Seeding, referral and Recommendation: Creating Profitable Word-of-Mouth Programs», California Management Review, 59(2), 68-91

Hall, E. T. (1976) «Beyond culture», Garden City, NY: Anchor

Harridge-March, S. y Qinton, S. (2009): «Virtual snakes and ladders: so-cial networks and the relationship marketing loyalty ladder», The Mar-keting Review, 2009, Vol 9, No. 2, págs. 171-181

Hart, S., Smith, A., Sparks, L. y Tzokas, N. (1999): «Are loyalty schemes a manifestation of relationship marketing», Journal of Marketing Man-agement, 15, págs. 541-562

Hastings, G. (2003) «Relational Paradigms in Social Marketing», Journal of Macromarketing, Vol. 23, No. 1, June págs. 6-15.

Hennig-Thurau, T. y Klee, A. (1997) «The Impact of Customer Satisfac-tion and Relationship Quality on Customer Retention—A Critical Reas-sessment and Model Development», Psychology & Marketing, 14 (De-cember), págs. 737-765

Hennig-Thurau, T., Hofacker, C.F. y Bloching, B. (2013) «Marketing the Pinball Way: Understanding how Social Media change the generation of value for consumers and companies», Journal of Interactive Market-ing, Issue 4, págs. 237-241

Hines, K. (2013) «How to Improve Your Social Media Marketing With Blogging», http://www.socialmediaexaminer.com/how-to-improve-your-social-media-marketing-with-blogging/, último acceso 20 de febrero del 2017

Hite, R. E. y Frazer, C. (1988) «International advertising strategies of multinational corporations», Journal of Advertising Research, vol. 28, August - September, págs. 9-17

Hofacker, C.F., Ruyter, K.D., Lurie, N.H., Manchanda, P. y Donaldson, J. (2016), «Gamification and Mobile Marketing Effectiveness», Journal of Interactive Marketing, Vol. 34, págs. 25–36

Hollensen, S. (2003) «Marketing Management», Financial Times/ Prentice Hall, London

Hollensen, S. (2006) «Marketing Planning: A global perspective», McGraw-Hill, Berkshire

Hollensen, S. (2017) «Global Marketing», 7th ed., Pearson Education Lim-ited, Harlow, UK

Hollensen, S. (2015) «Marketing Management», 3rd edition, Pearson Edu-cation Limited, Harlow, UK

Hollensen, S. (2014) «Global Marketing», 6th ed., Pearson Education, Harlow, UK

Hollensen, S. (2019) «Marketing Management – A Relationship Ap-proach», 4th ed., Pearson Benelux, Amsterdam

Hollensen, S. y Opresnik, M. (2015) «Marketing – A Relationship Per-spective», 2nd ed., Vahlen, München

Hollensen, S. and Opresnik, M. (2024) «Marketing: Principles and Practice. A management-oriented approach», 5ª ed., Opresnik Management Consulting, Lübeck

Hooley, G., Saunders, J. y Piercy, N. (2004) «Marketing strategy and competitive positioning», 3rd ed., Financial Times/Prentice Hall

Houston, F. S., Gassenheimer, J.B. y Maskulka, J. (1992) «Marketing Ex-change Transactions and Relationships». Quorum Books, Westport, CT.

Howard, J. A. y Sheth, J. N. (1969) «The Theory of Buyer Behaviour». John Wiley & Sons, Inc., New York

Ilieva, J., Baron, S. y Healey, N.M. (2002) «Online surveys in marketing research: pros and cons», International Journal of Market Research, 44(3): 361–376.

Jain, S. (1996) «International Marketing Management» (5th ed), South-Western College Publishing, Cincinnati, OH

Javalgi, R. y Moberg, C. (1997) «Service loyalty: implications for service providers», Journal of Services Marketing, 11 (3), págs. 165-179

Jaworski, B., Kohli, A. y Sahay, A. (2000) «Market-Driven Versus Driving Markets», Journal of Academy of Marketing Science, 28 (1), págs. 45-54

Johnston, A. (2016) «How to Create an Instagram Marketing Strate-gy», http://sproutsocial.com/insights/instagram-marketing-strategy-guide/, último acceso 14 de febrero del 2017

Jones, J. P. (1991) «Over-promise and under-delivery, Marketing and Research Today», November, págs. 195-203

Jones, T. O. y Sasser, W. E. (1995) «Why satisfied customers defect», Harvard Business Review, November/December, págs. 88-99

Kandampully, J. y Duddy, R. (1999) «Relationship marketing: a concept beyond the primary relationship», Marketing Intelligence and Planning, 17 (7), págs. 315-323

Kanter, R. M. (1994) «Collaborative advantage», Harvard Business Re-view, July/August, págs. 96-108

Kawasaki, G. y Fitzpatrick, P. (2014) «The art of social media», Random House.

Keegan, W. J. (2002) «Global Marketing Management», 7th ed., Prentice-Hall, Upper Saddle River, New Jersey

Keller, K. L. (1993) «Conceptualizing, measuring, and managing custom-er-based brand equity», Journal of Marketing, vol. 57, no. 1, págs. 1-22

Kinard, B. R. y Capella, M. L. (2006) «Relationship Marketing: the influ-ence of consumer involvement on perceived service benefits», Journal of Service Marketing, 21 (6), págs. 359-368

Klompmaker, J. E., Rodgers, W. H. y Nygren, A. E. (2003) «Value, not volume», Marketing Management, June, págs. 45-48

Kohli, A. K. y Jaworski, B. J. (1990) «Market orientation: the construct, research propositions and managerial implications», Journal of Market-ing, 54, págs. 1-18

Kohli, C., Suri, R. y Kapoor, A. (2015) «Will Social Media kill branding», Business Horizons, Vol. 58, págs. 35-44

Kolowich, L. (2017) «10 of the Best Brands on Twitter», https://blog.hubspot.com/marketing/twitter-best-brands, último acceso 11 de febrero del 2017

Kolowich, L. (2017) «10 of the Best Brands on Snapchat right now», https://blog.hubspot.com/marketing/snapchat-best-brands, último acceso 14 de febrero del 2017

Komter, A. E. (2004) «Gratitude and gift exchange, The Psychology of Gratitude», Robert A. Emmons and Michael E. McCullough, eds., págs. 195-213

Korporaal, G. (2015) «The Changing Face of Cosmetic, The Deal», 20th March, págs. 28-21

Kotler, P. (1972) «A Generic Concept of Marketing», Journal of Market-ing, Vol. 36 April, págs. 46-54

Kotler, P. (1992) «Marketing's new paradigm: what's really happening out there?», Planning Review, 20 (5), págs. 50-52

Kotler, P. (1994) «Marketing Management: Analysis», Planning, Imple-mentation, and Control. Prentice-Hall, Inc., Englewood Cliffs, New Jersey

Kotler, P. (1997) «Marketing Management: Analysis, planning, imple-mentation and control» (9th ed), Prentice Hall, Englewood Cliffs, NJ.

Kotler, P. (1997) «Method for the millennium», Marketing Business, Feb-ruary, págs. 26-27

Kotler, P. (1999) «Kotler on Marketing», Free Press, New York

Kotler, P. (2000) «Marketing Management», 10th edition, Prentice Hall, Englewood Cliffs, NJ

Kotler, P., Armstrong, G. y Opresnik, M. O. (2016) «Marketing: An In-troduction», 13th ed., Pearson, New Jersey

Kotler, P., Keller, K. L. y Opresnik, M. O. (2017) «Marketing Manage-ment», 15th ed., Pearson, Hallbergmoos

Kotler, P., Armstrong, G. and Opresnik, M. O. (2019) «Marketing: An Introduction», 14ª ed., Pearson, New Jersey

Kotler, P., Keller, K. L. and Opresnik, M. O. (2023) «Marketing Management», 16ª ed., Pearson, Hallbergmoos

Kotter, J. P. y Schlesinger, L. A. (1979) «Choosing strategies for change», Harvard Business Review, March-April, págs. 106-111

Kumar, N. (1999) «Internet distribution strategies: Dilemmas for the incumbent», Mastering Information Management, Part 7, Electronic Commerce, Financial Times, 15 March

Kumar, N., Scheer, S. y Kotler, P. (2000) «From Market Driven to Market Driving», European Management Journal, 18 (2), págs. 129-141

Kumar, V. y Shah, D. (2004) «Pushing and Pulling on the Internet», Mar-keting Research, Spring2004, Vol. 16, Issue 1, págs. 28-33

Lambin, J. (1976) «Advertising, Competition and Market Conduct in Oligopoly Over Time», Amsterdam: North Holland-Elsevier

Lancaster, G. y Massingham, L. (2001) «Marketing Management», 3rd ed., McGraw-Hill

Lane, W. R., King, K. W. y J. T. Russell (2005) «Kleppner's advertising procedure», 16th ed., Prentice Hall, Upper Saddle River, New Jersey

Lannon, J. (1991) «Developing brand strategies across borders», Market-ing and Research Today, August, págs. 160-168

Lassar, W., Mittal, B. y Sharma, A. (1995) «Measuring customer-based brand equity», Journal of Consumer Marketing, vol. 12, págs. 11-19

Lauterborn, R. (1990) «New Marketing Litany: 4P's Passe: C-Words take over, Advertising Age», October 1, págs. 25-27

Lee, S.F., LO, K.K., Leung, R.F. y Ko, A.S.O. (2000) «Strategy formulation framework for vocational education: integrating SWOT analysis, bal-anced scorecard, QFD methodology and MBNQA education criteria», Managerial Auditing Journal, 15 / 8, págs. 407-423

Lenskold, J. D. (2004) «Customer-centric marketing ROI»; Harvard Busi-ness Review, January / February, págs. 26-31

Lesly, P. (1998) «The handbook of public relations and communi-ca-tions», McGraw-Hill, Maidenhead

Levitt, T. (1983) «After the Sale is Over…», Harvard Business Review, 16, págs. 87-93

Levitt, T. (1986) «The Marketing Imagination», New York, New York: Free Press

Linkon, N. (2004) «Using e-mail marketing to build business», TACTICS, November, pág. 16

Linton, I. (1995) «Database marketing: Know what your customer wants», Pitman, London

Little, R. W. (1970) «The Marketing Channel: Who Should Lead This Extra-corporate Organisation», Journal of Marketing, Vol. 34, January, págs. 31-38.

Luthans, F. (1997) «Organisational behaviour», McGraw-Hill, New York

McDonald, J. (2021) «Roblox's metaverse is already here, and it's wildly popular», https: / / www.morningbrew.com / emerging-tech /

stories/2021/12/10/roblox-s-metaverse-is-already-here-and-it-s-wildly-popular, visitado el 7 de Enero de 2022

Maignan, I. y Ferrell, O. C. (2004) «Corporate social responsibility and marketing: an integrated framework», Journal of the Academy of Mar-keting Science, 32(1), págs. 3-19

Mantague, J. (2019) «Reframing the awareness funnel and lead nururing strategies to increase B2B brand awareness and quality lead generation», Journal of Brand Strategy, 8(2), págs. 160-166

McGoldrick, P. J. y Davies, G. (1995) «International Retailing: Trends and strategies», Pitman, London

McGorty, C. (2017) «4 Reasons Why Google Plus Marketing is Still Rele-vant», http://fatguymedia.com/4-reasons-why-google-plus-marketing-is-still-relevant/, último acceso 14 de febrero del 2017

McKenna, R. (1991) «Relationship Marketing: Successful Strategies for the Age of the Customer». Addison-Wesley Publishing Co., Reading, MA.

Meenaghan, T. (1996) «Ambush marketing – a threat to corporate spon-sorship», Sloan Management Review, Fall, págs. 103 – 113

Meyer, C. (2001) «While Customers wait, add value», Harvard Business Review, Vol 79, No 7, págs. 24-25

Michaelidou, N. y Dibb, S. (2006) «Using email questionnaires for re-search: Good practice in tackling non-response», Journal of Targeting, Measurement and Analysis for Marketing, 14(4): 289–296.

Middleton, T. (2002) «Sending out the winning message», Marketing Week, 16 May, págs. 43-45

Mills, J. F. y Camek, V. (2004) «The risks, threats and opportunities of disintermediation: A distributor's view», International Journal of Physi-cal Distribution and Logistics Management, 34(9), págs. 714-727

Mintz, O. y Currim, I. S. (2013) «What drives Managerial Use of Mar-ket-ing and Financial Metrics and Does Metric Use Affect Performance of Marketing-Mix Activities». Journal of Marketing, 77(March): 17-40

Morgan, R. M. (2000) «Relationship marketing and marketing», in Shet, J. N. and Parvakiyar, A. (eds) «Handbook of Relationship Marketing», Thousand Oaks, págs. 481-504

Morgan, R. M. y Hunt, S. D. (1994) «The commitment-trust theory of relationship marketing», Journal of Marketing, 58 (3), págs. 20-38

Mort, G.S. y Drennan, J. (2002), «Mobile digital technology: Emerging issues for Marketing», Journal of Database Marketing & Customer Strat-egy Management, Vol. 10, 1, September, págs. 9-23

Mueller, B. (1996) «International Advertising: Communicating across cultures», Wadsworth, Belmont, CA

Mullane, J. V. (2002) «The mission statement is a strategic tool: when used properly», Management Decision, Vol. 40, No. 5, págs. 448-455

Murphy, D. (2001) «Dare to be digital», Marketing Business, December/January, págs. 3-5

Nagle, T. y Holden, R. (2001) «The strategy and the tactics of pricing», 3rd ed., Prentice-Hall, Englewood Cliffs, New Jersey

Narver, J. C. y Slater, S. F. (1990) «The effect of market orientation on business profitability», Journal of Marketing, 54, págs. 20-35.

Nazir, S., Khadim, S., Asadullah, M. A., & Syed, N. (2023) «Exploring the influence of artificial intelligence technology on consumer repurchase intention: The mediation and moderation approach», Technology in Society, 72, 102190, págs. 1-31

Nørmark, P. (1994) «Co-promotion in growth», Markedsføring (Danish marketing magazine), no. 14, pág. 14

O'brian, S. y Ford, R. (1988) «Can we at last say goodbye to social class?», Journal of the Market Research Society, 30(3), págs. 289-332

Ottesen, O. (1995) «Buyer initiative: ignored, but imperative for market-ing management – towards a new view of market communication», Tidsvise Skrifter, no. 15, avdeling for Ákonomi, Kultur og Samfunnsfag ved Høgskolen i Stavanger

Owen, J. (2009) «How to manage: the art of making things happen», 2nd ed., Pearson Prentice-Hall, Harlow

Palmatier, R. W., Dant, R. P., Grewal, D. y Evans, K. R. (2006) «Factors influencing the effectiveness of relationship marketing: a meta-analysis», Journal of Marketing, 70 (October), págs. 136-153

Palmatier, R. W., Jarvis, C. B., Bechkoff, J. R. y Kardes, F. R. (2009) «The Role Of Customer Gratitude In Relationship Marketing», Journal of Marketing, Vol 73 (September 2009), págs. 1-18

Panda, V., Mishra, A., & Sharma, M. (2023) «Turning Data Into Insights: Leveraging Artificial Intelligence for Better Understanding of Social Media Consumer Behaviour», 2023 International Conference on Sustainable Emerging Innovations in Engineering and Technology (ICSEIET) (págs. 271-275), septiembre, IEEE.

Patterson, B. (2016) «5 Yelp Facts Business Owners Should Know (But Most Don't)», http://marketingland.com/5-yelp-facts-business-owners-should-know-163054, último acceso 27 de febrero del 2017

Paul, P. (1996) «Marketing on the Internet», Journal of Consumer Mar-keting, vol. 13, no. 4, págs. 27-39

Payne, A., Christopher, M. y Peck, H. (eds) (1995) «Relationship Market-ing for Competitive Advantage: Winning and Keeping Customers», Ox-ford, Butterworth Heinemann

Peattie, K. y Peattie, S. (1993) «Sales Promotion: Playing to win», Journal of Marketing Management, 9, págs. 255-269

Pels, J. (1999) «Exchange relationships in consumer markets», European Journal of Marketing, 33 (1/2), págs. 19-37

Pitt, L. F., Ewing, M. T. y Berthon, P. (2000) «Turning Competitive Ad-vantages into Customer Equity», Business Horizons, September-October, págs. 11-18.

Pitta, D. A. (1998), «Marketing one-to-one and its dependence on knowledge discovery in databases», Journal of Consumer Marketing, Vol. 15 No. 5, págs. 468-480

Porter, M. (1980), «Competitive strategy», Free Press, New York, NY

Porter, M. E. (1985) «Competitive Advantage», The Free Press, New York.

Prahalad, C. K. y Hamel, G. (1990) «The Core Competence of the Cor-poration», Harvard Business Review, May-June, págs. 79-91

Pressey, A. D. y Mathews, B. P. (1998) «Relationship marketing and re-tailing: comfortable bedfellows?», Customer Relationship Management, 1 (1), págs. 39-53

Ratten, V. (2015) «International Consumer Attitudes Toward Cloud Computing: A Social Cognitive Theory and Technology Acceptance Model Perspective», Thunderbird International Business Review, Vol. 57, No. 3, May/June, págs. 217-228.

Reichheld, F. F. (1996) The Loyalty Effect: «The Hidden Force Behind Growth», Profits and Lasting Value, Boston, Harvard Business School Press

Reichheld, F. F. (2003) «The one number you need», Harvard Business Review, December, págs. 46-54

Ries, A. y Trout, J. (1981) «Positioning: The battle for your mind», McGraw-Hill, New York

Robbins, S. P y Coulter, M. (2005) «Management», 8th ed., Prentice Hall, New Jersey

Roberts, F. (2022) «The metaverse is a second chance to right the wrongs of social media. Here's how». Fast Company, 4th January 2022, https://www.fastcompany.com/90710082/the-metaverse-is-a-second-chance-to-right-the-wrongs-of-social-media-heres-how, visitado el 6 de Enero de 2022

Rogers, R. M. (2003) «Diffusion of innovations», Free Press, New York

Rosenberg, L. J. y Cziepiel, J. A. (1984) «A Marketing Approach to Cus-tomer Retention», Journal of Consumer Marketing, Vol. 1, Spring, págs.45-51.

Rothschild, M. L. (1978) «Advertising strategies for high and low in-volvement situations», American Marketing Association Educator's Pro-ceedings, Chicago, págs. 150-162

Rothschild, M. L. y Gaidis, W. C. (1981) Behavioural Learning Theory: «Its relevance to marketing and promotions», Journal of Marketing, 45, Spring, págs. 70-78

Rust, R. T. y Zahorik, A. J. (1993) «Customer Satisfaction, Customer Re-tention, and Market Share», Journal of Retailing, 69 (Summer), págs. 193-215.

Rust, R. T., Moorman, C. y Bhalla, G. (2010) «Rethinking Marketing», Harvard Business Review, January-February 2010, págs. 94-101

Rust, R., Lemon, K. y Zeithaml, V. (2004) »Return on Marketing: Using customer equity to focus marketing strategy», Journal of Marketing, Jan-uary, pág. 109

Rust, T. M., Ambler, T., Carpenter, G. C., Kumar, V. y Srivastava, R. K. (2004) «Measuring Marketing Productivity: Current knowledge and Fu-ture directions», Journal of Marketing Vol. 68, October, págs. 76–89

Sampson, P. (1992) «People are people the world over: The case for psychological market segmentation», European Journal of Marketing, 28(10), págs. 236-244

Sanyal, R.N. y Samanta, S.K. (2004), «Determinants of Bribery in Inter-national Business», Thunderbird International Business Review, Vol. 46, March-April, págs. 133-148

Saunders, J. (2016) «Should companies be creators on YouTube?», Mar-ket Leader, Quarter 2, págs. 36-39

Schögel, M. y Mrkwicka, K. (2011) «Communication shift, Chancen und Herausforderungen aus Marketingsicht», Marketing Review St. Gallen, No. 5, págs. 6-10

Sciarrino, J., Friedman, J., Kirk, T., Kitchings, K.S. y Prudente, J. (2018) «Quantifying the importance, contribution and efficiency of Cotton Inc.'s paid owned and earned media through customer journey model-ling», Journal of Digital & Social Media Marketing, 6(4), págs. 294-311

Scott D. M. (2015) «The New Rules of Marketing» & PR, 5th ed., John Wiley & Sons, Inc, New York

Shapiro, B. P. y Wyman, J. (1981) «New Ways to Reach Your Customer», Harvard Business Review, (July-August), págs. 103-110

Shelly, B. (1995) «Cool customer», Unilever Magazine, no. 2, págs. 13-17

Sheth, J. N. y Parvatiyar, A. (1995) «The evolution of relationship mar-keting», International Business Review, 4 (4), págs. 397-418

Sheth, J. N. y Sisodia, R. S. (1999) «Revisiting marketing's law like gener-alizations», Journal of the Academy of Marketing Sciences, 17 (1), págs. 71-87

Sheth, J. N., Gardner, D. M. y Garett, D. E. (1988) «Marketing Theory: Evolution and Evaluation». John Wiley & Sons, Inc, New York

Siu, E. (2016) «10 Ways to Use Snapchat for Busi-ness», http://www.socialmediaexaminer.com/10-ways-to-use-snapchat-for-business/, último acceso 14 de febrero del 2017

Sloane, G. (2014) «General Electric's First Snapchat Is One Small Step for Brand Kind», http://www.adweek.com/digital/general-electrics-first-snapchat-one-small-step-brand-kind-158921/, último acceso 14 de febrero del 2017

Shrivastava, P. y Souder, W. E. (1987) «The strategic management of technical innovation: A review and a model», Journal of Management Studies, 24(1), págs. 24-41

Silverman, G. (2005) «Is 'it' the future of advertising?», Financial Times, 24 January, pág. 11

Simms, J. (2001) «The value of disclosure, Marketing», 2 August, págs. 26-27

Simon, C. J. y Sullivan, M. W. (1990) «The measurement and determi-nants of brand equity: a financial approach», working paper, Graduate School of Business, University of Chicago, Chicago, Ill

Singleton, D. y Zyman, S. (2004) «Segmenting opportunity, Brand Strate-gy», June, págs. 52-53

Singca, R. (2016) Tumblr Marketing «Tips for Your Busi-ness», http://blog.swat.io/2016/12/13/tumblr-marketing-tips-for-your-business/, último acceso 14 de febrero del 2017

Siu, E. (2016) «4 Tips to Improve Your YouTube Marke-ting», http://www.socialmediaexaminer.com/4-tips-to-improve-your-youtube-marketing/, último acceso 7 de marzo del 2017

Slater, S. F. y Narver, J. C. (1996) «Competitive strategy in the market-focused business», Journal of Market-Focused Management, Vol. 1, págs. 159-74

Smith, P. R. y Taylor, J. (2004) «Marketing Communications: An integrat-ed approach», Kogan Page, London

Smith, M. (2010) «Facebook 101 for Business: Your Complete Guide.' Social Media Examiner» (August 10). http://www.socialmediaexaminer.com/facebook-101-business-guide/, último acceso 25 de enero del 2017

Stone, M. (2002) «Multichannel customer management: The benefits and challenges», Journal of Database Marketing, Vol. 10, págs. 39-52

Stone, M., «Davis, D. y Bond», A. (1995) Direct hit: Direct Marketing with a winning edge, Pitman, London

Storbacka, K., Strandvik, T. y Grönroos, C. (1994) «Managing customer relations for profit: the dynamics of relationship quality», International Journal of Service Industry, Management, 5, págs. 21-38

Straker, K. y Wrigley, C. (2016), «Emotionally engaging customers in the digital age: the case study of 'Burberry Love'», Journal of Fashion Mar-keting and Management, Vol. 20, No. 3, 276-299

Strebel, P. (1996) «Why do employees resist change?», Harvard Business Review, May-June, págs. 86-92

Stroud, D. (2008) «Social networking: an age-neutral commodity – Social networking becomes a mature web application», Journal of Direct, Data and Digital Marketing Practice, Vol. 9, No. 3, págs. 278-292

Swaminathan, V., Fox, R. J. y Reddy, S. K. (2001) «The impact of brand extension introduction on choice», Journal of Marketing, October, págs. 1-15

Szigin, I., Canning, L., Rappel, A. (2005) «Online community: enhancing the relationship marketing concept through customer bonding», Inter-national Journal of Service Industry Management, Vol. 16, No. 5, págs. 480-496

Solon, O. (2017) «Facebook Watch takes on YouTube and TV with re-vamped vídeo offering», The Guardian (August 10), https://www.theguardian.com/technology/2017/aug/09/facebook-new-vídeo-feature-watch-youtube-rival, último acceso 10 de agosto del 2017

Thomke, S. (2019) «The Magic That Makes Customer Experiences Stick», MIT Sloan Management Review, Fall Issue, 61(1), págs. 56-63

Toyne, B. y Walters, P. G. P. (1993) «Global Marketing Management: A strategic perspective» (2nd ed), Allyn and Bacon, Needham Heights, MA

Treacy, M. y Wiersema, F. (1993) «Customer intimacy and other Value Disciplines», Harvard Business Review, January-February, págs. 84-93

Tuten, T.L. y Solomon, M.R. (2015), «Social Media Marketing», 2nd ed., Sage Publications Ltd.

Tuten, T.L. (2020) «Principles of Marketing - for the Digital Age», 1ª ed., Sage Publications Ltd, Londres

Valentine, M. (2009) «It's all in the mind, Marketing Week», 2 April, pág. 29

Varadarajan, P. R. y Cunningham, M. H. (2000) «Strategic alliances: a synthesis of conceptual foundations», in Shet, J. N. and Parvatiyar, A. (Eds) Handbook of Relationship Marketing, Thousand Oaks, CA: Sage, págs. 271-302

Visser, M., Sikkenga, B. y Berry, M. (2018) «Digital Marketing Fun-damen-tals» - From Strategy to ROI, 1ª ed., Noordhoff Uitgevers, Gro-ning-en/Utrecht

Webb, T. (2008) «Apple's Guru Calls a New Tune», Observer, 15 June, pág. 6

Webster, F. E. y Wind y. (1972) «Organisational Buying Behaviour», Prentice-Hall, New Jersey

Webster, F. E., Jr. (1992) «The Changing Role of Marketing in the Cor-poration», Journal of Marketing, Vol. 56, No. 4 (October), págs. 1-17

Young, Steve P. (2013) «The 2013 YouTube Marketing Guide», https://blog.kissmetrics.com/2013-youtube-marketing-guide/, último acceso 7 de Marzo del 2017

Zarella, D. (2010) «The social media marketing book», O'Reilly, California

Índice temático

www.ingramcontent.com/pod-product-compliance
Lightning Source LLC
LaVergne TN
LVHW011949220826
846092LV00001B/136

9791254990384